だれもしらないフシギな世界

湯浅政明スケッチワークス

もくじ

序章 ひろがる湯浅政明の世界
4 夜明け告げるルーのうた
12 夜は短し歩けよ乙女
20 DEVILMAN crybaby

1章 原点を語る
25 僕がアニメ監督になったわけ

2章 うみだされた世界
45 アクション仮面VSハイグレ魔王
59 ブリブリ王国の秘宝
67 雲黒斎の野望
79 ヘンダーランドの大冒険
87 暗黒タマタマ大追跡
95 電撃！ブタのヒヅメ大作戦
101 嵐を呼ぶジャングル
映画クレヨンしんちゃん
107 カスミン

3章 アイディアの奔流
118 スライム冒険記 ～海だ、イエ～の巻～
125 ねこぢる草
135 マインド・ゲーム

4章 スケッチからうまれる、ものがたり
149 ケモノヅメ
159 カイバ
169 四畳半神話大系
179 Kick-Heart
187 ピンポン

5章 アニメーションはどこへ？
194 湯浅政明×押井守 対談
200 湯浅政明×大友克洋 対談

証言者インタビュー

115 本郷みつる

116 原恵一

143 笹川恵介

144 末吉裕一郎

145 伊東伸高

146 小黒祐一郎

177 横山彰利

178 上田誠

192 寺川英和

206 あとがき

序

ひろがる
湯浅政明の世界

夜明け告げるルーのうた

『スライム』から『ルー』へ、また
大好きな〝水〟で思い切り遊んだ!!

より進化した水の描写!!

ルーは
オオカミ少女？

ルーのキャラクターデザインの変遷。右下は初期アイディアのオオカミ少女のもの。

ちょっとかんで
ちゅん
日にあたるなければイキがいい
干しものっ
日にあたると干からびる
刺し身になっても死なないで
ずっと日にあたると
燃えるよ
日にあたるなければ帰ってくる

力強いパパ

迫力とコミカルさが同居するルーのパパ。本編での活躍が初期案からも伺える。

水の表現①

ルーが自由自在に操る切り抜かれたような水の塊。水の表現も本作の魅力の一つ。

水の表現②

日無町に押し寄せる海水を食い止めるルーのパパ。水の荒々しさを強く感じるシーン。

日無町とお蔭岩

日無町と人魚島を遮るお蔭岩。その大きさは太陽の光を遮るほどだ。

日焼け止め
ぬって外へ出て足がヤケドしてしまう

舞台は再び京都へ

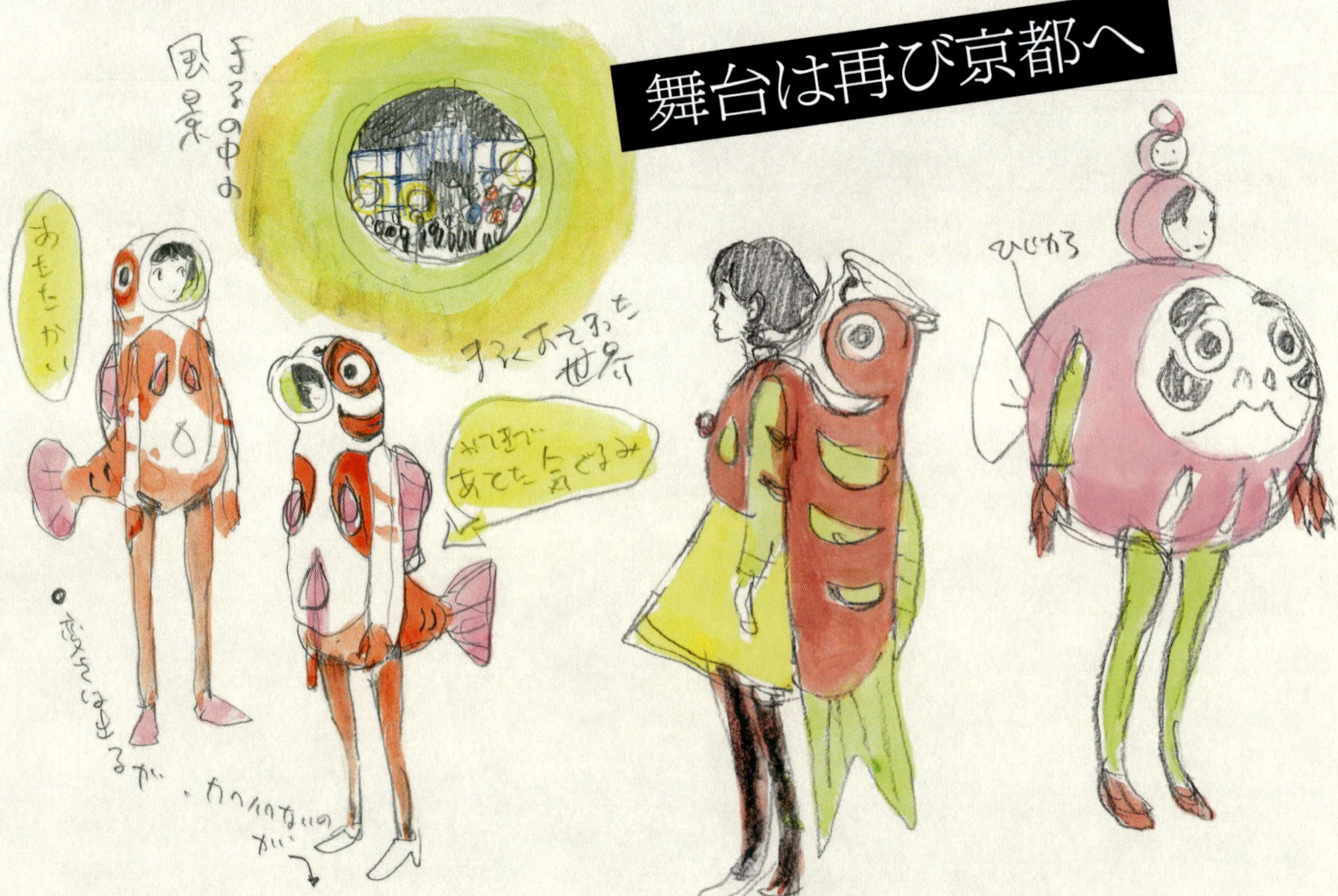

夜は短し歩けよ乙女

『四畳半神話大系』から新たに森見登美彦の名作小説を映像化!!

詭弁踊り①

脚を大きく両側にガニ股に広げ、尻を突き上げ低く前かがみになって
手は阿波踊りのように両手を前後に舞い上がらせるように振り、口はタコのように突き出す

ヨコのベランダから
ひっかかる
とけい塔
売店

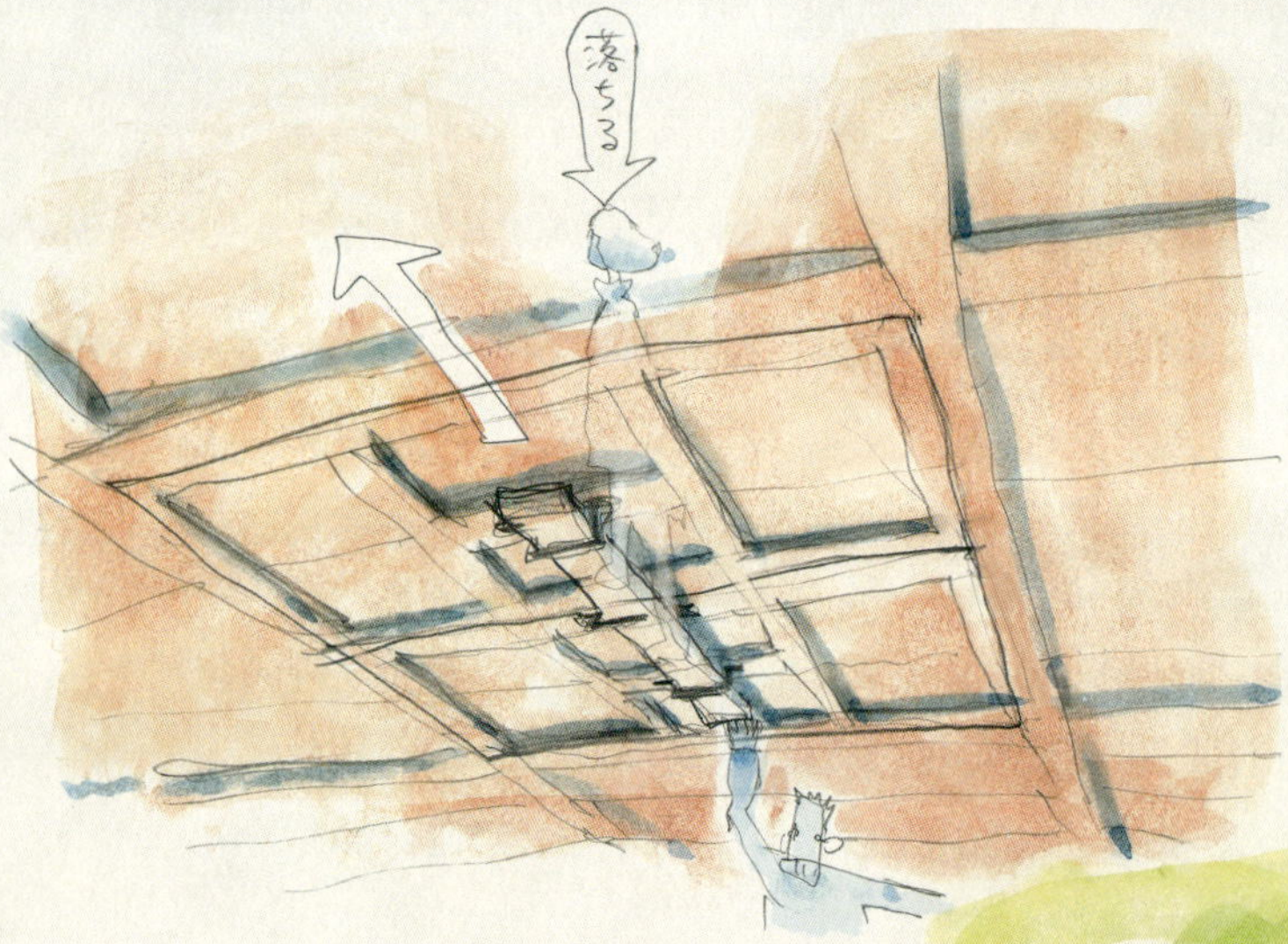
落ちてくる

落ちてきたパンツ番長
受けとめる

学園祭会場

屋上から偏屈王のステージまで向かう先輩の動線がワイドに描かれている。

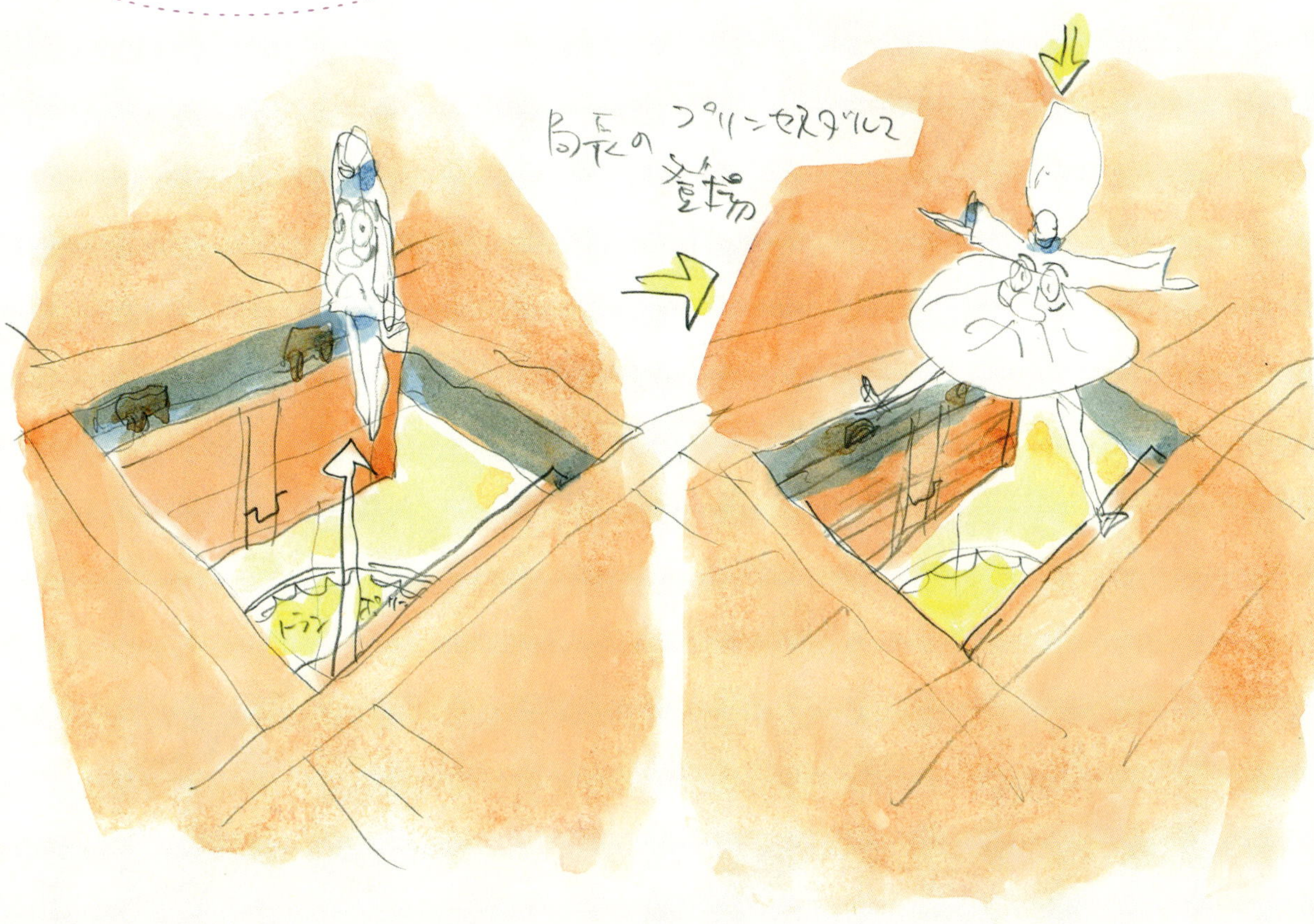

劇団メンバー
団長
副団長
団員
パンツ番長

巨大な鍋の卵酒

風邪の嵐の中、卵酒を配る乙女。配る度に登場人物達の縁が乙女を通してつながっていく。

でてこようとするジョニー
紛糾する議会

性格の違いが色で分かれてる
暗く明るい性
白っぽく色セン

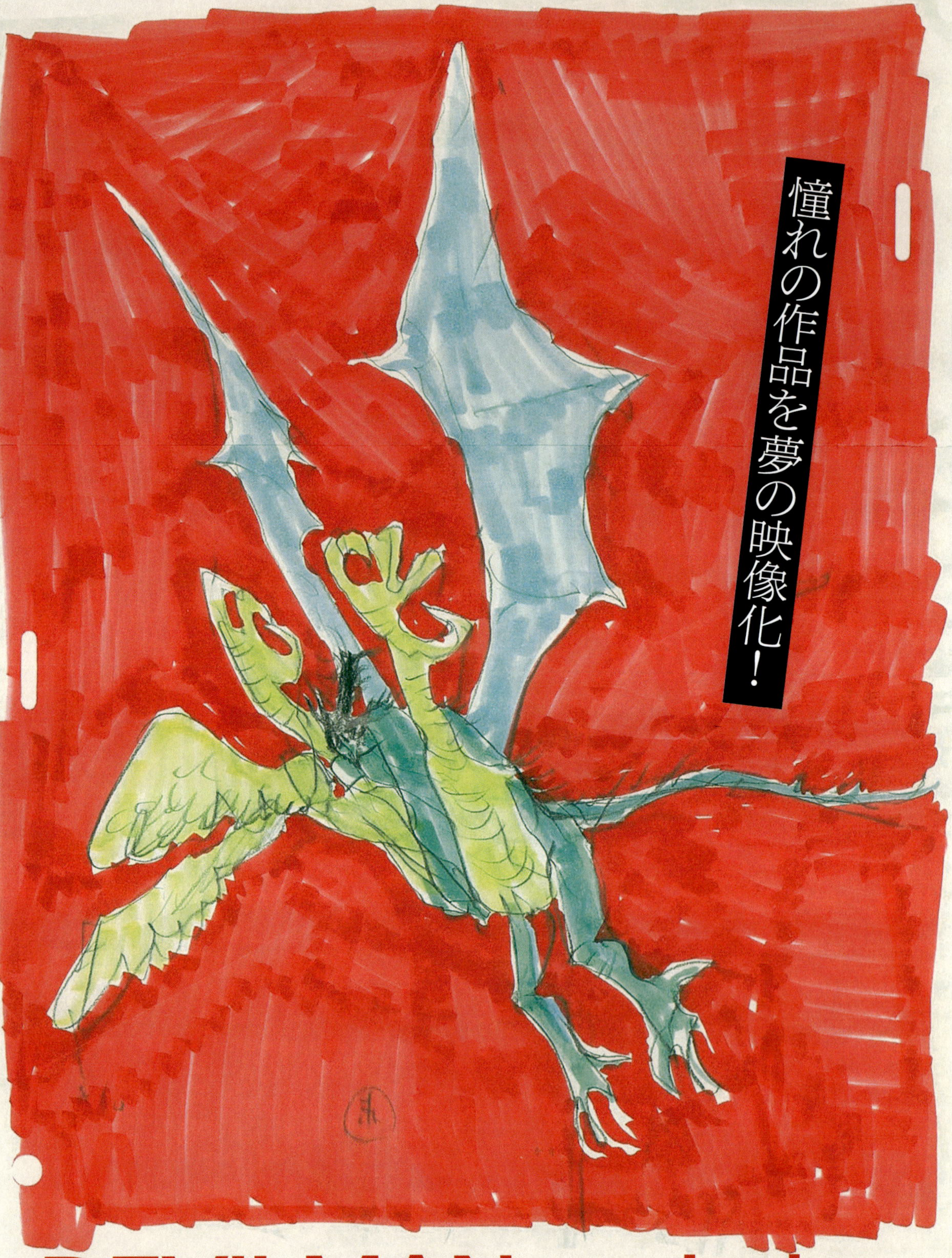

憧れの作品を夢の映像化！

DEVILMAN crybaby

かつて衝撃を受けた作品の映像を作る。
エロティック＆バイオレンスも惜しみなく!!

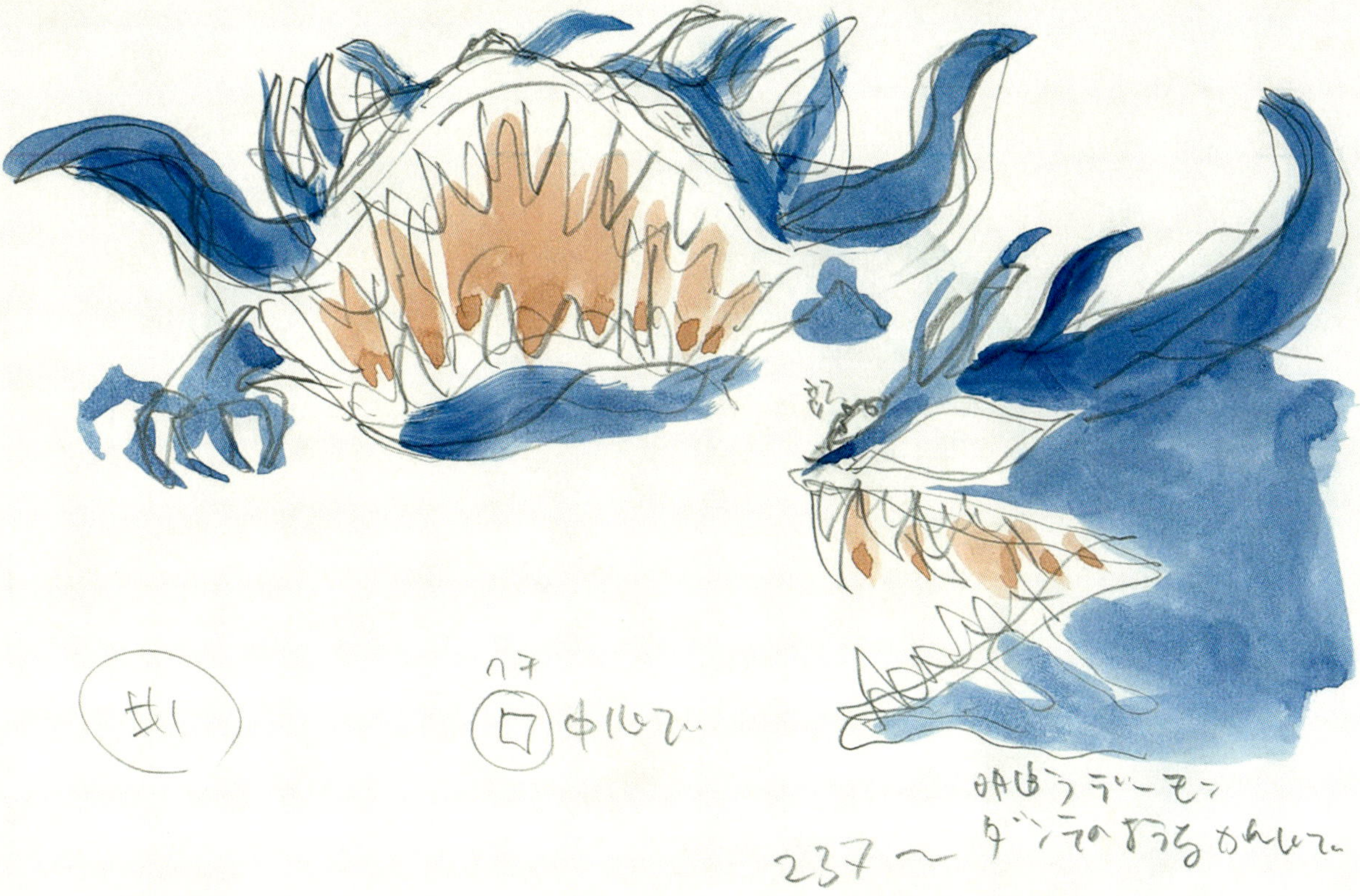
#1
口中心で
237～

#1
クリーチャーっぽく上下左右に

サバトから生まれた悪魔

明と了が乗り込んだクラブで暴れる悪魔。過去作品の悪魔のイメージも取り入れている。

ターコイズ

ターコ

ラクター

ハネこっちで
ち

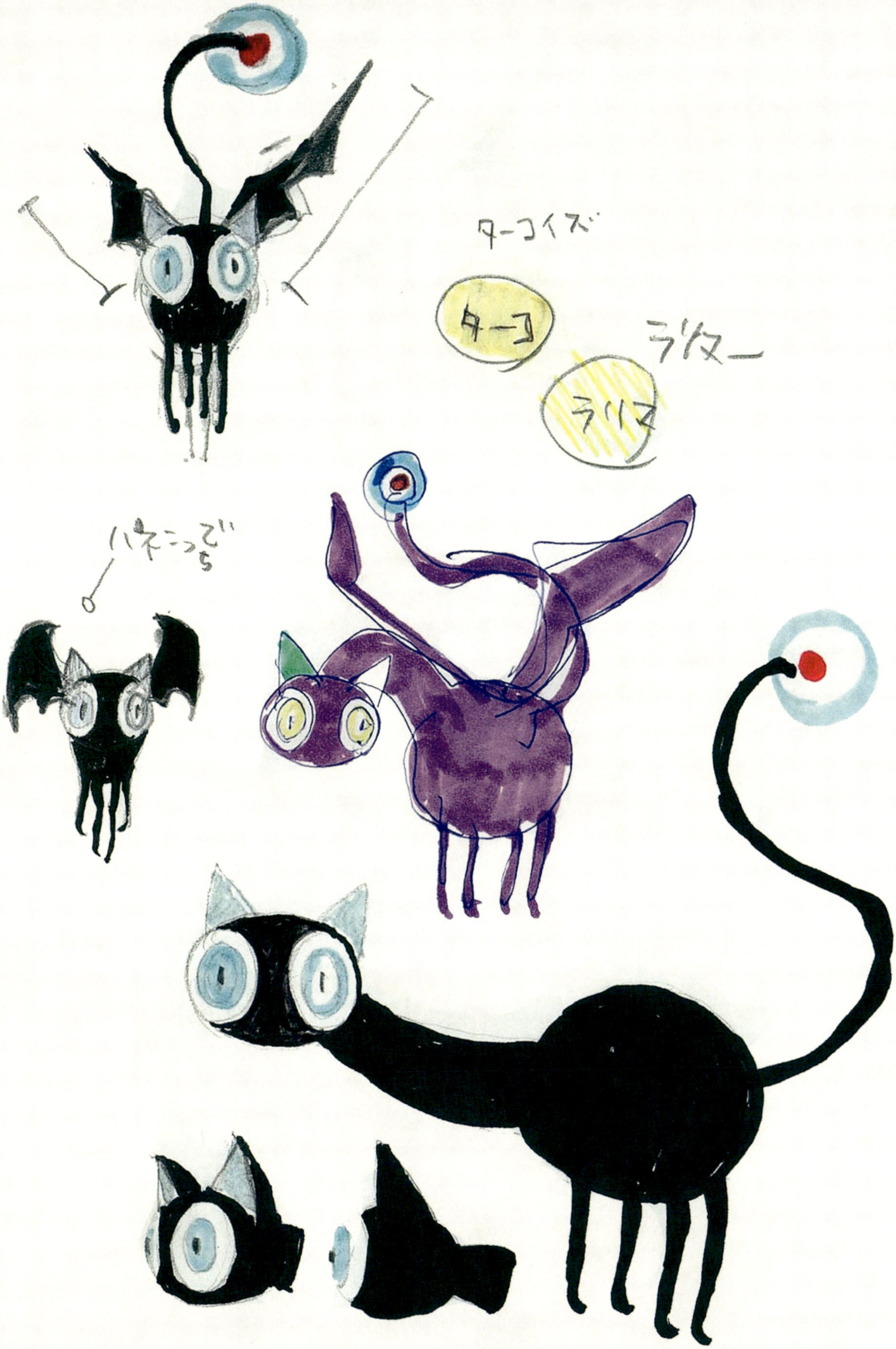

作品紹介

夜明け告げるルーのうた

夜明け告げるルーのうた
公開：2017 年
発売元：東宝／フジテレビ
販売元：東宝
税込価格：Blu-ray ／ ¥5,800（税抜）
DVD ／ ¥4,800（税抜）
好評発売中

STAFF
監督：湯浅政明
脚本：吉田玲子、湯浅政明
キャラクター原案：ねむようこ
キャラクターデザイン・作画監督：伊東伸高
美術監督：大野広司
アニメーション制作：サイエンス SARU

両親の離婚により故郷である日無町に引っ越してきた中学生の少年・カイは、父や母に対する複雑な想いを口にできず、鬱屈した気持ちを抱えたまま学校生活を過ごしていた。唯一の心の拠り所の音楽を通じて、クラスメイトの国夫と遊歩が組んでいるバンド「セイレーン」へ誘われる。しぶしぶ練習に付き合わされた時、人魚の少女・ルーが３人の前に突如現れた。楽しそうに歌い、無邪気に踊るルーとの出会いはカイの心を少しずつ開かせていく。

夜は短し歩けよ乙女

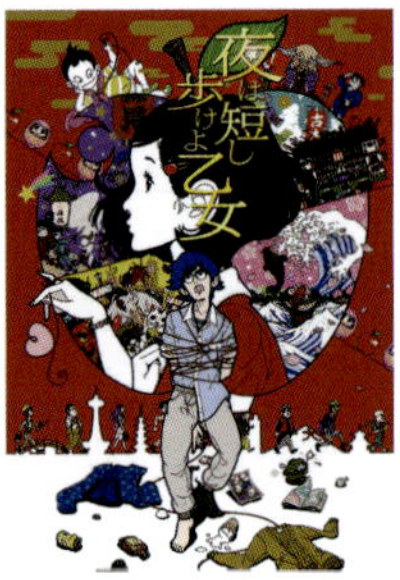

夜は短し歩けよ乙女
公開：2017 年
発売元：東宝／フジテレビ　販売元：東宝
税込価格：Blu-ray ／ ¥5,800（税抜）
DVD ／ ¥4,800（税抜）
好評発売中

STAFF
原作：森見登美彦（角川文庫刊）
監督：湯浅政明
脚本：上田誠（ヨーロッパ企画）
演出：湯浅政明・許平康
キャラクター原案：中村佑介
キャラクターデザイン・総作画監督：伊東伸高
美術監督：上原伸一・大野広司
アニメーション制作：サイエンス SARU

クラブの後輩である“黒髪の乙女”に思いを寄せる“先輩”は今日も『なるべく彼女の目にとまる』ようナカメ作戦を実行する日々を送っていた。空回りし続ける“先輩”と天真爛漫に歩き続ける“乙女”。京都の街で、個性豊かな仲間達が次々に巻き起こす珍事件に巻き込まれながら、不思議な夜がどんどん更けてゆく。外堀を埋めることしかできない“先輩”の思いはどこへ向かうのか !?

DEVILMAN crybaby

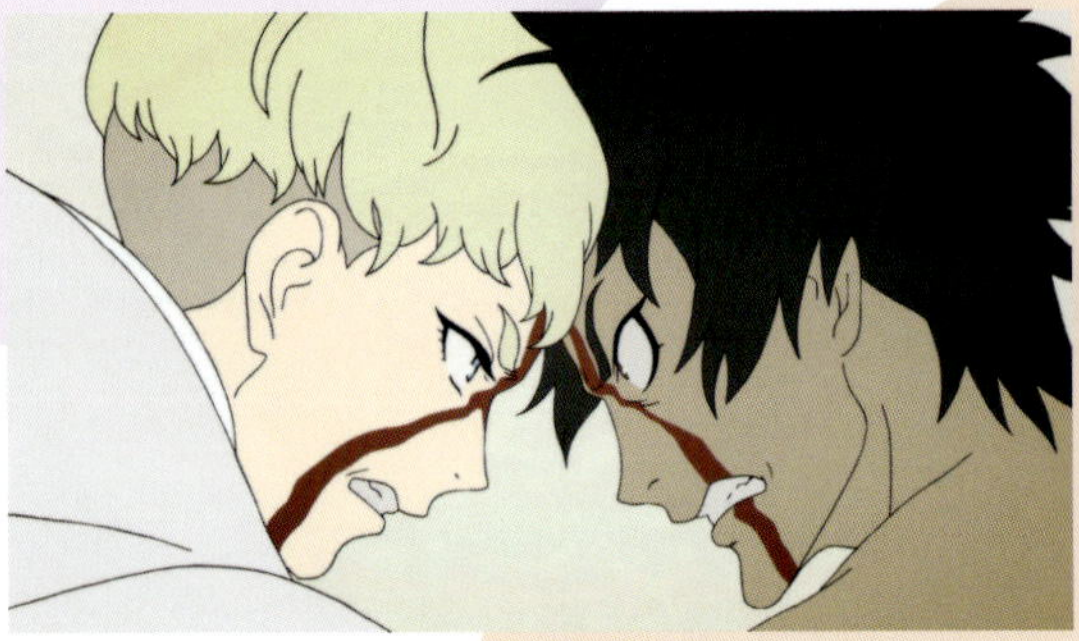

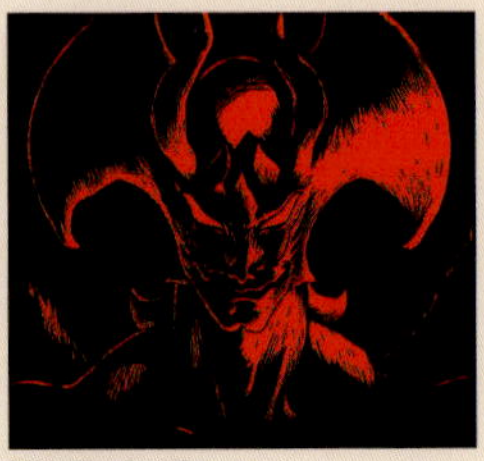

Netflix にて
全世界独占配信中

**DEVILMAN crybaby
COMPLETE BOX**
公開：2018 年
発売元：アニプレックス
販売元：ソニー・ミュージックマーケティング
税込価格：¥28,000 円（税抜）
好評発売中

STAFF
原作：永井豪「デビルマン」
監督：湯浅政明
脚本：大河内一楼
キャラクターデザイン：倉島亜由美
デビルデザイン：押山清高
美術監督：河野羚
アニメーション制作：サイエンス SARU

永井豪画業 50 周年を記念し、『デビルマン』がアニメーション作品『DEVILMAN crybaby』として蘇る。“不朽の名作”にして“完全映像化は不可能”と呼ばれたデビルマンの全てが、ついに今作で描かれる。泣き虫の高校生・不動明は、幼なじみの飛鳥了と再会し、危険なパーティに誘われた。そこで明は見る。悪魔に変わっていく人々を。そしてまた明自身も……。

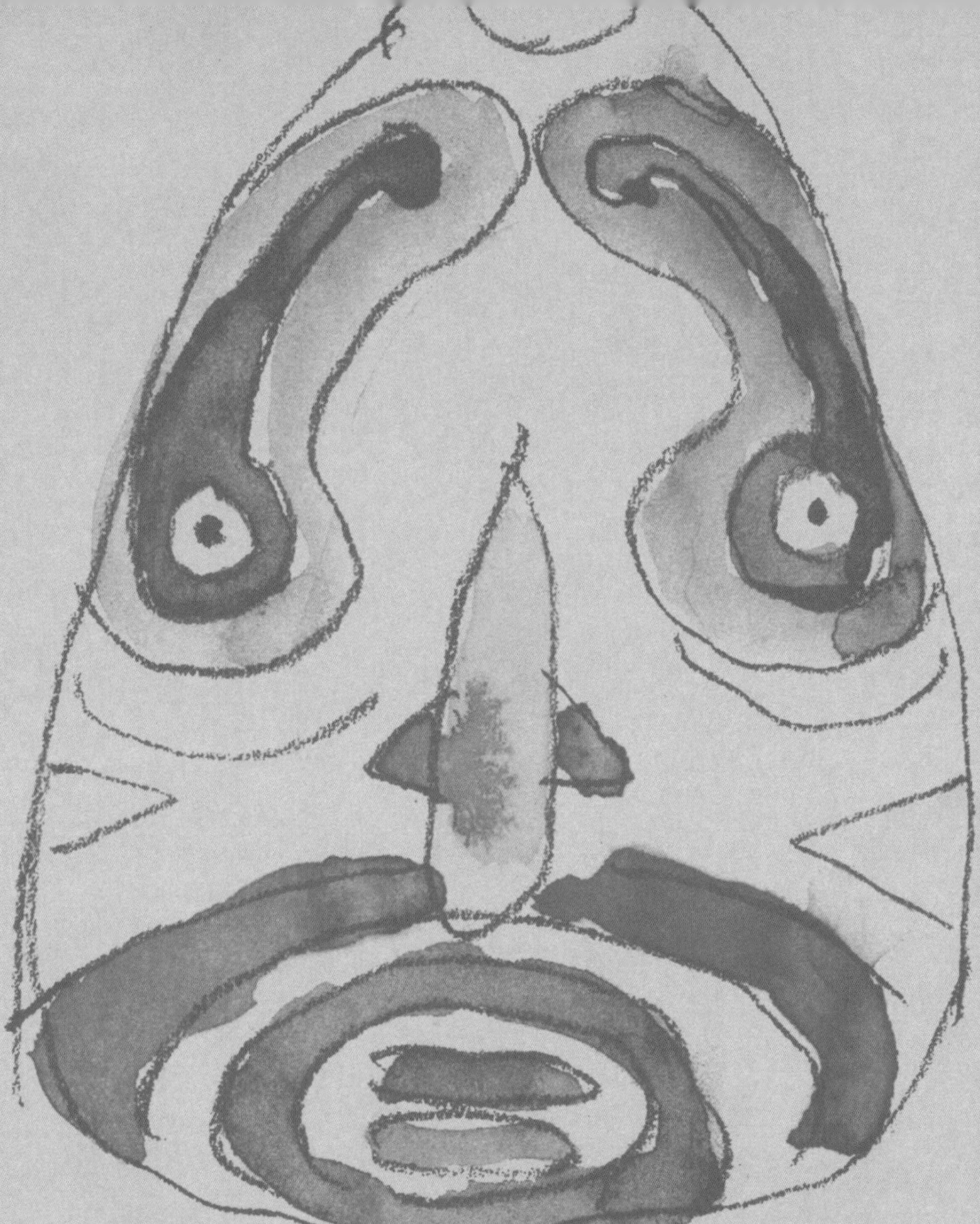

1

原点を語る

僕がアニメ監督になったわけ

プロローグ

僕のアニメ原体験

皆さん。まずはこの本を手に取っていただいてありがとう！

僕は子供の頃、TVアニメが大好きでした。『鉄人28号』『遊星少年パピィ』『宇宙少年ソラン』『スーパージェッター』『W3《ワンダースリー》』とか『サイボーグ009』『遊星仮面』『パーマン』など、再放送中のTVアニメを夢中で見ていました。まだ白黒しか映らないテレビでアニメを見ながら絵を描く様になり、絵を描く事が好きになりました。

だけど小さい僕には、TVアニメと本のマンガの違いが分からなかったので「将来マンガ家になれば良いのかな?」なんて考えていたくらいです。

最初に読んだマンガは姉が買っていた少女マンガだったので、僕も目がキラキラしたキャラクターでマンガみたいなもの（笑）をノートにボールペンで描いていました。

描いていたマンガの内容は学校で流行っていた『アストロ球団』『野球狂の詩』、アニメの『タイガーマスク』なんかの影響を受けた荒唐無稽な野球マンガや『宇宙戦艦ヤマト』や『マジンガーZ』に影響を受けた超壮大なストーリーのSFマンガの表紙や設定です（壮大過ぎて、大概は表紙と1～2ページを描いたら、興味は他へ移っていました）。

『マジンガーZ』の影響から巨大ロボットをデザインしてみたり『宇宙戦艦ヤマト』の様に線の多いメカを描いてみたり。幼稚園の頃は、前日にTVで見たアニメをクラスのみんなの前で描いてみせるのが楽しかった。みんな「すごいね！」とか「上手いね！」って言ってくれるからね！

そんなわけで僕のアニメ原体験は、TVアニメの放送が始まった頃の作品なのです。そのうちカラー放送も始まりましたが、家にあるのは白黒しか映らないテレビだったので関係ありません。映画館に『東映まんがまつり』という子供向けのアニメや特撮の特集がかかると、幼い頃の僕にとっての大仕事は「父親にアニメ映画に連れてってもらう」事でした。基本「マンガはテレビでやっているだろう」と言われていて、それは確かに痛い所をつかれていました。沢山ある併映作品の中には、テレビでやったのをそのまま上映している物もあったのです。

でも、同じものでもTVで見るのと映画館で観るのは大違いです。僕にとっての夏休み・春休みの最大のイベントは「映画館にアニメを見にゆく」事でしたから、そのためには父親を説得しなければいけません。『東映まんがまつり』の宣伝看板が街にかかる様になると、僕は遠くの駅まで歩いて行って、それをスケッチし、自宅で大きな手描きのポスターを作って父の目につくところに貼っておきました。

待ち焦がれて

『テレビマガジン』『テレビランド』などの子供向けテレビ雑誌に載ったあらすじや、同内容のマンガ、本編スチールで編集されたフィルムストーリーをなめる様に繰り返し読み込み、内容はほとんど頭に入っていたのですが、それでも映画館でアニメを観る事は僕の最大の楽しみでした。暗い中で沢山の人と一緒に見る映画は独特の雰囲気があり、大きな画面、大きな音、横から見ると歪んでしまう様な画面も、アニメを劇場で見る醍醐味でした。

とにかく子供時代の僕は、アニメーション中心の生活をしていたんです。子供心に「次のアニメ放送まではなんとか生きて頑張ろう」と思いながら毎日を過ごしていました。

★**『鉄人28号』**⇒1960年～放送のTVアニメ。原作・横山光輝、監督・まるねさんたろう、松崎プロダクション制作。
★**『遊星少年パピィ』**⇒1965年～放送のTVアニメ。原作・脚本・吉倉正一郎。TCJ制作。
★**『宇宙少年ソラン』**⇒1965年～放送のTVアニメ。原作・福本和也、宮腰義勝。監督・福本和也、豊田有恒、辻真先。TBS、TCJ制作。
★**『スーパージェッター』**⇒1965年～放送のTVアニメ。原作・久松文雄、TCJ（のちのエイケン）制作。
★**『W3**(ワンダースリー)**』**⇒1965年～放送のTVアニメ。原作・監督・手塚治虫、虫プロ制作。
★**『サイボーグ009』**⇒1968年～放送のTVアニメ。原作・石ノ森章太郎、東映動画制作。
★**『遊星仮面』**⇒1966年～放送のTVアニメ。原作・仁田信夫。TCJ制作。
★**『パーマン』**⇒1967年～放送のTVアニメ。原作・藤子・F・不二雄、監督・鈴木伸一。東京ムービー、スタジオ・ゼロ制作（第一期）
★**『アストロ球団』**⇒原作・遠崎史朗、作画・中島徳博。全20巻（集英社刊）
★**『野球狂の詩』**⇒著・水島新司。全17巻（講談社刊）
★**『タイガーマスク』**⇒1968年～放送のTVアニメ。原作・梶原一騎、辻なおき。よみうりテレビ、東映制作。
★**『宇宙戦艦ヤマト』**⇒1974年～放送のTVアニメ。原作・西崎義展、監督・松本零士。女子中高生を中心にアニメブームを巻き起こす。
★**『マジンガーZ』**⇒1972年～放送のTVアニメ。原作・永井豪、東映動画制作。
★**東映まんがまつり**⇒映画制作・配給会社「東映」が、1969年から、年に数回子供向け映画を数本まとめて配給するイベントの名称。
★**『テレビマガジン』**⇒1971年より講談社から発行されている児童向けテレビ雑誌。
★**『テレビランド』**⇒1973年～1997年に刊行していた児童向けテレビ番組雑誌。企画・東映株式会社、発行元・黒崎出版として創刊。1973年11月号から徳間書店より発行。

Ⓐ-1

もちろん絵も描きまくっていて、新聞の折り込みチラシの裏が白いやつは僕が絵を描くために取り置かれていました。家中の白壁や磨りガラス、それに写真のアルバムから写真を抜き取って白い台紙に絵を描いたりしていて叱られていましたけど、多分すごくは怒られませんでした。懲りずに続けていましたから。親はわりと放任だったと思います。風船ガムは、どこにでも吐き散らすので禁止になりましたが。

小学校高学年になると『宇宙戦艦ヤマト』にしびれました。ちょうど僕自身もシンプルなアニメに飽き足らなくなってきていた頃で、「精密な描写と壮大な仕掛け、壮大な音楽」に心をわしづかみにされたんです。

なんとなくワナビ

僕はアニメが大好きでしたが、アニメの作り方は全く知る由もありませんでした。だけど中学校に上がると、昔放送された『ヤマト』が映画になって、日本中に大ブームを巻き起こしたんです。以降、世間にアニメが認知され（それまではまんが映画と呼ばれていたのが、マンガとは違う「アニメ」と言う言葉で呼ばれ始めました）、色んなアニメ雑誌が創刊されると「アニメーションって、沢山の人が協力して『動く絵を作っている』んだ」という、情報が少しずつ出てきました。

ブームになった一端は、雑誌やテレビが「日本のアニメはレベルが高く、大人の鑑賞にも堪える」と言い始めた事です。中学生になって、そろそろマンガやアニメを卒業しようと思っていた僕も「アニメは大人になってからも見て良いもの」という免罪符が天から降ってきた様な感じでした。小さな頃はイラストでも、生頼範義★さんや小松崎茂★さんの様なすごく立体的に描かれた筆タッチの絵より、ペタっとしたセルの絵の方が好きでした。こっちの方がTVと同じで「本物」だと思っていたんです。ほんと、アニメが中心だったんですね。

そしてアニメーションにも職業として「アニメーター」というものがあり、沢山の人が絵を描いている事も分かりました。僕がやりたい事って、実はマンガ家じゃなくてアニメーターなんだって事がようやく分かったんです。

ただ、アニメーションの絵を描くためには「絵を動かす」という特別な才能が必要らしいという事が雑誌の中で書かれていました。「絵が上手くても、動かす才能がない人はやっていけない」というのです。当時のアニメ雑誌で一番「スター」として扱われていたのは、活きの良い若いアニメーター達でした。20代のアニメーターが、ばーんと大きく特集されていてかっこ良い絵が並び、テレビを観れば、しびれる様なかっこ良い動きに「スゴいなぁ」とうっとりしていました。しかもものすごいスピードで描いているみたいです。

どうすればアニメの絵がそんなスピードで描けるのか、自分に「動かす」才能があるのかないのか分からなかったけれど、とにかく「アニメーターになりたい!」と思って、高校生の僕はそればかり考えていました。

スター登場

高校生の頃には家庭にビデオデッキが普及して、TV番組を録画して観る事ができる様になり、僕はアニメをコマ送りしたりしながら観て、アニメーターの仕事を少しでも知ろうとしました。

その頃のアニメーターの大御所と言えば、金田伊功★さんや安彦良和★さん、杉野昭夫★さんや大塚康生★さんでした。中でも大塚康生さんは大ベテランの別格という感じで「アニメーターの鑑」の様に感じていました。自分の好きなテレビアニメを見ていると『侍ジャイアンツ』★『未来少年コナン』★『ルパン三世』★は同じ人が描いている様に見えます。3作品とも作画監督が大塚康生さんで、どうやらこの人がすごいらしいと思いました(笑)。

中三のときには『ルパン三世・カリオストロの城』★を劇場で観て「動いて楽しくて笑えるアニメってすごいなあ!!」と大きな感銘を受けました。受験生だったけれど、その頃抱えていた悩みとか、色んなわだかまりも吹き飛んだほどです。この映画も作画監督は大塚康生さんなのですが、大塚さんだけがすごいわけじゃなく、監督の宮崎駿★さんもすごくて、ほかにも原画の友永和秀★さんをはじめ沢山の上手いアニメーターの方が面白いシーンを描いている事が、アニメ雑誌の情報から分かりました。他にも美術の小林七郎さんや、TV版音楽の山下毅雄さん、撮影の高橋プロ。沢山のすごい人達によってアニメが出来ている様でした。更にレンタルビデオで沢山のアニメに触れる様になってから『ルパン三世・ファーストシリーズ』を見返すと、とくに可愛くて上手い絵でヘンな動きの所は宮崎駿さんが絵を描かれている事も分かってきました。印象に残るギクシャクした動きをしているんです。滑らかになる動画をあまり入れずに、一枚一枚極端な絵が描かれている。ビデ

★**生頼範義**⇒イラストレーター。
★**小松崎茂**⇒画家、イラストレーター。
★**金田伊功**⇒アニメーター。
★**安彦良和**⇒漫画家、アニメーター、キャラクターデザイナー、アニメ監督、イラストレーター、小説家。
★**杉野昭夫**⇒アニメーター、アニメ監督。
★**大塚康生**⇒アニメーター、キャラクターデザイナー。
★**『侍ジャイアンツ』**⇒1973年〜放送のTVアニメ。原作・梶原一騎、東京ムービー制作。
★**『未来少年コナン』**⇒1978年〜放送のTVアニメ。監督・宮崎駿、作画監督・大塚康生、企画・制作・日本アニメーション。
★**『ルパン三世(第1シリーズ)』**⇒ここでは1971年〜放送のTVアニメ。原作モンキーパンチ、キャラクターデザイン大塚康生。トムス・エンタテインメント制作。
★**『ルパン三世・カリオストロの城』**⇒1979年公開の劇場用アニメ。原作・モンキー・パンチ、監督・宮崎駿、作画監督・大塚康生、製作・東京ムービー新社。
★**宮崎駿**⇒いわずと知れたアニメ界の巨匠。
★**友永和秀**⇒アニメーター。現在は株式会社テレコム・アニメーションフィルム取締役。

オでコマ送りにして見るのが面白くて、どうもこれは宮崎さん、これは金田さん、これは近藤喜文さんという人が描いているんじゃないかと想像しながら観る様になってきて、同じ様な絵を他の作品でも探して見る事が楽しみになってゆきました。

大人になって上京したときは、好きな動きの部分を集めたビデオテープを作って繰り返し観ていました。昔、好きな曲を集めてカセットテープを作ったりしていたのと似ていますね。アニメの動きはキャラクターのデザインと各自の個性的な独特のフォルムが絶妙のタイミングと共に絡み合っていて、とても気持ち良くて痛快でした。

そして絵としても特に好きだったのは芝山努さんです。『ど根性ガエル』や『天才バカボン』『まんが日本昔ばなし』などを手がけられていて、とにかく隙がなく上手いんです。動きも遊んでいる様な洒落たところがあって、素人目にも上手さが伝わる様な的確な絵をポイントにして独特の動きが作られていました。描き手のセンスが感じられるかっこ良いスタイルです。イラストっぽい物やグラフィックな物。色んな絵柄を描かれているのも

★**近藤喜文**⇒(1950年〜1998年)アニメ監督・キャラクターデザイナー。『耳をすませば』監督。
★**芝山努**⇒(1941年〜)アニメ監督。亜細亜堂コンテンツ代表取締役。
★**『ど根性ガエル』**⇒1972年〜放送のTVアニメ。原作・吉沢やすみ、制作・東京ムービーほか。
★**『天才バカボン』**⇒「天才バカボン」赤塚不二夫の代表作。TVアニメ、劇場アニメ、ドラマ化などもされている。
★**『まんが日本昔ばなし』**⇒1975年〜放送のTVアニメ。

魅力的でした。

当時『アニメーションの本 - 動く絵を描く基礎知識と作画の実際』(アニメ6人の会・芝山努、椛島義夫、中村英一、近藤喜文、有原誠治、小林正義)という本が出ていて、今考えると錚々たるメンバーが挿絵を描いているのですが、その頃は全然気がつきもしませんでした。実際にテレビで見る絵より個性を消しているのもありますが、今見ると誰がどの絵を描いているか良く分かる気がします。少しでも動きを学ぼうと、そんな本も読んでいたんです。

高校時代は自分がアニメーターになれるのかすごく不安がありました。アニメーターはすごいスピードで絵を沢山描かなくちゃならないし、大御所は「アニメーターは絵が上手いだけじゃダメ」だともおっしゃっていました。「動きを表現する才能」というものがいるらしいんです。動きの才能が自分にあるかどうかは描いてみないと分からないし、とにかく早くアニメーターになって描きたい!と思っていました。でも高校を出てすぐにアニメーターになる事は、担任の先生や親にも反対されていました。

感動したもの

自分がそれまでに感動したもののトップ3は、1番が「オムニマックス映画」2番目が「打ち上げ花火」で3番目が「アニメーション」でした。

その中で、一番情報があって職業として具体的に考えやすかったのがアニメーションです。

オムニマックス映画はどこでどうやって作っているのかもさっぱり分からない。需要もそんなにないかもしれない。花火も、どこか地方の特別な場所に弟子入りしなくちゃいけないんじゃないかなぁと思っていました。働く季節もありそうです。アニメならとりあえず、絵さえ描ければ働き方が見えてるし、アニメ雑誌に働き口の求人もある。皆忙しそうですから、需要もありそうじゃないかなと。

餓死してもいいや

当時、アニメの仕事が大変なのは世間的に知られ始めていて「極貧」なんて言葉が新聞で書かれているくらいでしたから、上手く速く描けない人は餓えて死んでしまう様な、大変な仕事のイメージを持っていました。高校はデザイン科で、絵は得意ではあったけど「自分はめちゃくちゃ上手い方ではない」と自覚していました。中学では一番上手いと思っていた僕も、高校になるとハッキリと僕より上手く、面白い絵を描く人が何人もいました。

アニメーターになると、もっと沢山上手い人が全国から集まっているはずだし「これは絵では敵わない」とも思い始めていた頃です。やっぱり動かす才能がいる。でも動かす才能がなくて、アニメーターを続けられなくなったとしても、一つの絵柄ではなく、様々なアニメ独特のスタイルの絵が描ける様になれば、少しはつぶしも効くのかもしれない、なんて事も考えていました。

結局、「アニメーターになる事をそんなに反対されるなら、一回大学に行ってみるか」と思い進学しましたが、やはり好きでもない仕事をやるくらいなら、アニメーターになって餓死した方が良いと考えていました。

とにかく、自分にはアニメの仕事しかないと思っていたし、実作業を積んで覚える事が大事だと思っていたので、早くアニメの仕事に就きたかったのです。

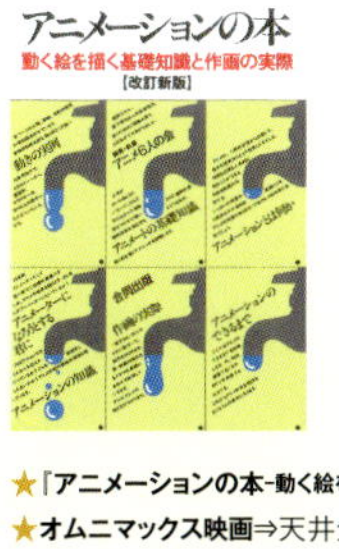

★『アニメーションの本-動く絵を描く基礎知識と作画の実際』⇒合同出版刊。

★オムニマックス映画⇒天井全体をスクリーンにして映写する仕組みの映画。画面が広く、迫力ある映像表現が可能。

アニメの事ばかり考えていた

高校を出てすぐにアニメーターになる事は親や先生に反対され「アニメーターは大変な仕事だから、もう少し考える時間を持った方がいい」と言われました。猪突猛進しようとする動物をなだめる感じでしょうか。アニメ雑誌に「アニメーターは色んな経験をしていた方が良い」と大御所達のコメントも載っていたので、ワンクッションおいても良いかと、そのまま高校の系列の大学へ進学しました。

大学時代はバイトをしながら、とにかく早く卒業する事ばかり考えていましたが、けっこうその間に学んだ事（遊びも含めて）で、視野は広がりました。最近、自分は大学での時間がなかったら、もっとストイックで頑《かたく》なであったろうと思います。遮眼帯を付けた馬の様だったし、自分は元から頑固な性格で、過剰にストイックでしたから、今の様に臨機応変に振る舞える様になれたのは大学へ行った事が大きかったと思います。

ただ、自分とあまり歳が変わらない人たちが「スターアニメーター」としてガンガン活躍しているのを見て「自分も早くそうなりたい」と思ったり「遅れをとってるし、プロの様に上手く描けそうにない。やっぱりムリなんじゃないか？」とか心配になったり、早く現場に入って「なんとかやれる」という手ごたえがつかみたかった。かなり焦っていたかもしれないですね。

大学時代はマンガも描いてみたけれど、ストーリーが全然浮かんでこなくて、やっぱマンガは向いてないと思いました。東京へ遊びに行ったときに、出版社へ持ち込むという友達に付いて行って自分も編集者の方に描いたマンガを見てもらいましたが、こっぴどくあしらわれました。

亜細亜堂★へ

アニメ雑誌の情報から2つのスタジオを受験して受かり、埼玉にあるアニメ制作会社に通う事になりました。そこは『ど根性ガエル』の作画監督だった芝山努さんや小林治★さんがいる会社です。他にも山田みちしろさんなどが参加されていて、リアルな絵より、まるっこい、イラストチックだったり柔軟な気持ち良い動きを作っているスタジオのイメージでした。

僕はデッサンなどリアルな絵はそれなりに描いていましたが、まるっこい絵はあまり得意ではありませんでした。でも仮に自分に動きを描くセンスがなかったとしても、丸いイラストチックな絵が描ける様になれば、それはそれで絵描きとして幅が広がって悪くはないはずだと、心の中では上手くいかなかったときのための保険をかける気持ちもありました。

それに亜細亜堂は『二死満塁』★や『対馬丸』★などの作品も手がけていて、興味があった児童文学の世界にも関わっているのが魅力的でした。

しかし、亜細亜堂に動画マンとして入って働き始めると、僕はアニメの作画技術についてほとんど何も知らない事が分かってきました。まわりは専門学校で勉強してきている人も多く、作画知識のレベルが明らかに違いました。関東に生まれ住むと情報も違ったのかもしれません。学生のときに好きな小さいスタジオを見学している人もいました（自分も東京へ遊びに行ったとき、大手の東映動画さんは見学していました）。話を聞いていると知らないアニメーターの方の話がいっぱい出て来て、原画のコピーを持っている人もいました。

既に動画を描く技術を習得していて、とてもキレイな線できっちりとした絵をスラスラ

★ **亜細亜堂**⇒アニメ制作会社。
★ **小林治**⇒アニメーター、アニメ監督、演出家。亜細亜堂所属。
★ **『二死満塁』**⇒1982年放送の単発TVアニメ。原作・砂田弘。
★ **『対馬丸』**⇒1982年制作のアニメ映画。原作・大城立裕、監督・小林治。
★ **藤子不二雄**⇒（1933年～1996年）日本漫画界の巨匠。1988年にコンビを解消し、藤子・F・不二雄となる。

（自分から見れば）描いていました。細い線で形の整った動画の絵を描く事が自分には本当に難しく、とりあえず会社に入れたのは良かったものの、それからの数年間は「自分はアニメーターでやっていけるのか？」という、不安との戦いでもありました。

難しさに呆然

手汗で紙が丸まったり、筆圧で指が痛くなったり、紙に油分を奪われて指先がひりひりする日々でした。細い線を描く事も難しかったし同じ様な形を崩さずに何枚も描く作業は、動き以前に大変で、実際に動かす絵を描くところまで意識はなかなか到達しませんでした。アニメを沢山見てきた割に、作画技術に関する知識は全然なくて、まるっこい頭身の低いキャラを描くセンスもありませんでした。ある作品は指の末端まで太く、指をソーセージの様に描くスタイルでしたが、それは今まで自分が知っている絵の描き方とは全く違ったモノでした。線だけ追うとすぐに平面的になってしまうのにも参りました。

それまで好き勝手に絵を描いてきたものだから、違うスタイルの絵もものにしようと思いながらも、それまでの手癖が邪魔をして、設定に合わせたスタイルで描く事が、思っていた以上に難しく感じました。

大塚康生さんは「アニメーターは絵が似せられなくてはいけない。自分の絵で描いていてはだめだ」とどこかで言われていました。

確かに★藤子不二雄さん原作のアニメを描くときに、自分の手をいちいちリアルにスケッチしていてもなかなか最終形には到達しません。一度スケッチしてから、丸くシンプルな形に直してゆくと、複雑で曖昧な感じになりやすく、最初から丸い絵柄を意識したシンプルなフォルムで描かなくてはいけないと分かりました。それに線画でキレイに描けたと思っていても、色がついた際に映えなかったりと、なかなかその理屈が分かりませんでした。

勉強と結果と

技術を勉強しながら、動画を一日20～30枚ぐらいは描かないと食べていけないのですが、下描きを描いて原画の方のラフチェックを受けると結構直されます。唯中割をしているつもりでしたが「顔が違う」とか言われて。悔しいからまた一生懸命描いて持ってゆくんですが、やっぱり結構直される。必死で頑張ってみましたが、最後にはあきらめました。大塚康生さんだって、本当は完璧には似せてないんだから(笑)。とか開き直って。大塚さんのアニメも、大塚さんが描いたと言えるだけの個性は残っている。それに気が付くと、もっと楽に考えて良いんだと思う様になりました。

例えば『まんが日本昔ばなし』で山田みちしろさんが手がけた「雪の夜泊まり」という話は、リアルでかっこ良いキャラなんだけど、シンプルで生きのいい線でまとめてあり、頭が楕円形になっています。動いていても同頭の形の印象なんですが、良く見ると三角形になったり、四角形になったり、いつも少しだけ違う様に歪んでいるんです。でも同じキャラクターだという事ははっきり分かるし、動きにあわせてキャラクターや背景が歪んでいる事で、画面に勢いが生まれて、気持ち良く動いている。

「あ、こういう事なんだ!」と、気が付きました。絵を直されるのは、設定と違うから直されるだけじゃなくて、線割になって形がそもそも変わっているとか、動く絵として固くてしなやかでないという問題があるのだという事に気付きました。良い絵は多少設定と違っていてもあまり直されていない様に思えたし、良く似ていると思った絵でも、固く自然に見えない絵は直されている様に見えました。

そう思い至ってからは、気持ち良く、のびのびとした絵になる事を一番に心がけて、細かい部分の歪みや設定との違いは、あまり気にしすぎない様になりました。自分で似せきれない部分は、絵を統一する役割の方が直してくれるはずです。いくら似せようと頑張っていても、見てくれる方の方が上手だし、それ以上に自分の役割が優先するべき事があると思いました。いくら時間をかけても似ないなら、もっと上手い方に任せた方が効率が良いとも思いました。

この事に気づいたのは仕事を始めて3年くらい経ってからで、それまでは絵を似せる事ばかりに悩んで時間がかかっていて、何度描いても直される悔しさばかりに意識がいって

いて、他の事への注意が足りませんでした。

　動画っていうのは、原画と原画の間を埋める作業だから、原画の絵が多ければ中割りの絵が多少違っても問題ないんです（こんな事言ってると怒られるな）。

　でも信頼されてだんだんチェックもされなくなってきた頃、ルールを逸脱して怒られちゃった事もありました。基本的には原画で描かれている動きの放物線から動画は飛び出しちゃいけないんです。動きを設定するのは原画の仕事ですから。でもそのルールを知らずに面白いと思って、飛び出た絵を描いちゃいました。面白かったですが、それはいけない事でした。

チェックシステム

　最初のスタジオでは、毎朝10時から仕事して、銭湯に間に合うギリギリの時間の23時半までほとんど机に座りっぱなしで描いていました。しかも締め切りの日だと、その時間に終わらず帰れなくなる事もある。今日締め切りの動画を、朝から描いて17時頃に下描きをチェックをしてもらう。すんなりいけば一枚15分くらいでトレス出来るので、28枚ならなんとか終わって風呂に間に合います。でもなかなか上手くいかずにチェックに2時間かかって、下描きの描き直しを指示されるとお手上げでした。提出までの設計は大幅に狂い、結局手伝いに入ってもらいました。（手伝い分の料金は自分の物にならなくなります）。

　原画の方にチェックしてもらう間は、その脇に立って見ていなくてはならないんですが、長くなると貧血になって倒れる人がいたり、泣き出す人もいたようです。でも直されているところをしっかり見ておかないと、自分の何がいけないか分からないままなので、システムとして良かった様に思います。

　でもそのときの自分は悔しさでいっぱいで、もし自分が原画になったときは、自分なりのチェックの仕方が出来ればと思っていました。（後に原画になって、色々な会社の動画を見ましたが、誰からも教えられず、成長を望めなさそうな場所も多々ありました。きちんと教えてもらう事は当人にとってとても良かったと思っています）。

　チェックのシステムは良い物でしたが、アニメスタジオも昨今、労働基準が見直されているので、昔とは違うかもしれません。当時は過酷にも感じましたが、そのお陰で自分は短期に多くの事を学び、とにかく生活を安定させるには速く描く事や技術が重要だと学びました。

人間関係は疎かった

　動画を始めて半年たった頃、原画試験を受ける様に言われました。そこで初めて原画を描こうとしたのですが、全然描けませんでした。まずレイアウトが描けなくて、キャラが乗らず、作画も一枚一枚動画を描き送りする様な感じで、途中まで描いて時間が尽きました。できあがったものは原画になってないし、キャラクターもどんどん動きの途中で変わってしまいました。そこで反省して原画の描き方を勉強したかといえば、しなかったんですが（笑）。動画以外の勉強をする余裕は当時の僕にはありませんでした。

　原画試験というのは、スタジオの中で実施していた、原画マンへの昇進試験です。時間内に用意されたキャラで指定された内容のレイアウトと原画、シートを描くものでした。僕はどう描けば良いのか全然分からず、当然の様に落ちました。

　試験を受ける人の中には、社内の先輩方から試験の傾向を聞いている人もいて、練習して臨んだりもしていた様です。僕は昔からそうなんですが、会社の中でも人間関係が作れてないから、必要な情報もなかなか入ってこない。

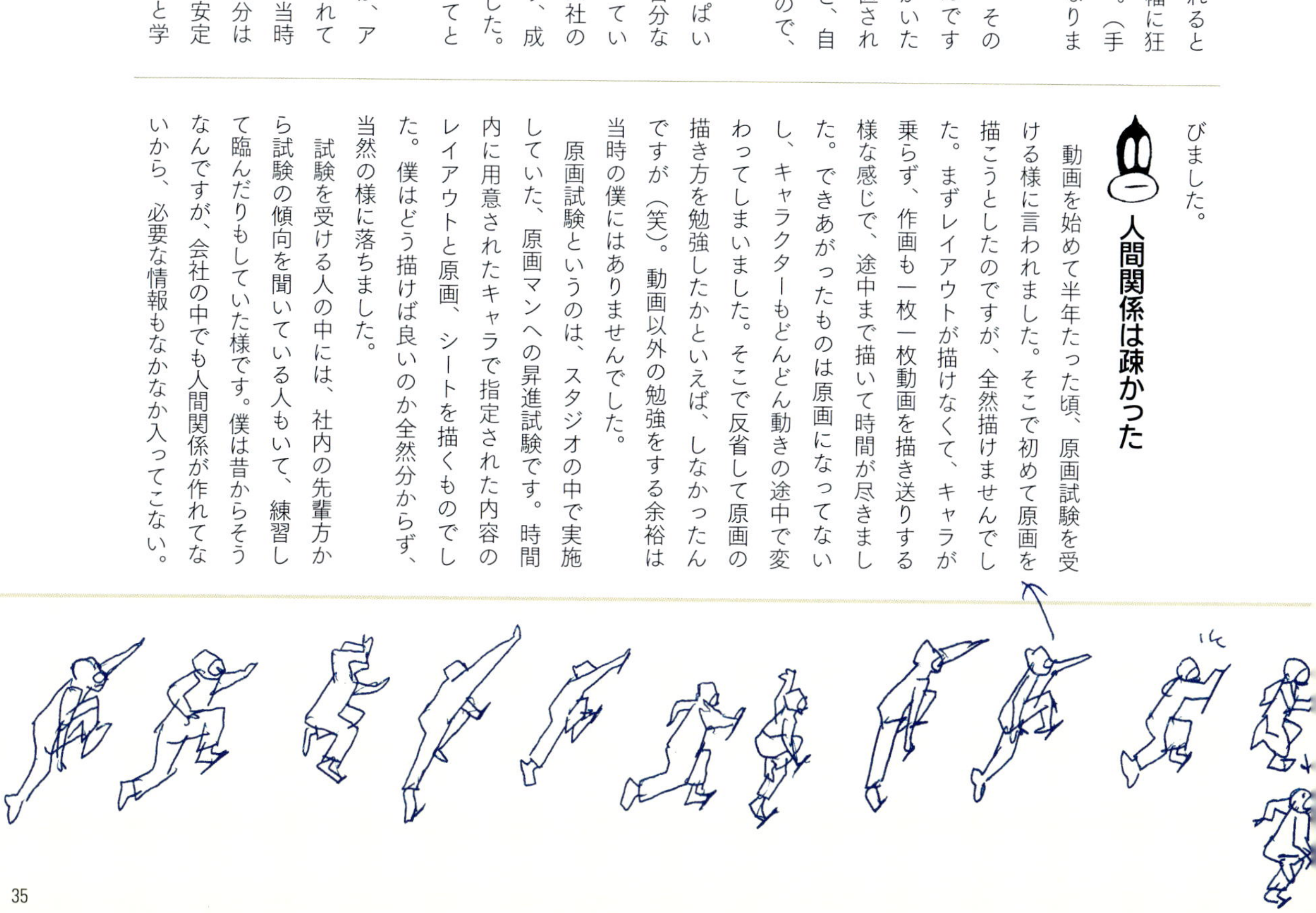

それでも教えて下さる先輩もいたかもしれませんが、僕が原画試験を受ける事すら誰にも知らせませんでしたから、アドバイスをするにもしようがありませんでした。

自分の仕事に没頭してしまって周りとやりとりできないため、僕は独りよがりになってしまい技術を学ぶのが人より遅れたのかもしれないですね。

同僚と話をするよりも、食べてゆくために一分一秒でも無駄にせず、一枚でも多くの絵を、出来るだけ速く描きたいと当時の僕は思っていました。忙しい中でも人とのやりとりを欠かさないのは今でもなかなか出来なくて、良くないと思っている自分の欠点の一つですね。

原画マンに

少しずつ動画のコツも分かってきて、アクションカットの動画ももらい、楽しんで仕事が出来る様になって来た頃、原画になってしまいました。寝耳に水でしたが嬉しかったです。今度はレイアウトや動きの設定も自分で描かなくてはいけません。演出の要求や、動画への気遣い、仕上げさんや撮影さん、背景さんとのやり取りも出てきます。だけども僕はまだ、パースをちゃんと勉強していませんでした。

1点透視とか2点透視とか、パースっていう作画の技術は嘘だと思っていたんです。高校の製図の授業で、アイライン上の2点から線を引っ張って形を作ってゆくと、なんだか変な歪んだ絵になってしまいました。今思えば単に下手なだけだと思うんですけど「この描き方は嘘だ」と思い込みました。

最初からパースが付いた出来上がりの絵をイメージして、いい感じになる場所にアイレベル★や点を置いてやるか、それでも上手くいかなければ少し嘘をついて絵にしてゆくとか、絵になる様に設定を配置する事を覚えればだんだん分かってゆくと思うんだけど。

元々「絵は精神的な物」という想いがあった僕は、早合点してそこでパースを学ぶ事をやめました。絵を勉強する事は「修行」と思い込んでいて「精神をより集中出来た者が、より良い絵を描く」くらいに考えていた精神論者でした。デッサンも高校で始めて、只只精神力で「無心に」描こうとしていました。伸び悩んだ所で、先生の言う「近い所は濃くクッキリ、遠くは薄くぼんやり描く」「面の方向に合わせてタッチをひく」など「邪道」と思える技法を試した結果、あまりにもすんなり上手く描けてしまって愕然としました。

そこで「絵は精神だけではなく、技術という側面もある」と学んだはずでしたが、まだまだ応用出来ていませんでした。

アニメーションの技術書にはパースの事はいくらでも書いてあるんですが、僕は「全然重要でない」と無視していたんです。しかし原画になって初めて、「どうもキャラクターが背景に乗らない」事に気付きました。そこでようやく「パースが必要だ!」という事が分かって来たんです（笑）。

あと、原画になって一番大変だったのは、背景原図を描かなくちゃならなくなった事です。それまで人物は動画の作業でも個人のマンガでも落書きでも、いくらでも描いてきたけれど、背景の中に人物がいる絵っていうのは写生以外ほとんどちゃんと描いた事がありませんでした。背景の内容自体も知識がなく、当時は設定画や参考資料も用意された物もあまりなく、インターネットもストリートビューもない時代だったので、図書館で本を調べたり、写真を撮りにいったり、スケッチをしたりして、背景をイメージする事に生かそうとしていました（写真も現像するまで数日かかる頃です）。

自然描写のカットをやりたがる人が少な

★ **アイレベル**⇒人が立った状態での目のあたりの高さ。カメラを構える位置、遠近法や透視図法における消失点の高さなどを指す。

くて「進んでそういうカットをやるべきだ」という先輩方の声も聞いていたので、動画のときはそういうカットも選んでいました。(当時は良く分からなくて、訳が分かんないままやっていましたが)

どんどん仕事が

原画になると、色々なシーンを描くために色々なものの描き方を勉強しなくちゃなりません。水を描くなら、ほかの作品ではどう描かれているのか、この作品ではどう描けば良いのか?レンタルビデオでアニメを探し、実写も見て、実際の海や川も見に行きました。(当時はインターネットの画像もyoutubeもない)

当時、アニメの細々した設定は、基本は担当原画に任せられていました。タンスが出てきたらどんなタンスになるか考え、シャンプーが出てきたらどんなシャンプーのラベルなのか考えなくてはならなかった。お祭りの「夜店」が出てきたのでテキ屋さんを図書館に調べに行ったりもしました。でもそんな資料はなかなかないですよね。季節ものだし、遅くても次の日には描かなくてはならないので、調べに行く時間もない。(レイアウトに時間をかけすぎず、コンスタントに毎日原画の上がりを出す習慣をつける様指導もされていました)。

何度も見ている様なものでも、実際描こうとすると、それほど記憶に残ってないんですね。でもその仕事は、楽しくもあったんです。セルの小物は、あまり重要でなければ修正も入らず、自分でデザインしたものがそのままTVの画面に出ていましたからね。それはうれしい出来事でした。

そんなこんなで、色んな方の助けもあり、ちょっと原画の描き方も慣れてきたかな?という頃で、今度は劇場版「ちびまる子ちゃん」のレイアウトを担当する事になりました。亜細亜堂ではどんどん新しい仕事を任せてるので、常に勉強していないと追いつかない感じでした。

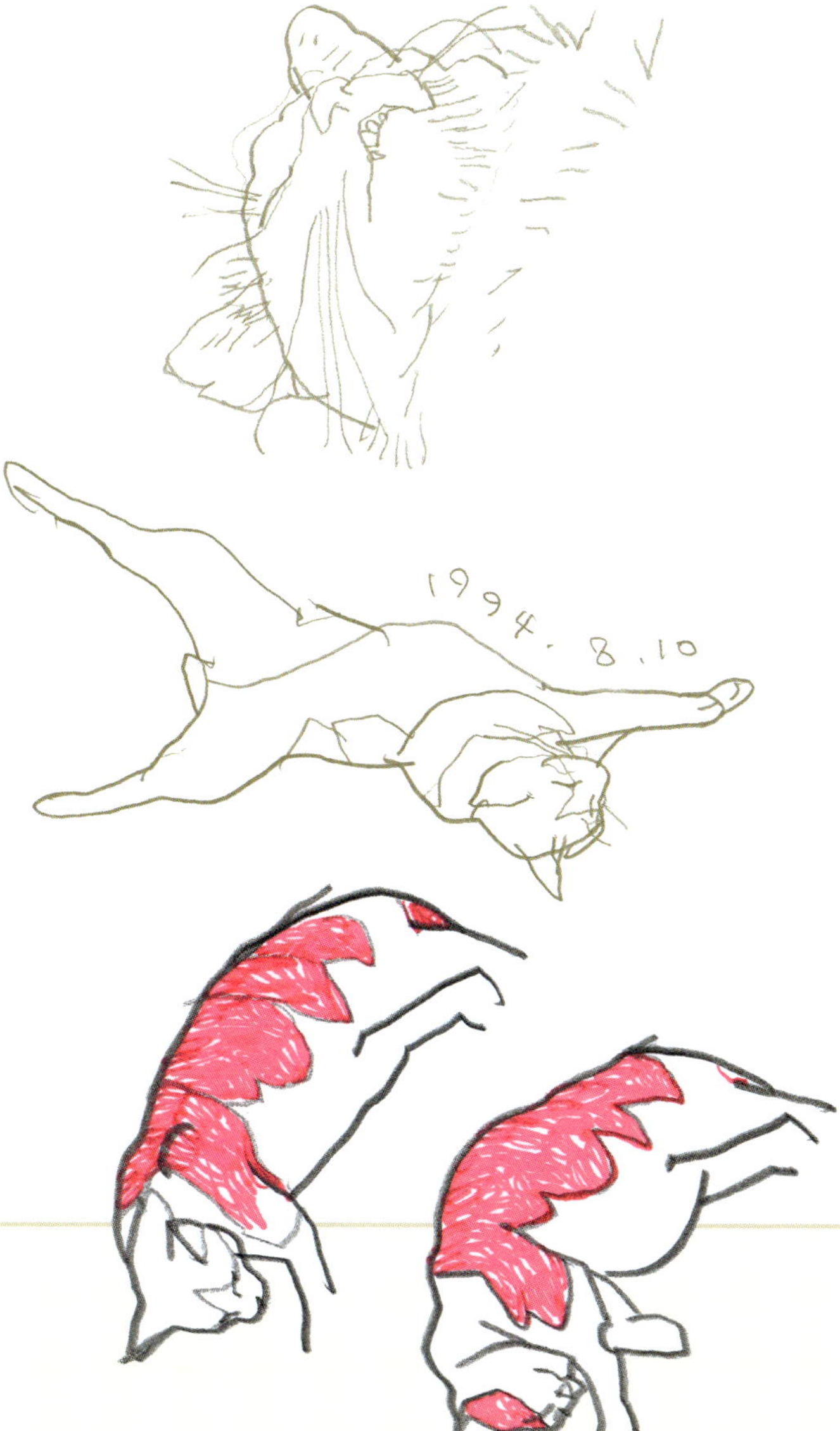

仕事に自信が持てない

　最初に原画を担当した『キテレツ大百科』★という作品は、枚数があまり使えませんでした。1カット平均20枚くらい。キャラクターもあまり崩してはいけないルールでした。なので『ど根性ガエル』みたいに動かしたいなぁ、と思いつつ、それはできない…。しかし問題は技量がない事だという事はうすうす気づいていました。同僚の浜名★くんは同じ作品で、僕よりずっと『ど根性ガエル』っぽい動きと絵を実現していました。それで壁を感じてしまって、「僕はアニメーターに向いていないんじゃないか?」「僕の描く絵はアニメーションに向いていないんじゃないか?」と青臭く悩んでいました。

　同期にも『忍たま乱太郎』★の作画監督や『おまえうまそうだな』★の監督を務めた藤森雅也★くんがいて、もう圧倒的に上手かった。

　彼と比べるともう、僕は全然ダメだなあと。それなのに2年目には「原画チーフ」という、その班のメイン原画マンになれと言われて、3年目には『ちびまる子ちゃん』のオープニングやエンディングの原画をやらせてもらったり、半パート★一人原画をやれと言われたり（色々あってやり遂げられませんでしたが）。その次には『ちびまる子ちゃん』の映画で、場面設定というレイアウトを描く役割と、どんどん新しい仕事をやらせていただきました。

　自分のためにレイアウトを描くなら、けっこうラフでもポイントだけ押さえておけば良いんですが（原画のときにブラシュアップすれば良い）、人に渡すレイアウトとなると、原図もきちんと描いて、正しい動きのラフを描いて、変なラフをそのままトレスされない様、絵を何度も描き直したりしました。全然量が上がらなかったですね。2ヶ月で全レイアウトをやるはずが、半分くらいしか上がんなかったんじゃないかなぁ。

　もちろん亜細亜堂を築いてきた大先輩方は、それだけの期間があれば立派に一人でレイアウトが切れるし、演出も出来て背景原図もびっちり切れて、一人原画も出来る猛烈なスピードを兼ね備えた上手い方ばかりでした。結局出来なかったレイアウトは大先輩方にフォローしていただく事になり、自分は己の能力のなさにがっかりしました。

　自分の描きたい絵の理想型は頭の中にあるのに、技術的にそれが描けないし、遅い！テレビに自分の描いた絵が映っても、「もっと上手く描けなきゃダメだ」と、悔しさが残る。当時は放送を見て自分の仕上がりを確認する感じだったんですが「ひどい…」「藤森くん濱名くん西村★さんのパートが格段にいい。他の先輩方のパートもいい。自分の所だけ奇妙で良くない」と比べて凹みました。適当に描いてるならそれも仕方がないんだけど、一生懸命描いててダメでしたからね…。それでもいつも誉めてくれる方々がいた。ありがたい事だと思います。

「死んじゃうかも」

　4年目ぐらいからは体調も悪くなってきました。夜は毎日11時半には帰って銭湯に入るのを日課にしていたんですが、原画になり仕事が詰まってくるとだんだん朝早く会社へ行く様になり、酷くなると風呂の後すぐスタジオに入ったりして、徹夜を続ける事もありました。皆と同じ様なカット数ですが、定時で終わって別の仕事をする人も居ます。自分が遅いだけなんですが、速く描く事が出来なかった。そんな生活で、休憩もあまり取らず、休日も月に1回しか取らず（自主的に）、疲労がたまったんだと思います。自分がこの仕事をやっていけるのか不安も募ったんじゃないかな。この頃に電車に乗るといきなり汗がブワーっと吹き出てきて恥ずかしく、電

★『キテレツ大百科』⇒1987年〜放送のTVアニメ。原作・藤子・F・不二雄。
★浜名高行⇒アニメーター、演出家。
★『忍たま乱太郎』⇒1993年〜放送のTVアニメ。原作・尼子騒兵衛、アニメーション制作・亜細亜堂ほか。
★『おまえうまそうだな』⇒2010年〜放送のTVアニメ。原作・宮西達也。
★藤森雅也⇒（1964年〜）アニメーター、キャラクターデザイナー、アニメ監督。亜細亜堂所属。
★半パート⇒「半パート」本編映像部分をAパート、Bパートと分けたときの片方のパート。
★西村博之⇒アニメーター、演出家。

車に乗れなくなってしまいました。机に座っていても後ろに倒れそうな気がして、机の端をずっと掴んでる。あるとき高熱が出て寝込み、病院行っても健康保険に入ってないという理由で注射を打ってくれませんでした（1万くらいだから払えたんだけど）。歯をガチガチいわせながら自宅で寝ていると「寝ている間に死んじゃって、なかなか発見されないかもしれない」と思って、ドアを少しだけ開けたままにしていました。頓服薬を飲んで一日寝てると夜には熱が下がって翌日会社に行って、また熱が出る。その繰り返しでなかなか治らない。

それまでどんなときも朝10時にスタジオに入ってたのに、目が覚めてもすぐには起きられなくなり、横になったままじっと天井を見つめる様になりました。15時ぐらいになってようやく起き上がれて会社へ行く感じ。同じ仕事量をこなしているスタジオの同僚は、仕事に遊びにと元気でやっているのに「自分だけ」と情けなく感じました。

最初のスタジオを退社

いよいよこの仕事は向いてない。嫌いじゃないけど、上手く描けないし、体力も続かない。アニメは描くより観ている方が面白い。

そう考えて、25〜26歳のときに最初のスタジオから離れる事になりました。

その頃知り合いに紹介された実写のTV番組のセットのデザインの仕事があったんです。気楽に描いたスケッチなのに、めちゃくちゃ褒められてちやほやされてギャラも良く「こっちの方が向いてるかも」と思ったりしました。

でもそんなとき、短編ビデオではあったけど、別の会社から作画監督とキャラクターデザインをやらないかと声がかかりました。これも元同じスタジオにいた先輩から誘ってもらったんです。アニメは向いてないかもしれないが、作画監督がやれるならもう少しアニメを頑張ってみようかと思い、誘ってもらっていたセットデザイン会社への就職は断りました。自分にとって作画監督っていうのは、実力を認められたアニメーターの証の様に感じていたので、やるしかなかったのです。自信はないけど「僕なんかにやらせてくれるなら」と再び力を振り絞りました。

でも同時に、やはりこの仕事を続けるのは無理だとも思っていたので、作画監督のギャラを田舎へ帰る準備に使おうとも考えていました。貯金がなく、ギャラの額が魅力的だったのも引き受けた理由です。田舎へ戻る旅費と次の就職までの生活費、親にお小遣いぐらいも渡さないと恰好つかないし。と考えましたが、その仕事もスケジュールが延びてしまい、単価が良くてもお金は残りませんでした。

大ものの け

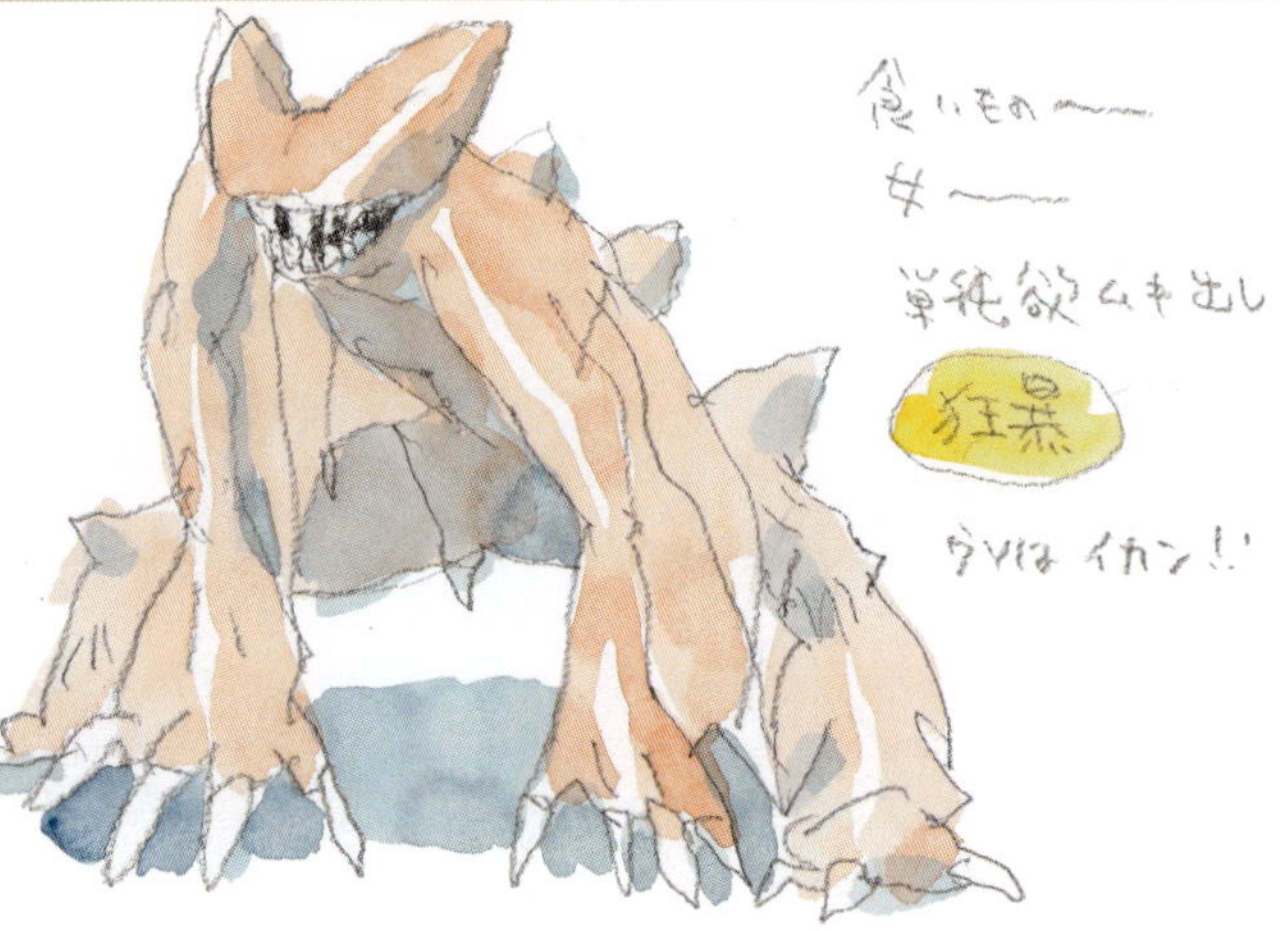

その頃元のスタジオからも『アニメ落語館かぼちゃ屋』という作品をやらないかと誘っていただきました。これはキャラデザと、初めて「絵コンテ」をやらせてもらった作品です。

絵コンテといっても、収録された落語に絵をつける物でしたから、テンポや展開は決まっています。

この作品は「Aプロ」★っぽく描こうと思いました。僕は芝山さんや小林さん近藤さん山田さん★百瀬さんなどのAプロっぽい絵が好きでこの世界に入って来て、この作品でやっと本来の亜細亜堂でやりたかったスタイルの仕事をやる事ができました。会社で自主的に作っていたものでしたから、力も入っていて、枚数も使えたんです。

「Aプロ」というのは、『ルパン三世』や『パンダコパンダ』★など宮崎駿さんも在籍した事がある会社で（現在はシンエイ〈新A〉動画。亜細亜堂もAプロから別れた会社の一つ）『ど根性ガエル』や『侍ジャイアンツ』『赤胴鈴之助』★や『ルパン三世』なども作っていました。劇場用の「フルアニメ」★を作っていた東映動画の方々が、テレビ用に洗練されたデザインとリミテッドな動きを編み出したスタジオというイメージがあります。僕はアニメのキャラとしてこれらの作品のものが最も洗練されたスタイルだと思っていましたし、大好きでした。最後にそれらしい仕事をやって、心置きなくアニメから足を洗おうと考えていました。

『アニメ落語館』では気持ち良く画面を流して、原画を描きやすいコンテを描きました。古典落語だったんで、深川の江戸東京資料館などで建物や小物を調べ、服装なんかも調べました。ところが出来上がった作品はあまり面白くなかったんです（自分比）。

生の落語を見たときは面白かったのに、アニメになった物は面白くなかった。ライブで落語を聞く面白さに代わる、アニメならではのプラスアルファがなかったためだと思っています。

この企画は、会社で主催した「落語会」で音声を録音して、それにアニメをつけてビデオにする、会社のオリジナル企画でした。声のままにキャラクターの姿と背景の絵を素直につけましたが、演出の意識がなく、描きやすい様にカットを割っただけでした。

このアニメで僕は作画監督&演出としてクレジットされてるけど、実際にはすでにスタジオを離れていた事もあって演出処理はしていません。だけど出来上がった作品を見ると、背景とキャラの位置が合ってないところとか、レイアウト通りに背景が置かれていないところもあって、もっと演出に関わらなくちゃいけなかったなぁと反省しました。作画監督としても色々事情があり、途中までは作画監督ではないとの認識で、直さずにスルーしていたカットも多かったです。でも最終的に演出であり、作画監督になるならば、力を尽くさなければいけなかったと今は思っています。

★ **Aプロ**⇒アニメ制作会社。大塚康生、宮崎駿、高畑勲、近藤喜文も一時在籍した。
★ **山田さん**⇒山田みちしろ（1949年〜）亜細亜堂の中心的なアニメーター。
★ **『パンダコパンダ』**⇒1972年配給の劇場用アニメ。監督・高畑勲、脚本・宮崎駿、作画監督・大塚康生ほか、制作協力・Aプロ。
★ **『赤胴鈴之介』**⇒1972年〜放送のTVアニメ。原作・武内つなよし。フジテレビ、東京ムービー制作。
★ **フルアニメ**⇒アニメーションの表現形式の一つ。部分的に動かすリミテッドアニメに対し動きの全体を描くものである。

演出の重要性

それまで演出によってそんなに作品が変わるとは、正直思っていませんでしたから、演出の重要性に気が付きました。同時に「コンテでちゃんと面白くしておかないとアニメは面白くならない」という事も分かりました。適当にコンテを描いて、作画で面白くしようとしてもダメだという事です。当たり前の様に感じますが、演出に興味がなく、作画を重要視していた自分には分かりませんでした。

その頃亜細亜堂にいた演出の望月智充さんや他の演出の方なら、たとえ音声があったとしても、その場に縛られず、違う場所を撮れたかも知れません。例えば水道管から水滴がぽちゃんと落ちたり、窓外の雀や屋根の猫など切り取れたかもしれません。演出ならば媒体の違うアニメ作品で、落語と同じかそれ以上の面白みを観客に感じてもらうには、ひねりの効いたプラスアルファのあるコンテを描くだろうと思いました。

（15年くらい後、僕が原作・監督の『ケモノヅメ』で、各話演出の中村健治くんから思いっきりこれをやられる事になりました。脚本が地味だからと、延々と脚本の台詞とは全く違う場所を映し、それでいて面白いコンテになって上がって来ました。ギリギリに提出されたので、大きく修正する時間もなく、細かい調整しか出来なくて上手くやられた。これはちょっと悔しい思い出です）。

お金も貯まってないし、もう少しアニメをやらなきゃと考えてたとき、亜細亜堂の先輩で、その後フリーになっていた本郷みつる監督に声かけてもらい『21エモン宇宙《そら》いけ！裸足のプリンセス』の原画に参加しました。一生懸命やったのですが、迷ってどうにかしてもらえるだろうと甘えたまま提出した部分がそのまま出ていて、正直、自分の仕事は良く見えませんでした。それでも周囲の人は悪く言いません。「自分なんかダメですよ」と言っても「湯浅くんならこの仕事やっていける」と逆に励まされたり。自分の事を褒める人は嘘つき（お世辞、気遣いともいいます…）だと思っていました。

辞めるのか辞めないのかどっちつかずのまま『クレヨンしんちゃん』に「難しくないから」「楽しくやろうよ」と続けて誘っていただき参加しました。エンディングの作画もやらせていただいて、作画監督にもなり、ギャラも充分もらい、枚数も使えてシンプルな絵柄は今までにないほど面白い仕事でした。ただやはり思った様には描けず、ちょっと気を抜けば上手くいかない体たらくに、やはりアニメは自分にとって重労働で身体がついていかないなぁという想いと、まだ辞めるという踏ん切りがつかないまま、その後もずるずると続けていました。

『クレヨンしんちゃん』をやりながら、亜細亜堂で作っていた『ちびまる子ちゃん　わたしの好きな歌』の音楽シーンの映像作りにも参加しました。担当した音楽に合わせて絵を付ける仕事です。『かぼちゃ屋』のリベンジもあったし、本編とも違うイメージを付け

★ **望月智充**⇒（1958年〜）アニメ監督。2009年まで亜細亜堂所属。
★ **本郷みつる**⇒（1959年〜）アニメ監督。
★「**21エモン宇宙いけ!裸足のプリンセス**」⇒1992年配給の劇場用アニメ。原作・藤子・F・不二雄、監督・本郷みつる、制作・シンエイ動画ほか。
★「**ちびまる子ちゃん**」⇒ここでは1992年公開の劇場用アニメ『ちびまる子ちゃん 私の好きな歌』。原作・さくらももこ、制作協力・亜細亜堂。

加えなければいけないと思ったので、曲に合わせるのは当然ですが、プラスアルファがある映像を心がけ、色も特殊に設定しました。自分としてはもっと出来たはずだと思ったのですが、色々な方から良い評価を頂き、とても良い気分になってしまいました。まだその評価を素直に受け止められないながらも、コンテを描いた充実感から音楽に絵を付けるのは得意かもしれないと光明が見えた気もしました。

ついにコンテに目覚める

その後、大ヒットしていた「クレヨンしんちゃん」の劇場作品『クレヨンしんちゃんVSハイグレ魔王』の制作が始まりました。〝誰も期待していなかったテレビシリーズ〟に火がつき（本郷監督談）、いよいよ映画だ！まんが映画だ！と高揚したまま「設定デザイン」という、宮崎駿さんが東映時代にやっていた役職の肩書きをいただいて、力足らずながら頑張って設定もやり始めました。そのとき本郷さんに、クライマックスのアクションを「きみならどういう風にするんだ」とアイディアを求められ、頭に浮かんだままの画面を描き留めて提出すると、本郷さんはそれに番号を振ってコンテにしてくれました。音声や音楽に合わせるのではなく、最初から僕の頭の中でイメージしたものが初めて形になったんです。そのシーンをフィルムで見たとき、ものすごく気持ち良かった。

今までアニメーションをやっていて、「きつい」「苦しい」と感じていた事が、いきなり「楽しい」「気持ち良い！」に反転しました。正直自分の作画が急に上手くなったわけでなく、ダメだと思うところは今まで同様あるんですが、コンテが自分の生理的感覚と合致していて「画面が自分の思う様に移動してる！めっちゃ気持ち良い！」という感じになり、周りの評価も相まって、客観的な自己評価を気持ち良さが超えてゆきました。全体的な流れがイメージ通りだから、少しぐらい満足できない絵や動きがあっても気にならなくなったんだと思います。「コンテからやるとこんなに面白いんだ!!」と思いました（でも、実際にはまだコンテを作ったのは本郷さんだったんですが）。

同時にその映画では、任せられた設定をやる事によって、いよいよパースとアイライン（視点）の問題に直面しました。こんな事くらい、現在絵の職業を志す人なら中学生ぐらいで分かっているはずなのに。結局僕は、絵はそこそこ描けても、アニメの絵や動きを描く事に未熟で、アニメの見方も素人っぽかったために、プロとして苦労したんだと思います。この頃になっても僕にとって「絵を描く」事は、悟りを開いたり集中したりする、気持ち・精神的なものに近いと思っていました。過度に「絵を描く」って事に思い入れしていた様に思います。でもやっとそうじゃないって事が分かった。テクニックに対して謙虚になれる様になったんです。

『ハイグレ魔王』でコンテを描く様な体験が出来て、ようやく「これならアニメをやってゆけるかも！」と思いました。それどころか「めちゃくちゃ天職かも!!」とさえ思った（笑）。

TVの『しんちゃんシリーズ』でも担当話数の設定をやらせてもらって、初めはもののフォルムばかり気になっていたんですが、次第にアクションの展開とか、建物の構造も気になる様になりました。キャラクターがそこを走り回るときに、どんな構造になっていれば面白く出来るのか、と考える様になりました。そしてコンテがすごくやりたくなった。

『わたしの好きな歌』もかなり楽しい仕事だったんですが、テンポから自分で作れてそれがフィルムになったという点で『ハイグレ魔王』は僕を変えてくれた作品でした。

2 うみだされた世界

湯浅政明を一気にメジャーにした
『映画・クレヨンしんちゃん』と『カスミン』。
スケッチブックやコンテ用紙に描かれた
膨大な水彩の中から、
どんどん生まれてくる、
まだ誰も見たことのない世界の数々。

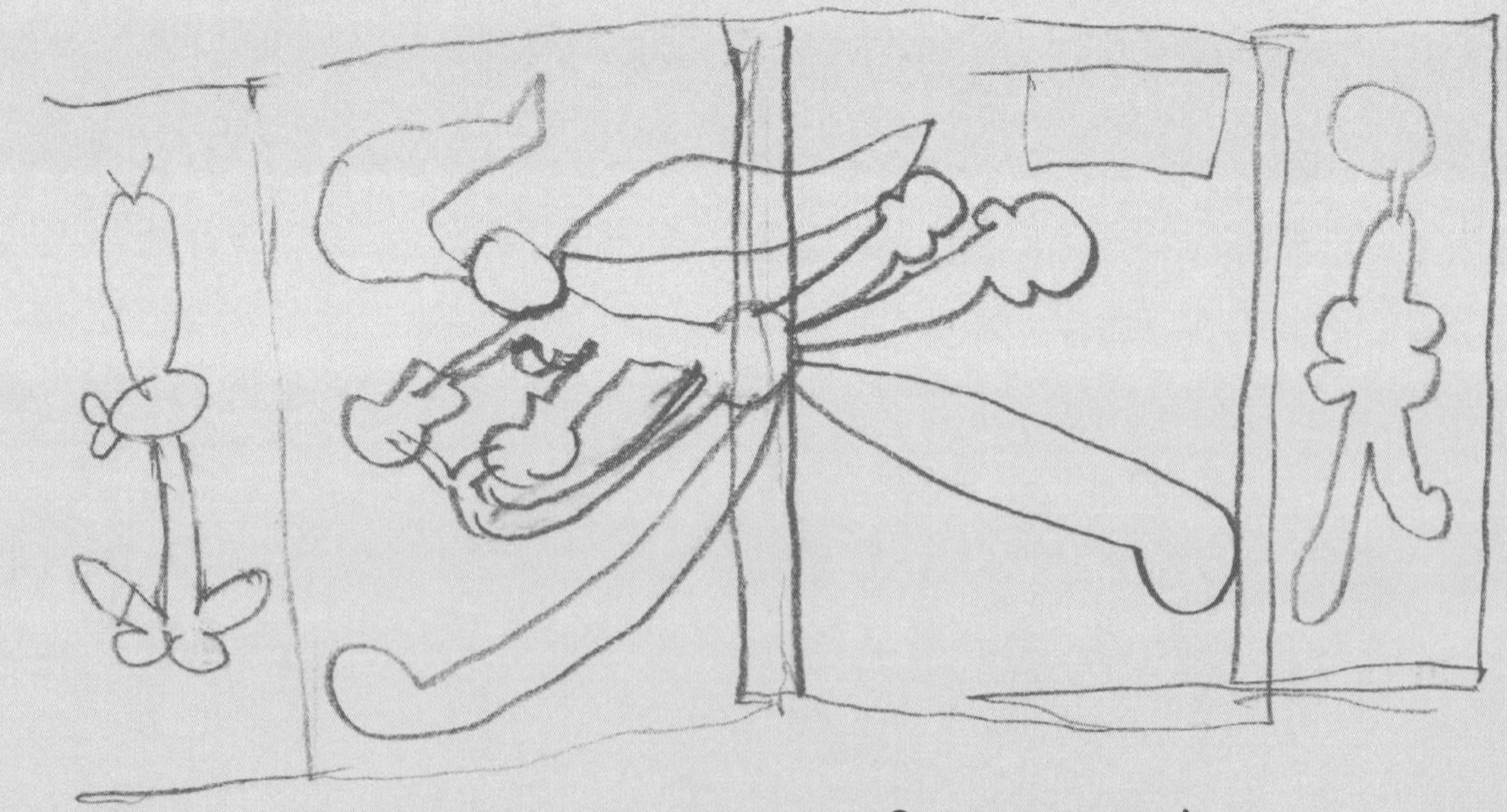

Cover ideas 1

カバーイラストのラフスケッチ。
カバー全体をダイナミックに使い、ネイロが歩行器を操る姿を描いている。
ヒョーヒョーやケモノヅメのサルは当初の案の中から登場しており、
無事完成版にも採用された。

小物のアイディアから世界観へ!

アクション仮面 VS ハイグレ魔王

劇場版クレヨンしんちゃん

あれこれ面白いと思うものを集めていたら、
全体をまとめるのが大変な事に…

はじめての設定デザイン

はじめて「設定デザイン」という役職をやらせてもらったのは『劇場版クレヨンしんちゃん　アクション仮面vsハイグレ魔王』です。それまでやった事があったのは個々の細かい道具などのデザインでしたが、今度は大きな建物や場所なども含まれる、キャラクターの舞台背景になる大きなデザインです。細かいもののデザインはわりと楽にこなしていたので、大きい建物のデザインもあまり難しく考えず、まず部分部分の思いついたアイディアをかたっぱしから描き起こしていきました。

　しかし、いい加減に出しつくしてから一つの形にアイディアをまとめようとしても、なかなかまとまらず難しくなったんです。外から見える部分から中の造りが分かるようなデザインが好きなんですが、巨大でシンプルなものに細かい作りを付けてしまうと、そこだけ複雑になって全体のバランスがとても悪くなってしまう。全体的にはシンプルにまとめなければいけない作品だし。適当に始めてやり方を失敗してしまいました。

　原画を始めた頃、自然な動きや身体のフォルムをそらで描く事が出来なかったので、自分で動いた姿をビデオに撮って、コマ送りをしながらスケッチをしていました。ビデオを買ったのは周りより早い方だったと思います。時には身体の筋肉のラインまで見るために裸で動いて撮ったものをスケッチしました。服を着てると良く分からないんです。夜遅く家に帰ってから始めて、結構時間もかかりましたから睡眠不足になって、冬に無理して裸で撮った後に重い風邪をこじらせたりしましたが、こじらせた理由は皆には言えませんでした。

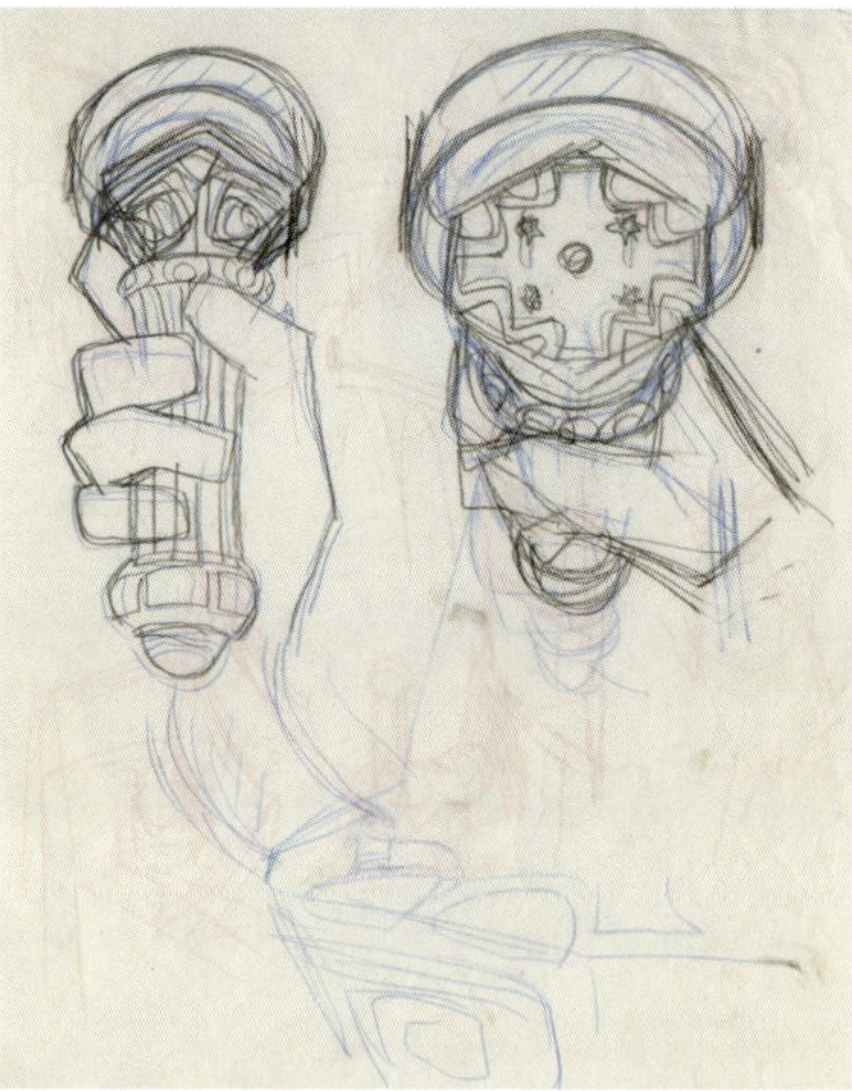

　みんな、自分で動いたりしながら動きを想像して描いてましたから、ビデオを撮ってスケッチするのは邪道に思えて、なるべく秘密にしていたんです。しかし色々な動きを伴った、様々な方向から見た身体の形は想像つかない事が多く、描けない僕にはとても勉強になりました。その当時描いていたキャラはリアルなスタイルではなかったので、等身大のスケッチはそのまま使えないにしても、手がかりを掴みたかったんです。動きやフォルムがリアルになりすぎて、アニメらしいのびのびとした動きを追求出来なくなるときもありましたが、沢山スケッチするうちに身体のフォルムもだんだんと頭の中に入って来て、ビデオを撮らなくても動きやポーズなども想像できる様になっていきました。

　高校・大学でもスケッチやデッサンは良く描いていましたが、アニメの仕事を始めてから、準備が全然できていなかった事に気がつきました。アニメーターはとにかく何でも描けないとダメなのですが、仕事が来てから調べていたら遅くて間に合わないんです。何でも描ける様になろうと、特に最初は色んな映像を沢山見て、しょっちゅうスケッチをしていました。動きの途中は想像もつかないポーズになる事も多く、面白かったですね。時間があればまだまだやりたかったです。でも、時間がかかるし、とても根気がいる作業でした。

　そして自撮りビデオのスケッチだけじゃなく、いろんなものを見に行ったり、撮影したり、調べたりしてスケッチしていました。その頃ほどではないですが、今でもそういう作業は続けていますね。

動きの途中は想像もつかない
ポーズになる事も多く、
面白かったですね

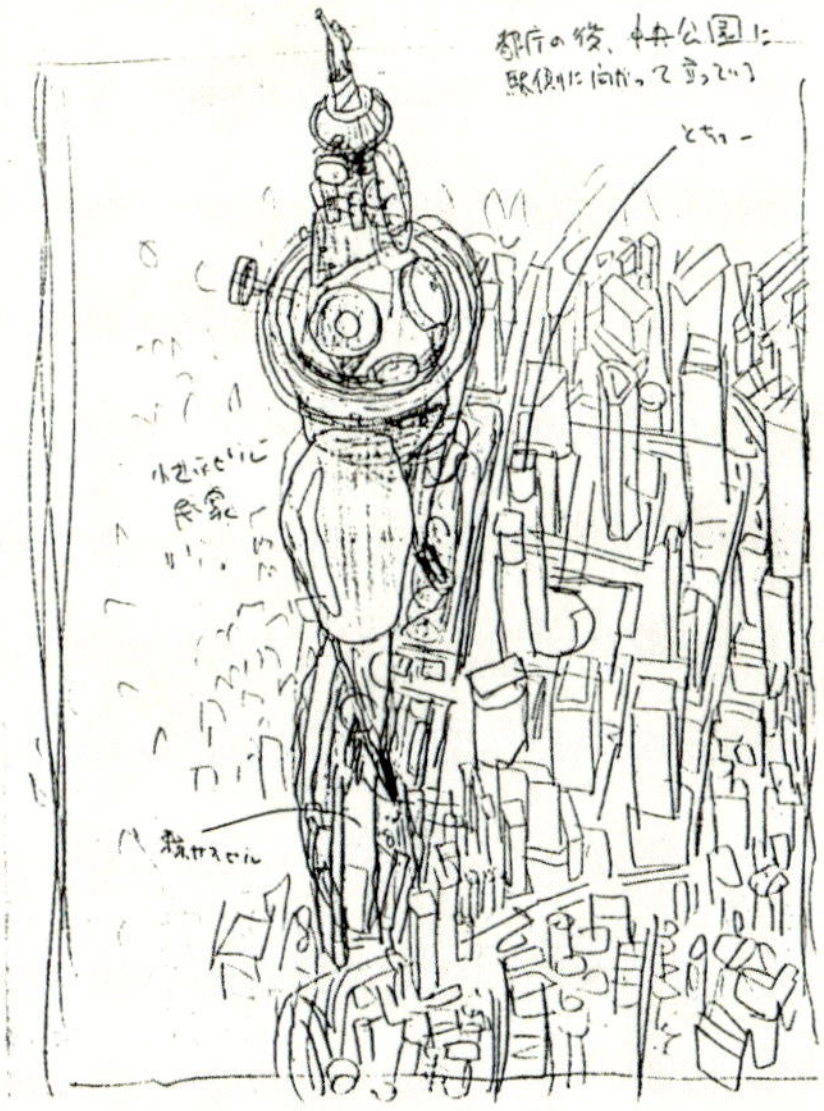

ハイグル
母船立位置
と
参考

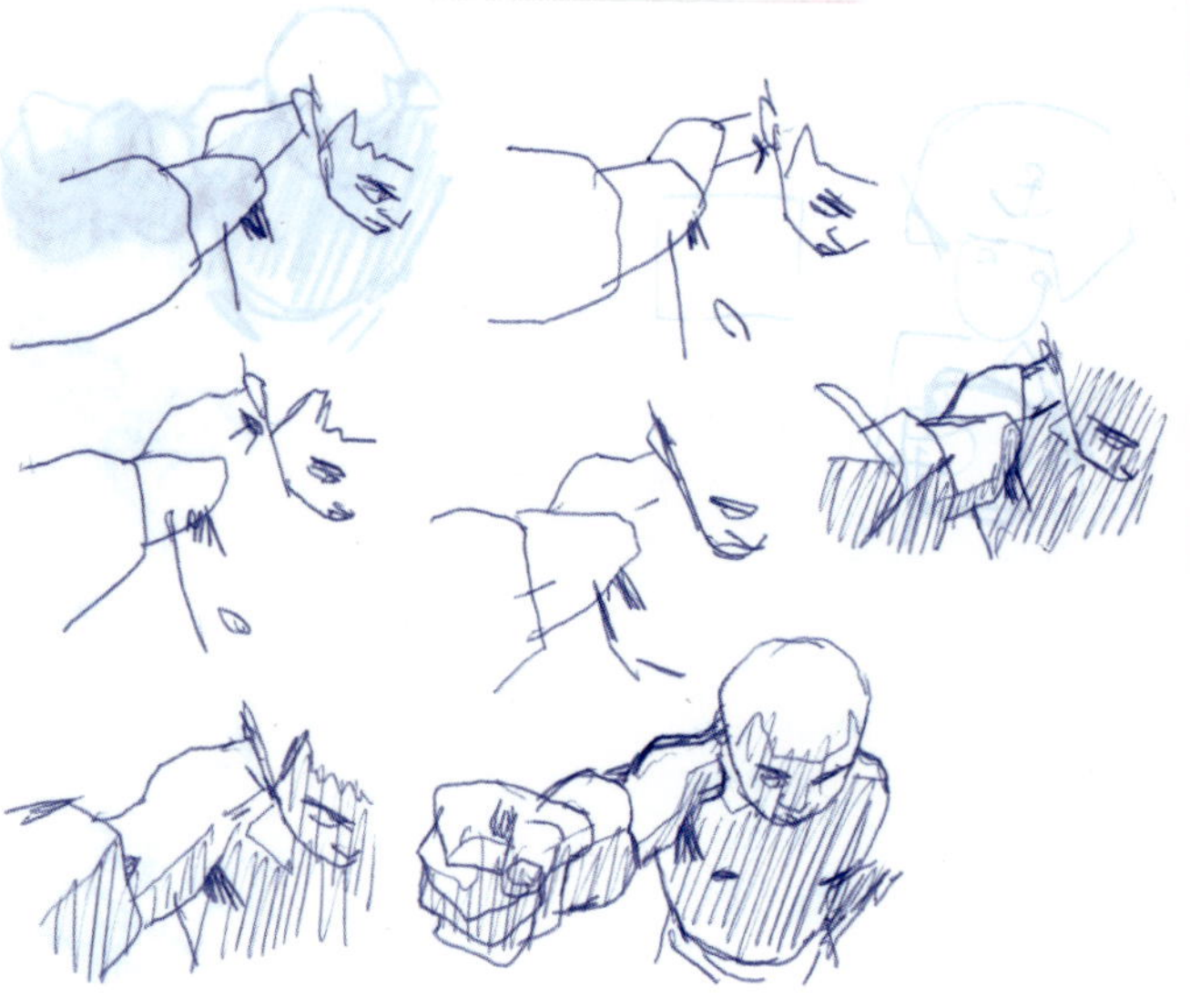

邪道のアイテム？

　当時は紙に描いた動きを取り込んでタイミングを見るアクションレコーダーも、使うのは邪道という雰囲気もありましたし、実写は前記した様に、動きが地味だったり、余計な動きが多くてシンプルにデフォルメされた動きの作品には合わないので、見ない方が上手く表現出来るのではないかと思う事もありました。リアルな資料に捕われ過ぎてぎこちないものを描いてしまうのは、取り入れたばかりの知識が上手く頭の中でこなれないうちに描いてしまう事が原因の様でした。

　時間がないので、ささっと記憶と想像でカット

をやって、ラッシュで確認すれば良いという現場の意見もあって葛藤はありましたが、後にある達人がアクションレコーダーで動きを頻繁に確認していたのを見て、そういうアプローチも自分にとっては良いハズだと思える様になりました。多分推奨していないのは、時間がかかるのもあったと思います。その分早く沢山描けば本人も稼げますし、逆に使うために遅くなってしまっては本人のためにならないという思いやりもあったと思います。なので、スピードが落ちるなら使わない様にと考えていました。原画の線で動いているのと、動画が入って色がつくとまた違った感じになるので、感覚で出来上がりを掴んで欲しかったのもあると思います。

　今だとプレビューしながら作画出来るアニメーションソフトもありますから、多くの人が普通に使う道具になっているし、プレビュー見ながら描き直していると、放送を見るまで結果が分からないよりも、経験値としては多くのものが得られる様な気がします。ビデオについても後に大平晋也さんも参考に実写を撮っているのを見て、おおっぴらにビデオを撮って参考にする事も公言する様になりました。漫画家の松本大洋さんが、作画資料として良く写真を撮られている事も後で知りましたし、同じ様な事なんだと思います。カメラを通す事で、知識として持っていただけじゃない物も発見できたりするんです。

　それでも、シンプルな作品には、資料を見すぎる事で些末な事に囚われて、シンプルな表現が出来ない事がままあります。やっぱり一番は身体の中に知識が入ってから描いた方が良いものになるんじゃないかとは、今だに思っています。

　アニメの先人はそういう方が多いですし、ロビン西さんの『マインド・ゲーム』というマンガは描きなぐった様な荒々しいラフな線で描かれていますが、リアリティにあふれています。ロビン西さんは「資料を見ないで描いた」とおっしゃっていたので、やはり記憶から出たものは整理されて物の本質を端的についているのではないかと思っています。

　『クレヨンしんちゃん ぶりぶり王国の秘宝』の設定をやっていた同時期に『THE八犬伝 新章』という作品の4話に関わっていて「時代劇をリアルに描く」というテーマに取り組み、特に一生懸命実写を参考にしていました。しかし、演出の大平晋也さんが描くものは、リアルであるだけでなくプラスアルファになるダイナミックなアニメーションの魅力にあふれていて、ショックを受けました。僕も今までにないくらいリアルにしたいと思っていましたが、なかなか上手く描けずに苦労しましたね。若い頃は飽きない様に、リアルなものとマンガっぽいものを交互にやれると良いと思っていましたが、気分的には良いものの、どっちも究極な技術まで到達せず、中途半端だったかもしれません。

記憶から出たものは整理されて物の本質を端的についているのではないか

アクションレコーダー

シンエイ動画にはアクションレコーダーが置いてあり、一番上手いと聞いていた大塚正美さんが使っているのを頻繁に見かけたので、使っても良いんじゃないのかな？使っているから上手いんじゃないの？とまで思って使う事に対しての免罪符にしていきました。

リライト

資料を見て作った設定は直ぐには提出しないで、間を置いてからもう一度リライトして出す事も多かったです。出した後に「やっぱりこうした方が良かった」と思い直す事がほとんどです。

少し変わった造形のものを登場させたいと考えました。

設定デザインの仕事

普段テレビでやっている『しんちゃんシリーズ』は日常の話だったので、小物のデザインはオーソドックスでシンプルなものでした。しかし『映画』はファンタジー性も加わり、今回は宇宙からやって来た敵もいるので、少し変わった造形のものを登場させたいと考えました。

小物は思いつきで描けるものなら2～3分でチャチャッと描けるんです。でも大きなものの全体像を最初に決めるのは苦手で、後回しにして大概最後悩む事になります。個々のシーンの舞台としても機能的に映えて全体的にも構造的で美しいものと考えると、全部の内容を把握してから最後にまとめたくなるんです。

しかし最初の失敗から、その後はどうにかなるだろうと細部は考えないで、「えいやっ!」と先に全体像を決めてしまいました。縛りは出来るけど細かい部分は極力その後の展開やアクションに合わせて作ってゆきます。

設定のお題になるものを調べていると、殆んどにおいてそれに興味がわき、その後も趣味の様になってその系統を調べ続けたり、興味が広がって普段から色んなものにアンテナを張る様になってゆきました。

小物はキャラと一緒に動いている事が多いので、極力シンプルで形には何か一つ、動きの特徴が組み込まれていると良いと考えていました。「それがアニメのデザインだろ」と思っていた部分もあったし、本郷監督オーダーの「アニメーターだから出来るデザインにして欲しい」と言われていたのがいつも頭にありました。

「まんが映画」

日本で長編アニメ映画が作られ始めた頃、大人が見る実写映画と区別してそう呼ばれていたり、後に東映長編から宮崎駿監督へ受け継がれる作風をアニメ雑誌でそう呼んでいました。「まんが映画」という言葉です。『長靴をはいた猫』や『どうぶつ宝島』などの、いわゆる初期の「東映長編アニメ」のイメージでもあります。

この言葉に同世代のアニメ好きは何ともいわれぬ高揚感が呼び起こされます。自分が子供の頃に見て味わった感覚が思い出されるのかも知れません。亜細亜堂へ入った時も、この「まんが映画」や「Aプロ」が好きな人が沢山いました。シンプルでよく動いて、家族みんなで笑えて楽しめて、最後にはしっかり盛り上がるアニメ。そんなイメージです。

『クレヨンしんちゃん』の劇場版を作るときも、監督の本郷さんが環境は叶わないけど理想は「まんが映画」で、そういう風に楽しく作ろう。と言っていました。いや、はっきりとは覚えてないのですが、言っていた気がしました。

それで「まんが映画」の法則から、クライマックスは高いところに登って行かなくてはならないと、当時の僕は思い込んでいたんです(笑)。受け売りですが、実写の冒険娯楽映画なんかもそんな放物線を描いたものが多かった。ブルースリーの『死亡遊戯』でも、敵を倒しながらどんどん高いところに登って行くでしょう?

最初のしんちゃん映画でのクライマックスは、三つ目の猫ロボットが巨大宇宙船の中を逃げる主人公達を追いかけてどんどん下ってくる流れが予定されていました。

小物のデザイン

①

①は古代文明展で展示されているようなつぼの形って独特なものがあり、現代では想像もつかない形をしているので、未知の科学力で作られた宇宙船にぴったりなんじゃないかと、形を参考にしています。

②

②は鳥が斜めの木の枝に止まるとき、右足と左足の曲げ方を微妙に調節して、どんな斜めな場所でも身体が平行になるように止まっているのを見て面白いなと思ったので、乗り物も平行な場所や地面でなくても停まれると便利だろうなと、描いてみました。動物的フォルムの乗り物です。

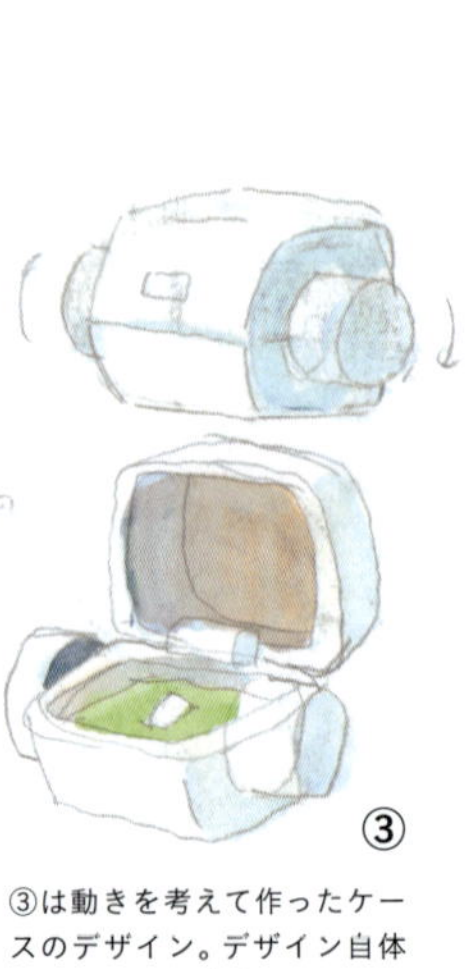

③

③は動きを考えて作ったケースのデザイン。デザイン自体は単純だけど、左右にひねるという動きによって開くように工夫を入れました。

何度もチャレンジ

これはしんちゃんが籠の中に入って、籠ごと転がったら早く移動出来るし、面白いな、と思って描いてみたんですが採用にはならなくて、しばらく繰り返しアイディア出しのときに描いていますね。

脳から汁が出るような…

監督が描いたそのクライマックスシーンのコンテの感想を求められたとき、何でも自由な事が言える雰囲気の現場だと思っていたので、「まんが映画」は上に登って行かなきゃいけないのに、低いところに向かって行く案は「面白くない」と言ったんですね。今思い出しても冷や汗ものですが。

ちょっと映画の作り方の本なんかで読んだ様な知識を、全ての映画がそうでなければいけない様に考えている様な、多分とてもイタイ発言だったと思います。コンテの内容はスペシャルで面白いものでしたから、そういうルールで作らなくても面白くなると思いますし、経験ある演出家である監督ですから、そんなのも百も承知です（今考えると、設定だけしか参加していない劇場版しんちゃん2作目『ぶりぶり王国の秘宝』では、しんちゃん達が地下にどんどん潜って行って、最後地上に出て来る構成ですね。全く逆の放物線を描いてまんが映画を作っています！）。

でもその時、監督は僕の意見を否定しませんでした。「じゃあ、どんなのが良いと思うのか、自分で描いてみて」と言われました。否定するなら代案を出さなければならない。作る現場の鉄則です。考えた事もなかったので、ちょっとびびったのですが、それでもしれっと何とか考えました。スケールの大きなものは浮かばなかったんですが、思いついたものをコマ割り風に描いてみたんです。

監督は「良いんじゃないか」と言って、それに番号を振ってアングル的にもほぼそのままに絵コンテに採用してくれました。「ええ～、大丈夫か～？」と思いましたが、判断は監督に任せるしかありません。

このシーンは原画も担当したんですが、結果、出来上がったものは自分のイメージがそのままフィルムになった様な感触を受けて、脳から変な汁が出るようなものすごい快楽を感じました（試写の直後誉められたのも手伝っていると思います）。作画レベルは大した事ないんですけどね。

この時の体験がこれからこの世界でやっていけるんじゃないかという大きなブレイクスルーになりました。それまでずっとアニメの仕事は「きつい」「つらい」「思った様に描けない」「監督の希望に応えられていない」全然向いてない職業だと思っていましたが、初めて「めちゃくちゃ楽しい！」と思いました。快楽があり「これがオレの天職かも！」とさえ思いました。それまで自分が描くものに納得がいかず、誉められても期待に応えられてないし、誉められてもお世辞やウソだと思っていましたが、クオリティが思う程なくても、自分で見ていて気持ち良いとき、誉められたときは素直に受け取る事にしました。

ちなみに今でも言われている事ですが、僕のコンテは分かりにくいらしいです。この時も本郷さんに「何が描いてあるかはっきりとは分からないけど、なんだか良さそうだからこれでいこう」と言われました。多分絵がラフでフラットに描かれている事が多く、本当に何が描いてあるか分からなかったのだと思います。きちんと清書をした原画でも、彩色の人に「慣れていないと分からない」物の形がかなりラフに変形するので判断が難しいと言われていました。

コンテの絵はラフで「後でちゃんと描き直そう」と思いながら描いているのですが、結局後でちゃんと描き直す時間もなく「レイアウトチェックで見るので、まあいいや」くらいに考えてそのまま流して、自分でも軽視していたのですが、レイアウトをやる段階になって、その落書きが割と端的にやりたい事を描いてると思う事が多く、自分で感心します（笑）。真ん中の20フレームの中に、このカットに必要な構図がちゃんと象徴して組み込まれているんですね。１５０のカットは、作画時に腕の先が見えた方が良いと思ってアオリに変更しました。自由の女神っぽく人型にしたのは「今どこを移動しているか分かる」という、設定でやりたかった事を人型ならやりやすいと思ったからです。分かれた足から別々にスタートして、胴体で一緒になって、間違えて頭まで行ったら腕に飛び移らなければいけないとかね。

自分のコンテで作画する事は、ホントに楽だという事が分かりました。他の方のコンテでやる時、読解力が低いせいか描くべき内容が上手く把握できてない時がままあります。原画がもうすぐ描き

初めて「めちゃくちゃ楽しい！」と思いました

上がる時に、気づかなかったコンテの意図が分かってこのままじゃダメなのが分かる事が時々あるんですが、それをまた一から描き直す時間はなく、そのままでもある程度大事な意図を満たしていれば一回出してみますが、演出の期待に応えられていない事は、自分にとってもストレスでした。しかし自分のコンテだとイメージが明確なので（自分で描いてるから当然）すごく早く描けるけど、プラスアルファがなく、他の方に描いてもらうと自分で考えていなかったものも入って、世界に広がりが出来る気がします（「自分のコンテで原画を描くときは、必ずプラスアルファを考えている」と小林治さんのTwitterを見ました。「さすが！そうあるべき。」と思いました）。

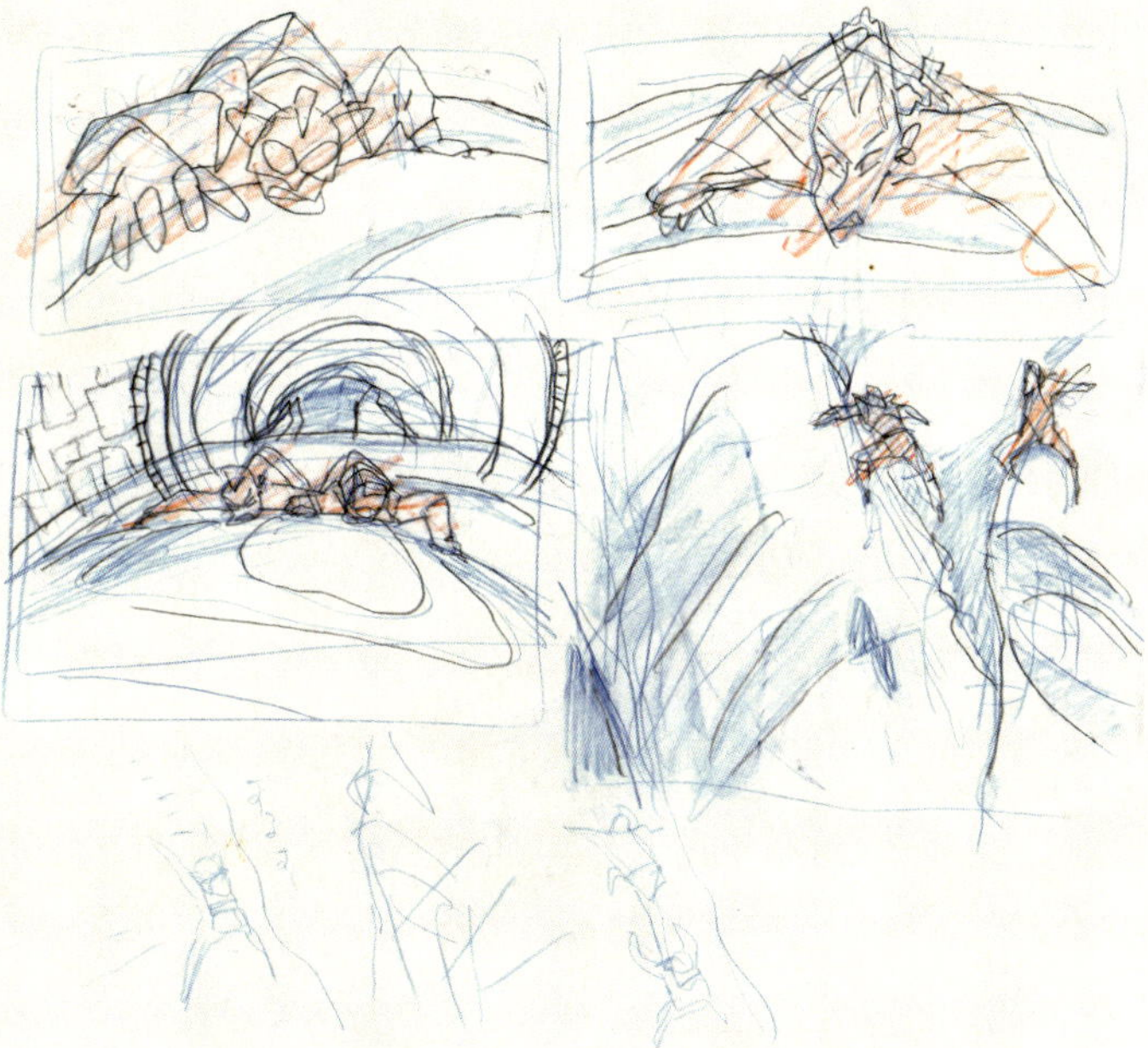

自分がモデル

これは『ハイレグ』の塔を登るシーンのためのスケッチです。ビデオで自分や他の人の動いている映像を録画し、コマ送りで見ながらキーになりそうな絵が見つかったら、そこで止めてスケッチする。「下の方から見ると、こんなにお尻が大きくなって、頭は見えないぐらいになるんだ」とか「お尻と太ももはこんな風につながっているんだ」とか。このときの自撮りは自分が想定したドバタバタしたコミカルな動きにならなかった。特に『しんちゃん』ではコミカルなイメージが大切だったので、実現したい自分のイメージと、実際の見え方を合わせて上手く調節しながらデフォルメしたりしました。

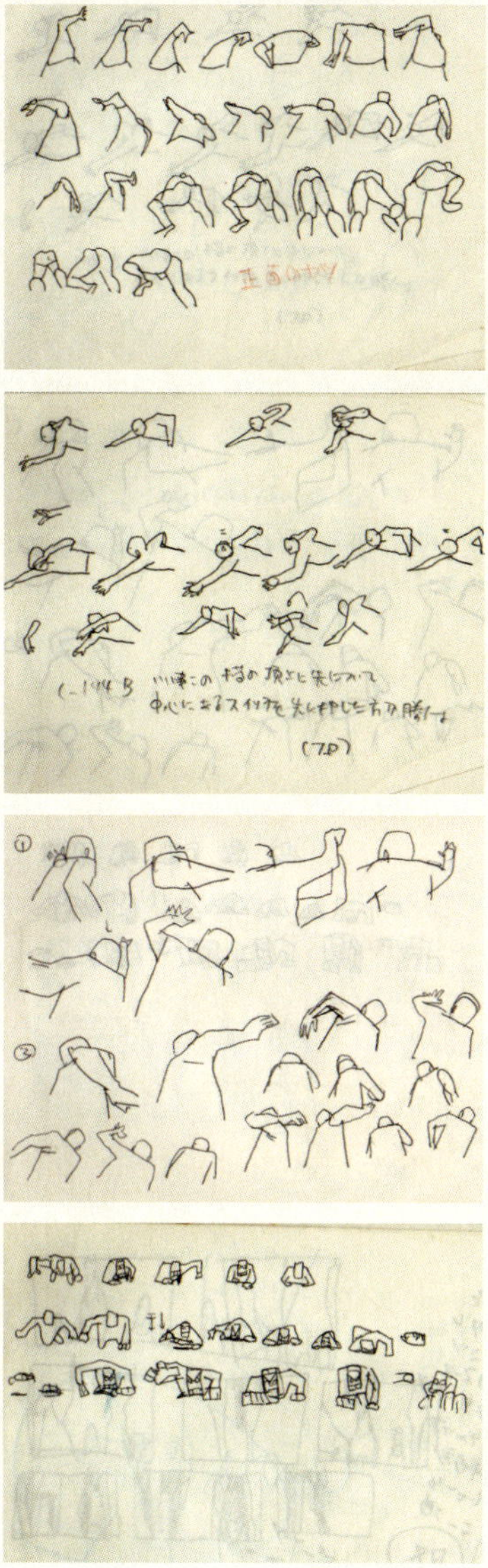

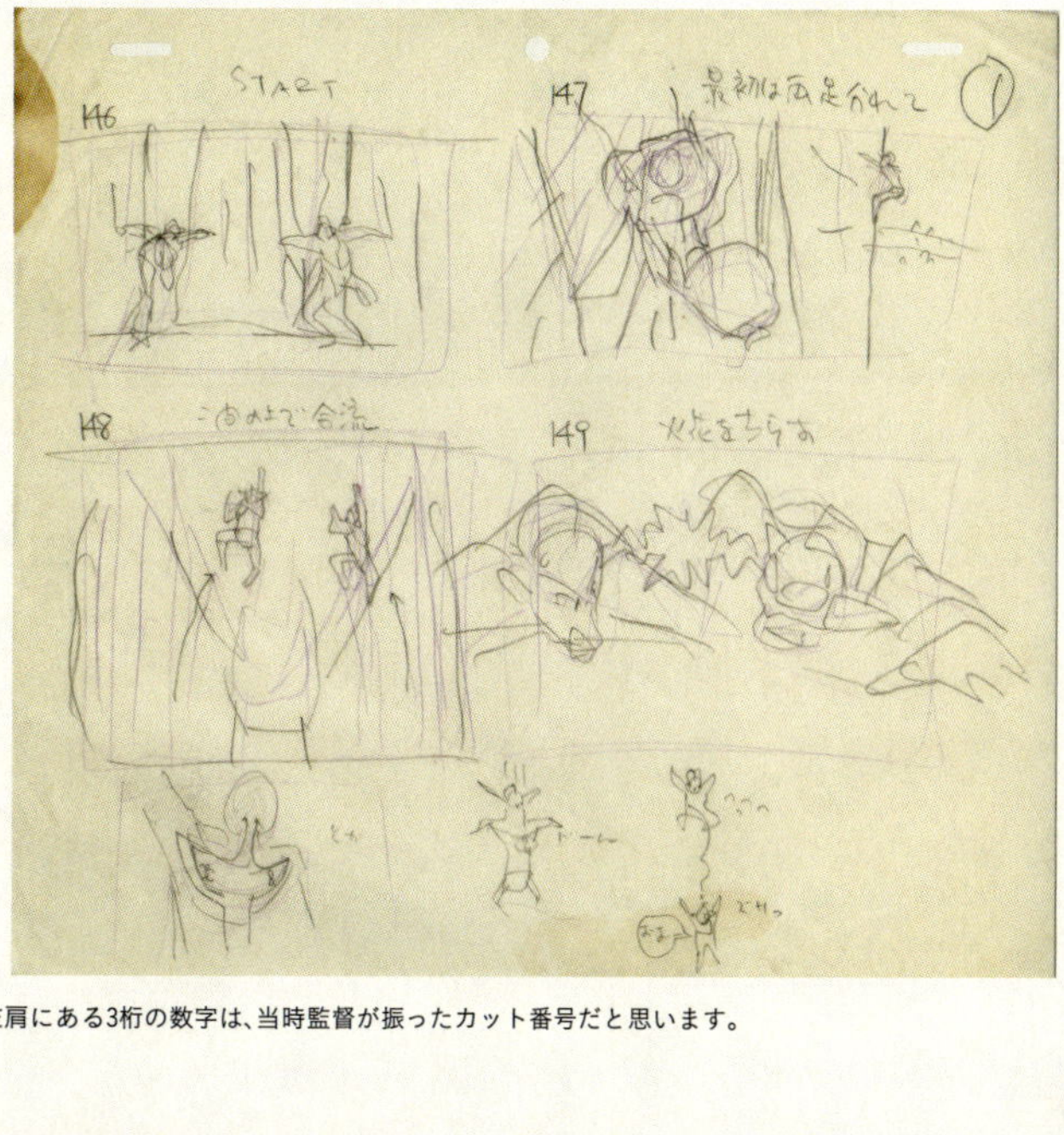

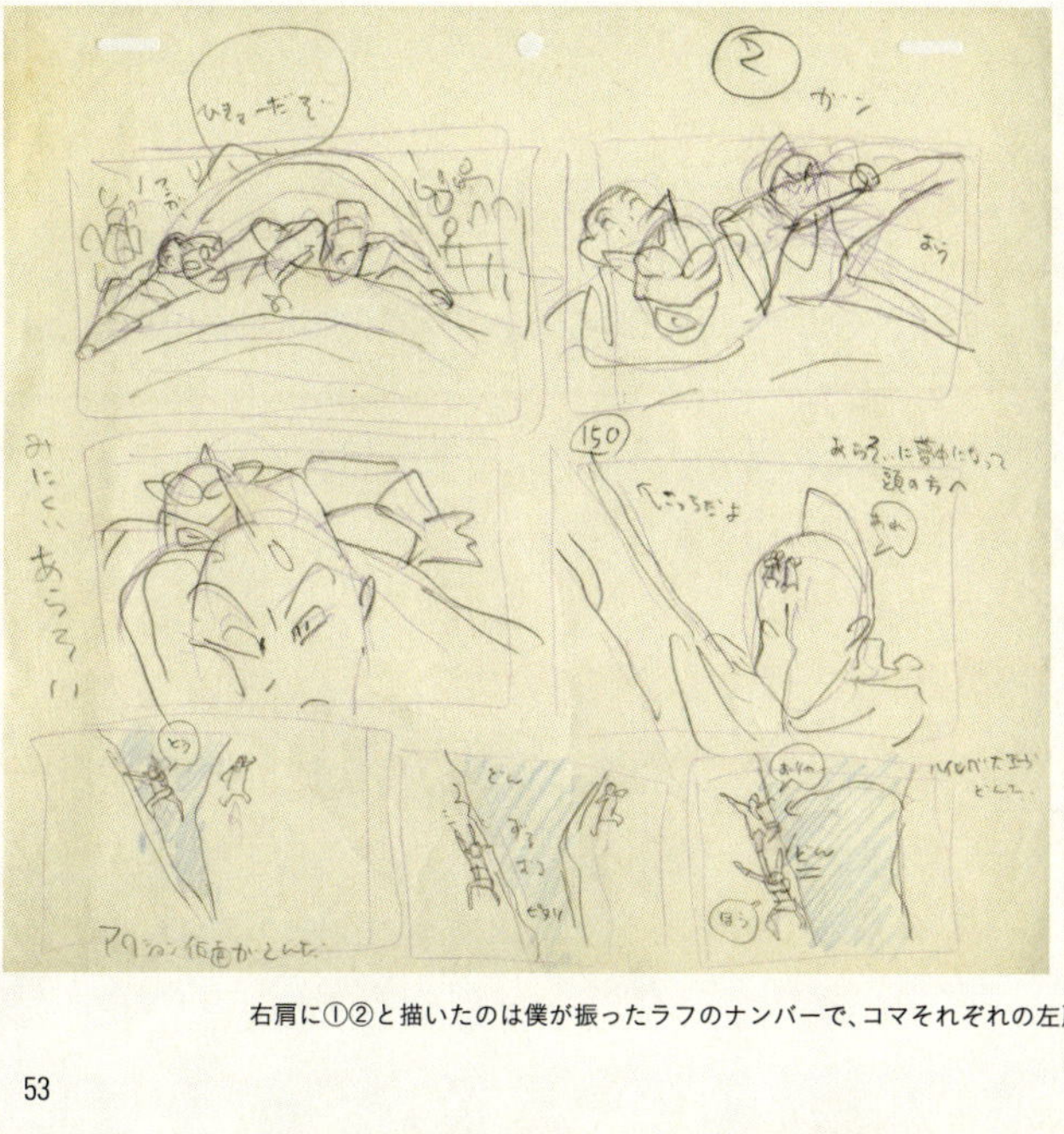

右肩に①②と描いたのは僕が振ったラフのナンバーで、コマそれぞれの左肩にある3桁の数字は、当時監督が振ったカット番号だと思います。

結局は見てくれた人に喜んでもらえればホントに嬉しいんです

自信なかった

本当のところ僕はヘンなものを描くのが最初は苦手で、描き手としてはかっこ良いものを描きたかったし、面白いものを考えるセンスもなく真面目で、ヘンなものをデザインする自信もありませんでした。でも『クレヨンしんちゃん』で鍛えられて、逆にそっちの方が得意になってゆきました。かっこ良いものを描いて、激しくしのぎを削る競争に勝てる自信もないですしね。

アニメーターってみんなそういうところがあると思うのですが、「上手い!」って言われたいというか、誉められたいから描いている部分があるので「チープな緩いデザイン」って、あまり誉められなさそうで描きたくなかったんです。

かっこ良いものなら、「かっこ良いね」って言ってもらえて嬉しい。クオリティが高ければ「凄いね」って言われれば大変でも報われて嬉しいです。だから『しんちゃん』の仕事の中で求められた、ヘンなもの・コミカルな味わいのものは描こうと努力はしていたものの正直抵抗感があったんです。その時初めて自分が「かっこ良いもの描きたい」と思っていた事に気がついたんですね。でもヘンなものも、結局は見てくれた人に喜んでもらえればホントに嬉しいんです。もともとセンスはなかったと思うのですが、やっているうちに少しは自信も芽生えてきました。

『しんちゃん』は小さい子供なので、大人みたいに早く移動できるキャラではないですが、大人とのアクションシーンではスピードも必要です。それで彼を早く移動させる方法も考えていました。滑ったり、流されたり、転がったり。

監督からもアニメーターならではの「動いて」「使って」「面白い」アクションが出来る舞台と、アクション自体のアイディアも考えてみてほしいと言われていました。

現代アートから

亜細亜堂の時はまるっこいデザインの絵が描けなくて、まるっこいスタイルの手の描き方なども何度も練習して描ける様になりました。そうこうしているうちに、まるっこい絵の方が描きやすくなった。デザインも「コミカルで、滑稽さのあるもの」を練習しているうちに、かえってそんなものの方がカッコ良くてシャープなものよりも、温かみがあって面白く思うようになりました。

35ページは初期の宇宙船案ですが「かっこ良くない、奇抜な色彩」という監督のオーダーを受けて、フランスのカラフルなおもちゃをイメージして考えました。中段に迷路を作り、そこでアクションをする構想でした。塔のような宇宙船を登って行くキャラクターたちが今どこにいるのか、外から見ても分かる様な造りにしたかった。足を滑らせたら、高いところから真っ逆さま。ってのも怖さから盛り上がりますしね。

当時、線を画用紙にコピーするという知恵がなくて、色を決める際の別案のために何回も同じものを描いていたりしてますね。

「ヘンな形」を探してパブリックアートや現代彫刻・古代文明など、全く違う分野からもヒントを探していました。下半身の上に顔がついているようなイメージが面白いと思ってミロのオブジェをヒントにしています。岡本太郎さんの太陽の塔もそうだけど、つるっとしたものが巨大だとインパクトありますね。アニメで実在感を出すのは難しいですけど、出来るだけビルと対比して大きさを出すよう考えました。ヘンだけどやっぱどこか「かっこ良い」に未練がある様に見えますね。

彫刻みたいに

最近分かってきたのですが、僕の作り方って二つあるんです。一つは外枠を決め、ぼんやりした芯を想定しながら中に掘り進んでゆく木工彫刻の様なやり方。芯はぼんやりとイメージはできているんですが、描いてゆくうちにだんだんイメージが鮮明になって形が現れる。

もう一つは最初に芯を決めてしまってそこに肉を付けて行く、粘土で彫刻を作る様なやり方です。

ただ、この頃はまだ良く分かっていなくて、芯を想定しないまま外側からどんどん作っていって、後から芯を入れようとして苦労するという無理矢理なやり方を繰り返していました。当時は設定の範疇だけだったので、まだまだそんなに大変に思わなかったのですが、後に自分が監督と脚本の進行に合わせて設定も同時に進めて行こうとしたら、打ち合わせの度にガラッと内容が変わってしまうと、そのたびに全体の設定を変え、絵を組み直してゆく作業になりました。毎回一からやり直す感じで、非常に消耗し疲れます。芯を話し合いによって決定しようとしていたので、あっちこっちに飛び移って全体像が固まるまでかなり時間がかかってしまったんです。でも映像作品ですから絵が面白く想定出来ない脚本作りは良くないと思うので、絵も同時に進む方法が理想なんです。

シンプルな面白さ

舞台設定は最初に全体を決めてしまうと、キャラクターの動きが制限されてしまうのが怖くて、キャラクターの動きが映える様な部分的な場所のアイディアから描きはじめていました。だからいざ全体の形をまとめる時になると、なかなか上手くいかなくなってしまいます。「クライマックスのアクションは、キューブが行ったり来たりしているところを上下する」というアイデアも出したんですが、それを宇宙船にくっつけたら、よく分からないデザインになってしまいました。

「シンプルで面白い」というのが『しんちゃん』の魅力なんで、あまり細かくなると外れてしまうし、自分で描いていても大変で絵にするのが難しい（笑）。動画になっても大丈夫なくらいな背景の設定が好きですね。装飾よりも構造的に面白い方が良いです。

このくらいの近寄ったサイズであれば問題ないんですが、たまに引きで全体を見せなくちゃいけない時に、このデザインじゃきついなぁと。美しくないし。一番いいのはアップになっても耐えられるし、引いても美しく収まるのがいいんです。その場所を使うシーンになった時だけ登場させる、と言うやり方もあるとは思うんですが、自分としての理想は違いました。ストーリーの要所で遠景などで見えていた場所が、物語が進行するのに従ってアップになってくる方がわくわくする。この時はこの舞台が宇宙船全体にはめ込まれると、美しくないしゴチャゴチャしていて良く分からないので、ボツにしました。

そしてこの頃はパースがちゃんととれた絵が描けていなかった。ハイグレ魔王の部屋なんか自分で描いていても何かが明らかにおかしい。「なんか絵にならないな」と思ってラストシーンの舞台になる新宿に行き、実物の写真を撮ってそれを見て描いてみたりもしたんですが、結局「アイライン」という概念が自分になかったと分かりました。もう何年も原画をやっていて、何となく背景にキャラが乗らないときがあると思っていたのも、それが原因でした。

宇宙船をデザインする時は「宇宙から来たものはおそらく地球上にいまある宇宙船とは似てないだろう」と考えます。違う文明や科学を持っていそうだから、全く違うものから発想した方が良いんだろうなと。それで、パブリックアートや古代の遺跡、アフリカンアートなどの色々なものを見る様になりました。

それによって興味の対象も広がって、だんだん人としてまともになっていった様な気がします（笑）。

だんだん人としてまともになっていった様な気がします（笑）

映画クレヨンしんちゃん
アクション仮面 VS ハイグレ魔王

しんのすけは特撮ヒーロー・アクション仮面に夢中。ある日撮影中に爆発事故が起き、アクション仮面は謎の宇宙人・ハイグレ魔王に「アクション・ストーン」を奪われて、元いた世界に戻れなくなってしまう。一方、しんのすけたちがチョコビで当てたカードで入場した「アクション仮面アトラクションハウス」の乗り物に乗ったところ、突然異次元へ。そこはハイグレ魔王なる人々が“ハイグレ”にされてしまっている世界だった…。「もうひとつの地球」を舞台に、アクション仮面と、謎の宇宙人・ハイグレ魔王との戦いに巻き込まれたしんのすけの活躍を描く映画『クレヨンしんちゃん』の第1作。湯浅は設定デザインとして参加し、原画も担当した。

映画 クレヨンしんちゃん
アクション仮面 VS ハイグレ魔王
公開：1993 年
発売元：シンエイ動画
販売元：バンダイナムコアーツ
価格：DVD ／ ¥1,800（税抜）

STAFF
原作：臼井儀人（らくだ社）
監督：本郷みつる
脚本：もとひら了
作画監督：小川博司
作画監督：原勝徳・堤規至
美術監督：星野直美
アニメーション制作：シンエイ動画　ほか

シーン作りの面白さにめざめる!

ブリブリ王国の秘宝

劇場版クレヨンしんちゃん

設定に描ききれなかった"動き"の数々!
遺跡に封印されていた冒険がどんどんあふれ出す!!

「かっこ良いもの」ではなく、「へんてこりんなもの」の方なら自分が仕事をやっていける場所があるかもと思う様になりました

遺跡大好き

『劇場版クレヨンしんちゃん　ブリブリ王国の秘宝』では引き続き「設定デザイン」を担当させていただきました。緊張して恐る恐るやっていた一作目より、のびのびとやり始めたと思います。

主に乗り物と遺跡、遺跡内のトラップなどを考えたんですが、今作は異星人ではなく古代遺跡という事で、少し現実味がありました。色々と調べているうちにすっかり遺跡好きになっちゃいました。

でも、実際の遺跡をそのまま描くのではなくて、形を生かして逆さにしてみたり、全然違う分野のものが合いそうだからと持ってきたり、面白い形のものを別の意図に生かして違う風に仕立て上げるよう考えていました。

そうして変わったデザインをひねり出すうちに「かっこ良いもの」ではなく「ヘンなもの」の方なら自分が仕事をやっていける場所があるかもと思う様にもなりました。

普通にアニメーターとして勝負したら、すごい人たちがいっぱい居すぎて、大変過ぎます。彼らに勝とうとしたらもっともっと大変な努力が必要だし、これだけ努力しても全然だめなんだからもう無理でしょう（笑）。

でもアニメーションにも色々なタイプがあるわけで、真っ向勝負しなくてもやっていけるんじゃないか？　自分の出来るところで「まだ掘っていないところがあるぞ」って感じで。周りがあまりやってないテイストやジャンルと追求していけば、技術がそんなに高くなくても、生きる場所があるんじゃないかと思いました。

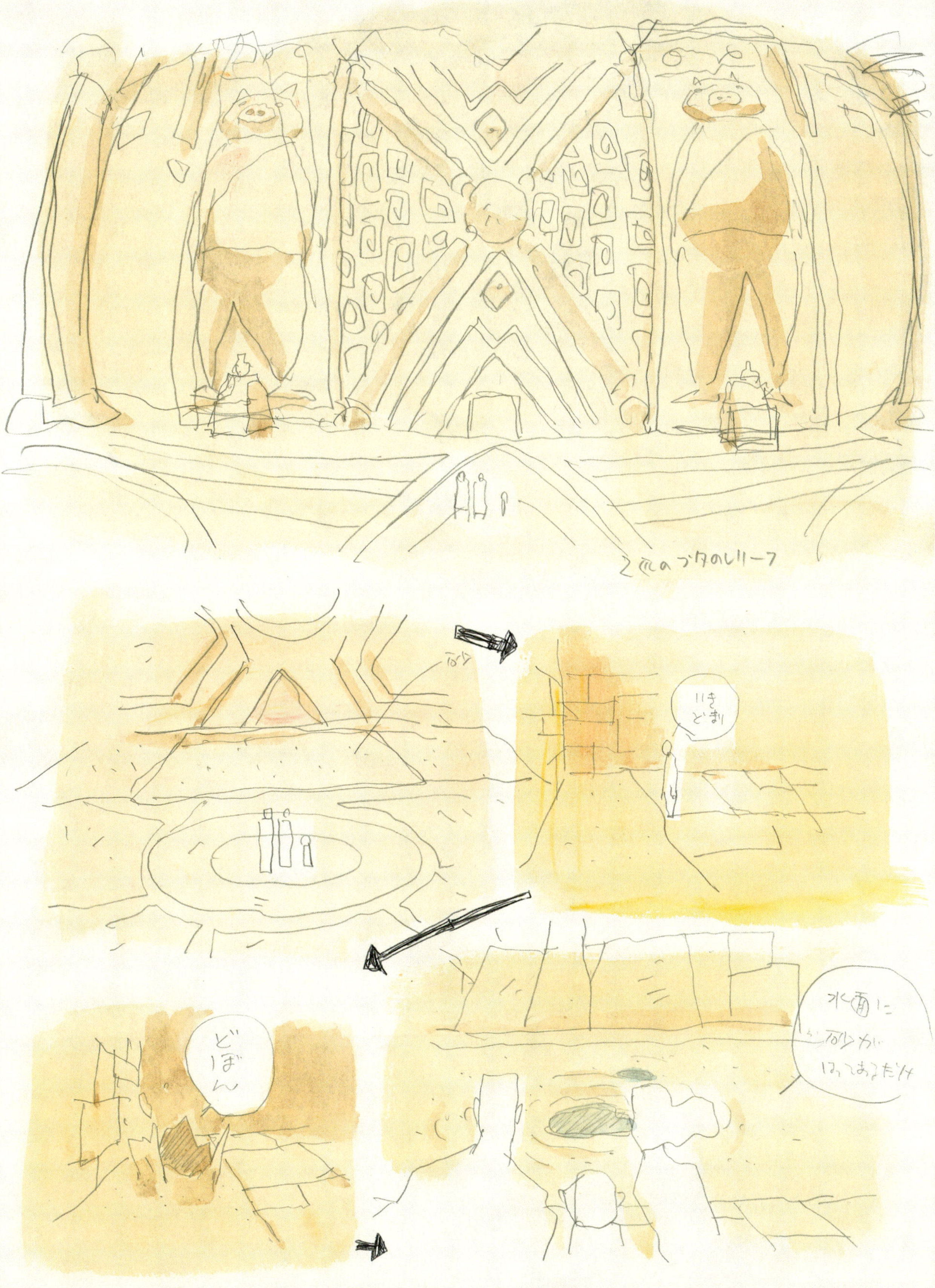
2匹のブタのレリーフ
砂
いきどまり
どぼん
水面に砂がはってあるだけ

怪獣映画

映画『しんちゃん』の楽しさの中に、巨大なものが戦うというのがあって、一つは「シンプルなものがすごく大きい」ってのが面白いなと思いました。けれども、スケール感を視聴者に伝える事は難しい。シンプルでつるっとしたものが大きければ面白いけど、なんかしら別のディティールがないと、対比でしか大きさが表せない。

「ブリブリ王国」のブタは本当にシンプルなブタなので、建物の対比やちょっとした体のパースで大きく見せる事が必要なんです。対比で言うと、昔見た『ホルスの大冒険』の「岩男」とか、『空飛ぶゆうれい船』の「ゴーレム」みたいなイメージが参考になります。

でも『しんちゃん』では、そんな重厚なキャラではなく、すごくシンプルな「ブタ」がそのまま巨大化する。それがまた『しんちゃん』らしいと思いました。新しい「ウルトラマン」を見て触発され、送られてきたコンテを見て、その巨大感をもう少しレイアウトで付け足せると良いと思って絵を描きました。

古い怪獣映画が好きなスタッフも多く、「今やるならこうでしょ」って感じでオマージュで終わらないところが良かったですね。

「シンプルなものがすごく大きい」ってのが面白いなと思いました

罠作りに熱中

トラップの案にも水が良く出てきますね……。水を出したがるのは『キテレツ大百科』の原画をやっていたときに「ひんやりヒエヒエ水粘土」という回で苦労したからだと思います(笑)。

駆け出しの頃に原画でやったモチーフって、結構いつまでもとらわれちゃう。うまく描けずに苦労したから、納得いくまでやりたいと、何度でもやりたくなっちゃうんでしょうね。トラップ案は、演出の原(恵一)さんから「面白いんだけど、面白過ぎてバランスが悪くなるから使わない」と言われて、うれしかったり勉強になったりしました。

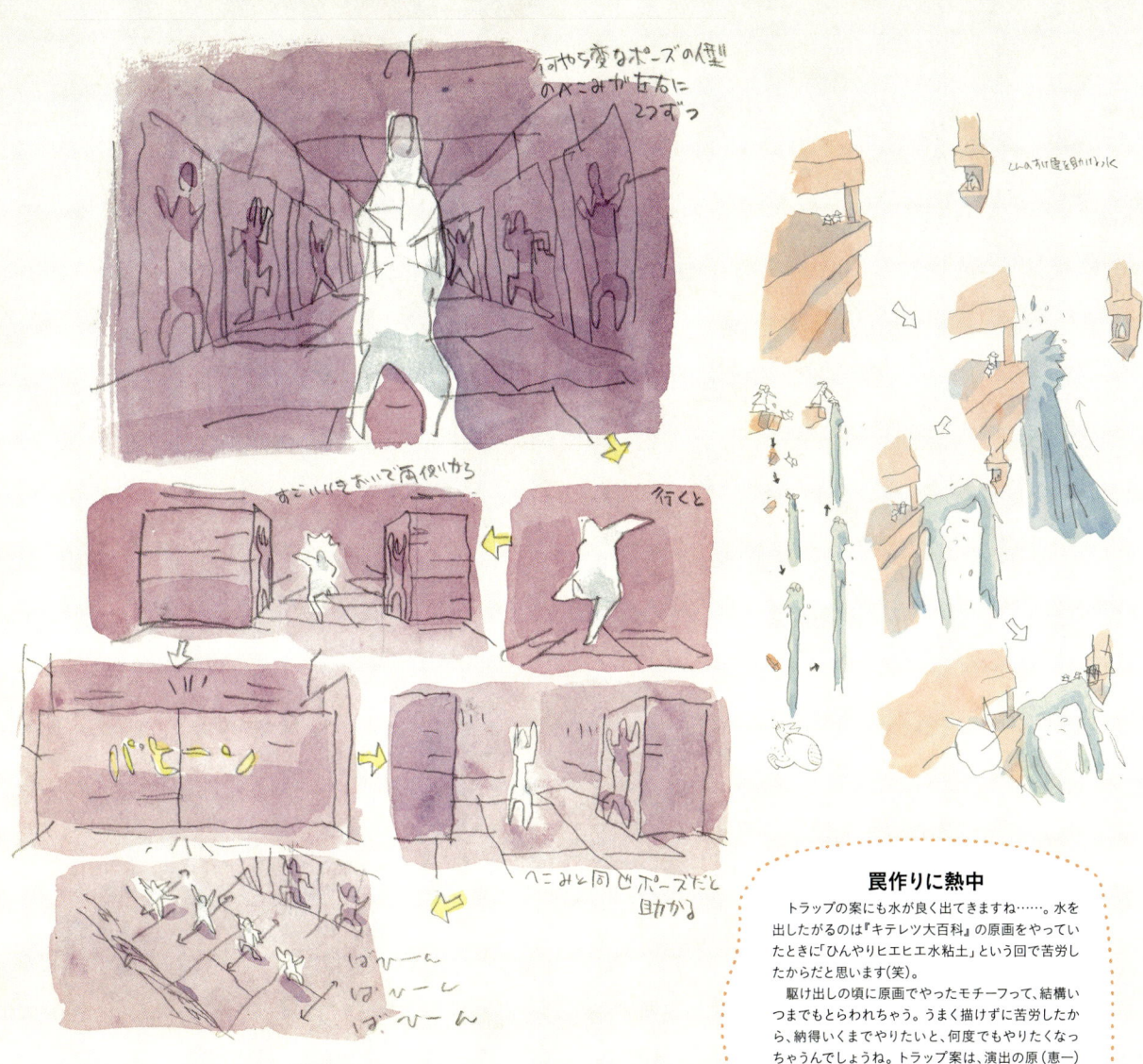

「作品を作る」という事を少しずつ学ばせてもらった気がします

息抜きの設定

この作品制作時、僕は別の場所で『THE八犬伝』という作品に参加していて、ずっとそこへ詰めていたのですが、作業が結構厳しくて、いっ時だけ「息抜き」という感じで『しんちゃん』の設定だけをやっていました（逃げ？）。それは楽しかった。原さんのコンテを見せてもらって、設定表にないアングルの絵が必要なので「参考」として、コンテのコマに合わせた絵を勝手に描いてFAXで送りつけていました。「こうしたらどうか」って。多分現場では迷惑だったんじゃないでしょうか？　原画を描けないフラストレーションもあったと思います。でも基本、人の描いたものをブラッシュアップする作業って、すごく向いている気がして、楽しくって。楽なんですかね？

ブリブリ王国はどんなところ

『ハイグレ魔王』の時は、まだ分からない事が多くて、画材を含めて色んな描き方をして試行錯誤状態でした。『ブリブリ王国』では、2回目なので少しはやり方が分かってきた感じです。『ハイグレ魔王』では、オーダーされたものだけに答えようとして描いているものがほとんどですが、『ブリブリ王国』ではそれ以外にも、自分が興味を持った事はラフやスケッチを大量に描きました。

まず「『ブリブリ王国』はどんなところなのか？」からスケッチを始めて、その上で場所のデザインや小物をデザインしてゆく様にして、プロットも頭からお尻まで眺めて、自分の頭の中で一つ作品世界を作り上げるくらいのイメージをもって、要求されてないところまで考える様になりました。

それでもただ考えているだけで、特に採用が増える訳ではないですし、自分で考えたものを遥かに超えてゆく本郷さんや原さんのアイディアや演出力はすごいなぁと思う事ばかりでしたけど、「作品を作る」という事を少しずつ学ばせてもらった気がします。

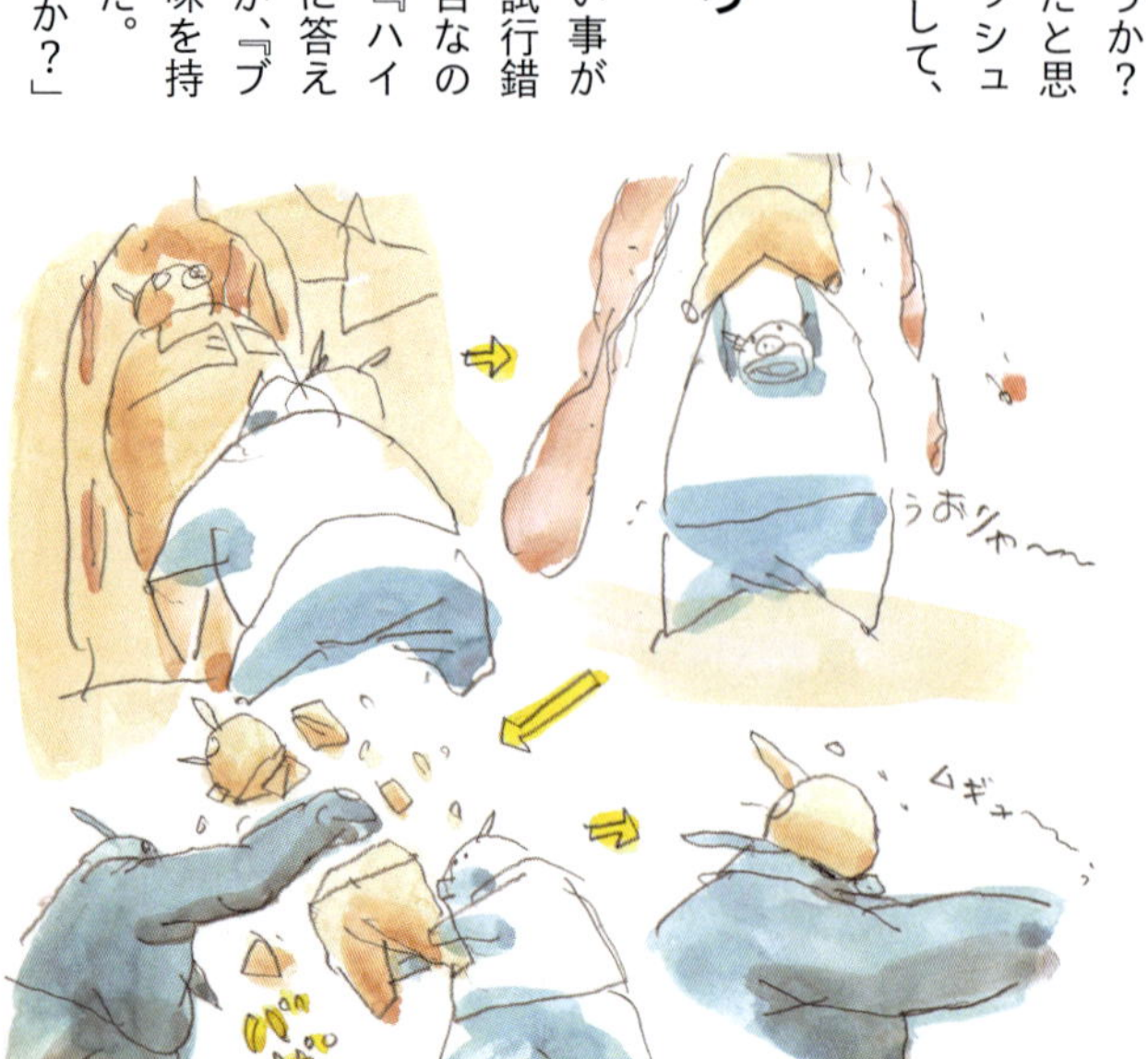

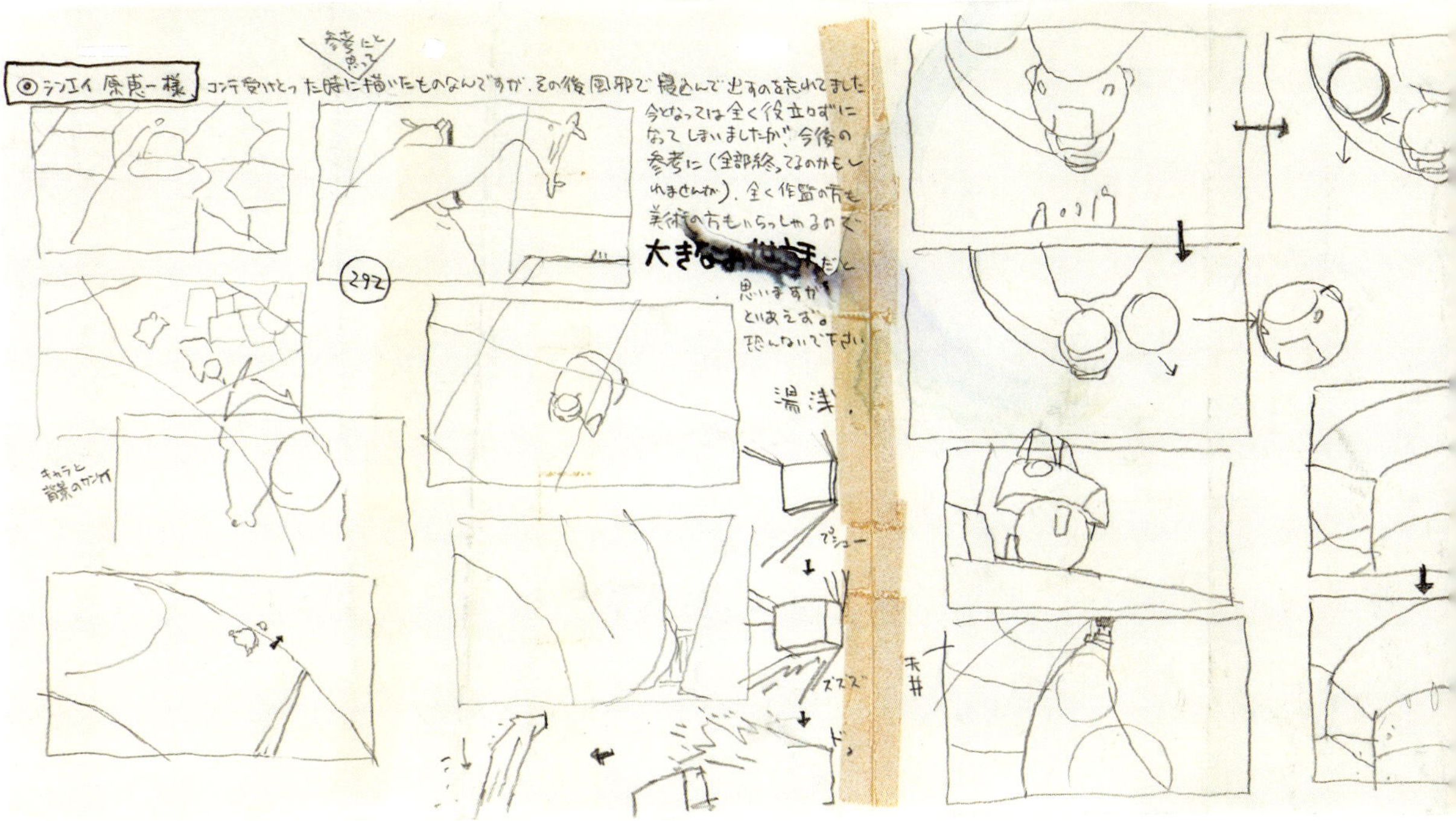

密度感

『しんちゃん』のシンプルな楽しさの絵の中で、どうやって密度を出していくのかも少しずつ学びました。石積みで出来た巨大な物なんか、小さい石で構成されていたら、遠目にくどくなるし、なにより描くのが相当大変になってくる。でも、一つ一つが大きな岩でできていれば楽（笑）だし、小さい岩も混ぜれば流れも出て、細かい感じも出ますからね。

映画クレヨンしんちゃん

ブリブリ王国の秘宝

福引きで海外旅行を引き当てた野原家は、ブリブリ王国5泊6日の旅に出発。しかし、それは黄金の神殿に隠された魔人の力を狙うホワイトスネーク団による罠だった。ホワイトスネーク団に誘拐されたしんのすけは、牢屋で出会ったしんのすけと瓜ふたつの、ブリブリ王国のスンネケシ王子と意気投合。ホワイトスネーク団に連行されて共に神殿に入る事に。呼び出された黒魔人が、しんのすけたちに襲いかかる…。いつもの日常から一転、南の島で繰り広げられるアクションいっぱいの映画第2作。本作でも湯浅は設定デザイン（西村博之と共同）と原画でクレジットされており、主に遺跡や乗り物の設定を担当した。

映画 クレヨンしんちゃん
ブリブリ王国の秘宝

公開：1994年
発売元：シンエイ動画
販売元：バンダイナムコアーツ
価格：DVD／¥1,800（税抜）

STAFF
原作：臼井儀人（らくだ社）
監督：本郷みつる
脚本・絵コンテ：本郷みつる・原恵一
演出：原恵一
キャラクターデザイン：原勝徳
作画監督：原勝徳・堤規至
美術監督：野村可南子
設定デザイン：西村博之・湯浅政明
アニメーション制作：シンエイ動画　ほか

とにかく気分は戦国時代

雲黒斎の野望

劇場版クレヨンしんちゃん

徹底的に調べてから形にしてみる…
仕掛けにあふれた独特のシルエットが楽しい

なんだか世界は面白いと思うようになって来た

コミカルなタッチで

他でやっていた『THE八犬伝』の仕事がようやく終わり『雲黒斎の野望』にとりかかりました。これも時代劇なのですが、亜細亜堂でやった『アニメ落語館』に『THE八犬伝』も時代劇なので、ある程度知識もあり、ゼロからのスタートではありませんでした。

『THE八犬伝』は、リアルなタッチの作品だったので、初めて描く様な描写が多く苦労も多かった。一つ一つの描写に情報量が多く、何度描き直してもなかなか上手くいきませんでした。しかしそのための勉強もしたし、教わった事も多かったです。しんどかったけど、今度はその学んだ事を『しんちゃん』に合ったコミカルなやり方で楽しくやれる感じでした。コミカルでマンガ的なものなら、ある種記号的に描けるので、動きなども自分の中に蓄えたものをそのまま引き出せば良いと思うからです。この頃から、絵を描く労力は省エネにしつつ、その分のエネルギーをデザインや、構成やスケール感に回してトータルでダイナミックな作品を作りたいと考える様になりました。

時間がない中、色んな資料館や博物館、お城なんかを見て回りましたが、移動するときも僕はいつも走っていました。歴史的なものだけでなく、後に別作品で使う江ノ島にも行ったりしましたが、長年の夜型から抜け出せず、最寄り駅に着いた頃はとうに昼を回ってて、日が暮れる前に多くのものを見るため駅から島までダッシュしていました（笑）山道も常に早足。だから取材のあとはもうヘトヘトですね。

一人で旅行に行くときは、修行僧のように早足と駆け足を繰り返します。台風でも「今日しかない」と思ったら見に行く。足をくじいたまま、すごい雨風の中、山の頂の天守閣まで登った事もありました。足を引きずりながらでも走り回ってましたね。でも天守閣にはちゃんと管理人さんが通勤されていました。「今日は誰も来ないと思った」と言って、門を開けてくれました。車ならともかく、歩いて来る人は珍しかったでしょうね。でも、歩いた方が良く見ながら登れるんです。とにかく「絵を描くために見て把握したい」の一念でした。見て感じて、面白いと思った事を絵にフィードバックしたかったんです。

特定の作品のための取材でも、アイディアが全部使われるわけではないので、だんだんと自分の中にストックを作っておくための取材な部分も大きくなっていきました。

旅行も楽しみか取材か分からないときもあります。僕はもともと世の中の事に興味が薄くて、人ともあまり関わらないタイプだったんですが、おもに設定デザインのために走り回っていたら、なんだか世界は面白いと思う様になって来ました。鉄道を取材していたら、「鉄道って面白いな」と思うし、時刻表を見てたらローカル線を制覇したくなったり。鉄ちゃんの気持ちも分かるようになった（笑）。取材を通してだんだんと楽しみが増えてきました。自分とは距離があるものでも、調べて掘っていくうちに面白さが分かってきて、その面白さを作品でも表現したいと思う様になったり、面白いと感じた事はなんでもアニメになると思いました。

全部が採用

山城一式、ということで全体を考えたんですが、演出の原さんがお城の曲輪をめぐってゆく作りにしてくれたんです。出す予定ではなかったと言ってましたが…。

黒城

頭の中のものは
描き出しておきたかった

没初期設定

取材しているうちに感じる感動の一つに、リアルな建物ならではの建築した人のちょっとしたアイディア、気遣いやこだわりが感じられる部分があります。「実際に人がここを通るとき、ここを通って、ここに上がってくると、歩いている人にはこう見えて、良い感じに見えるとか、そのためにここにそれがあって良い気遣いになっている」みたいな動線に感動して、そういうのを意識的に描きたくなっている時期でした。

それは良いカフェや良いレストラン、良い観光地などでもそうで、良い建物は外観が良いデザインであるだけではなく、中で行動するのが気持ち良いように気遣いされた造りになっているはずです。

取材すればするほど、古い建物の現存しない部分の事も想像する様になってきてどんどん面白くなっていきました。

城には曲輪という石垣で囲まれた高低差の違うスペースがいくつもあります。偉い人も色んな高さの曲輪に別れ住んでいて、殿様は一番高い天守ではなく御殿に住み、天守は最後に篭城する場所で、だからこんな作りになっている。登ってゆく道筋は敵が来たときに進みにくく、こちらは攻撃しやすい作りになっている、なんて事が伝わる様に設定しました。それは自分が面白かったからですね。敵が来たらあそこから煮えたぎった油を落としたりしただろう。城に勤めていた人は、ここをこんな風にして通り、ここで上を見上げてこんなものを見たりしたんだろう。なんて事を考えながら作りました。あとで原さんが「登っていくとこはしょりたかったけど、ちゃんとデザインしてあったんで順を追って登らなければならなかった」と言っていました。

城の中の色んな部屋の様子も考えました。必要な設定はとっくに上がっていて、すでにコンテインしたあとなので、本編に使われるわけではないんだけど、頭の中のものは描き出しておきたかったんですね。良く「もう必要ないので、早く原画に入って」と言われていました。

お城について調べていくうちに、「殿様のトイレはこんな感じだった」というのが分かってくる。そうすると、それを使いたくなって。そこから侵入するのはどうかとか、だんだん「設定を説明する行動のアイディア」になっていってるんですね。お話と上手く絡む設定が作れると良いのですが。この頃は監督達が上手く絡む様に使ってくださっていると思います。

取材を通じて新世界へ

原さんが言う様にアニメーターをやっていた頃の僕は、ほとんど仕事場では誰ともしゃべらないタイプでした。スタジオに入ってずーっと机に張り付いて仕事に集中して1枚でも多く描いて終電で帰る。でも、色んな取材を通じて色んなものに興味が持てる様になり、そのあと演出をやるようになって人間にも興味をもって人としゃべるようになってきた(笑)。

考えてみると、子供の頃、僕にとって世の中のあらゆる事は複雑で分かりにくく、ごちゃごちゃしていてきれいではなかった。だからアニメの方がシンプルで分かりやすくかっこ良いと感じたと思うんです。世の中の「面白い事」は、ごちゃごちゃの中に隠れている。ちょっとしたキッカケがあれば中に入って面白さも感じると思うんですが、僕にその機会がありませんでした。子供の頃に「車の仕組みから好きだから車関係の仕事をしたい」とか、「時計のメカが好きで時計職人になりたい」とか、素直に現物に興味が持てる子供は幸せだと思うんです。

僕は現実から上手く興味を抽出できずに、あらかじめ抽出された絵で表現されたファンタジーの世界に興味があったので、なかなか現実の面白さには気づけませんでした。取材によって入ってゆくと面白さがどんどん分かってきて、子供の頃見ていたアニメも現実と繋がっていた事が分かりました。興味の幅が広がり、新しい世界への扉が開かれた気がします。

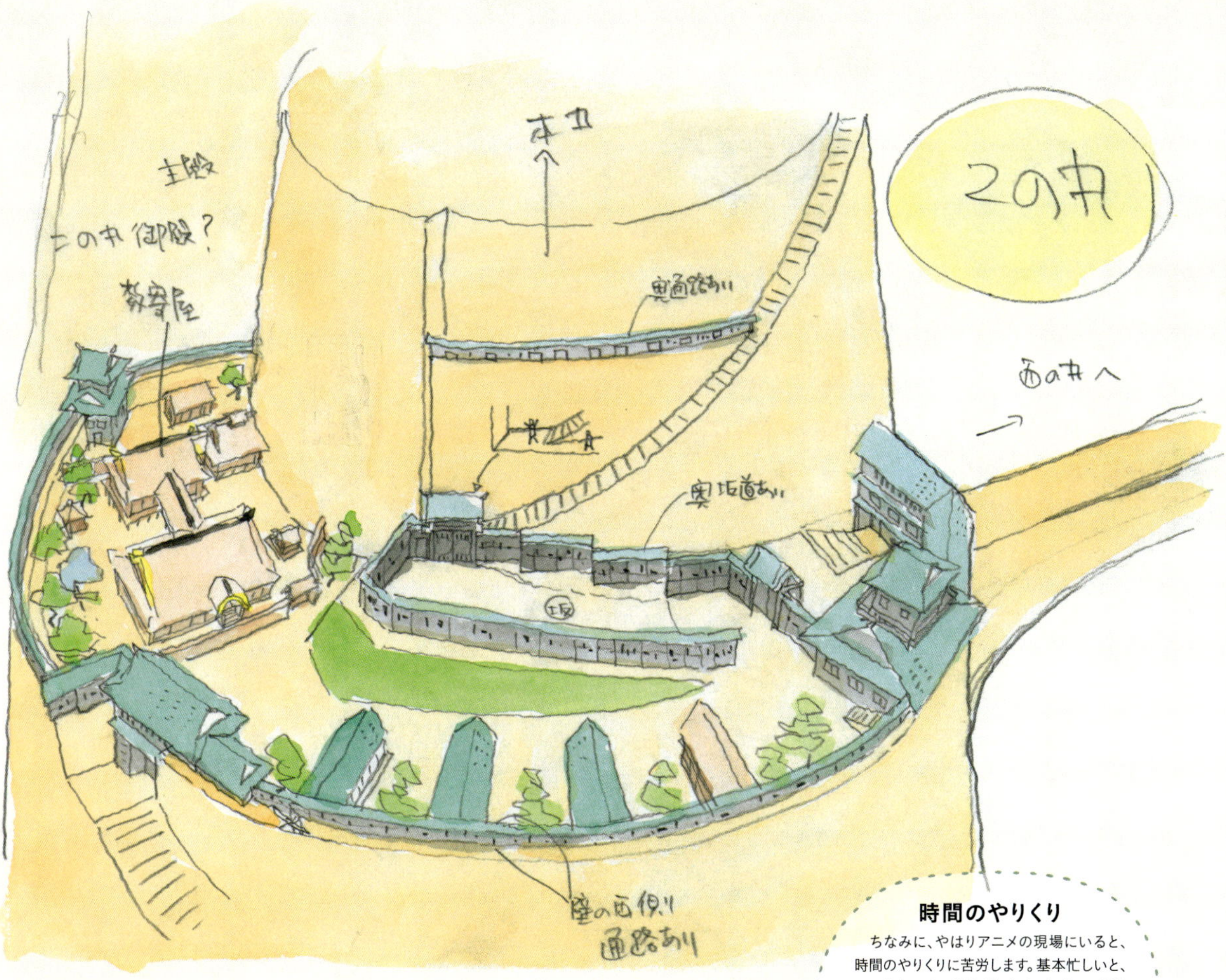

時間のやりくり

ちなみに、やはりアニメの現場にいると、時間のやりくりに苦労します。基本忙しいと、いつも走っている気がします。トイレの行き帰りにも常に走っている。でもすごく速く描く人は走ってないので、多分自分はすごく速い人に比べると、そんなに速くないし、燃費も悪いのだと思います。

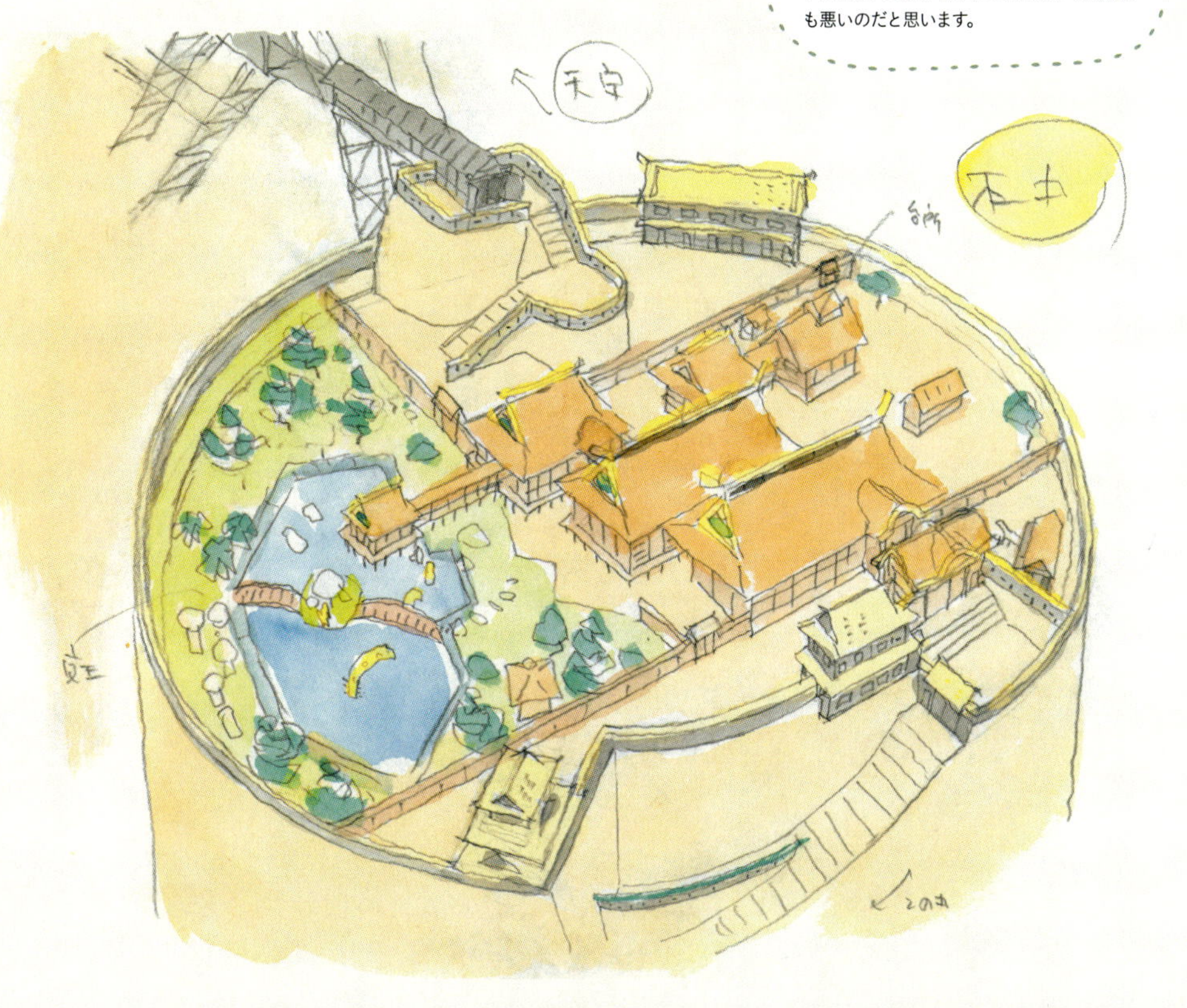

経過を襖で表現

お城の内部は大阪城も参考にしました。襖に蝶の絵が描いてあるんですが、入り口に近い部屋の襖は幼虫の絵になっていて、奥に行くに連れて成虫の蝶に変化していく、という流れのある襖絵の設定を考えました。部屋を進んでゆく経過を襖絵でも現そうとしたんです。

TVや絵本も資料としてはすごく良いんですが、やはり建物は実際に取材するのが一番ですね。ただ場所を限定したロケハンというものはあんまりやりませんでした。舞台が「京都」とかしっかり決まっていれば意味はあるんですが、僕は色んなところの面白いと思ったものだけを使いたいんで（笑）。京都府の日本海側にある、住居の下に船着き場と船の倉庫がある「舟屋」とか、郡上八幡なんかにある家の中に水が引いてあって、洗いものをしたり、魚のいけすがある「川端」とか。使う機会がなかったから、いつか違う作品で使おうと思っていました。

旅に出ると町の構造を見るのが好きです。以前宮崎駿さんが本で「町を見ると昔はきっとこういう地形で、それが次第に現在のように変わってきたんだろうなっていうのを想像する」とおっしゃっているのを読んだとき、その頃の自分にはピンとこなかったんだけれど、今なら少し分かる気もします。「建物が残ってないのに、曲輪の土台だけ見て想像して楽しむ」っていうのも、だんだん出来る様になって来ました。

お城というものは本郷さんが言っていた「構造的なデザイン」というものに近いのかもしれないですね。単に背景として建築物があるのではなくて、攻め込まれたときの対応を想定して建物や造りが出来ている。建物の中をキャラクターが移動したときに面白さが生まれるかどうか、「映像として面白い動きが出来るか？」「それが分かり易く面白くなる様な造りになっているか？」とか、さらにはアニメのストーリーそれ自体にもその建物の構造がつながっていると良いと思う様になってゆきました。

ヤンキーっぽい

リアル物のために調べた蓄積を『しんちゃん』といういかにもマンガっぽい世界にもフィードバックしていきました。アニメーションなので、自分が「面白い」と思った事だけを抽出して描けばいいんです。自分が「面白い」と感じた事を描けば、人も「面白い」と感じるだろうと思いました。それは楽しい作業でした。知る事が楽しいという事も分かった。鎧も「具足」という呼び方もあって、かっこ良いと思いました。それまで鎧というと、大鎧の細かくて昆虫みたいな装飾的な物しかイメージがなく、描きづらくてヤンキーっぽいと決めつけて好きじゃありませんでした。

後に仕事で調べると、戦国時代はもっと実用的なものが多くシンプルに出来ている。兜の飾りも色々な形があって面白いですよね。意外に可愛いものがあったり、大きなものがあったり、それはただ目立つために付けられていたりして、カッコだけで実用性はなく、弱く軽量だったりもする。正にヤンキーのとさかや改造車のマフラーの様なものですが、デザインが良くて理由を知るのも面白いですよね。そう思ってくると当時の気分も想像する様になりました。ただ甲冑は、『しんちゃん』で描くにはシンプルではないので、やはり線も面倒くさくないよう減らしていきました。肩当てを一枚で金属のテリだけを描いていたら原さんに「そこの線を抜いたらダメだ！　日本の甲冑の特徴である蛇腹に見えない」と注意されました。確かにそこの線を抜くと一枚の金属みたいに見えるので、西洋の甲冑っぽく見えるんですね。いくら線を減らしたくても、こだわりや、最低限の所はやはり押さえないといけないなぁとも思いました。

同じ曲線を描くのが難しいので刀を直線っぽく描いていたら、そこも原さんが「反っているのは日本刀の特徴だから、真直ぐ描かないで」と言われて、それもなるほどと思いました。

知る事が楽しいと
いう事も分かった

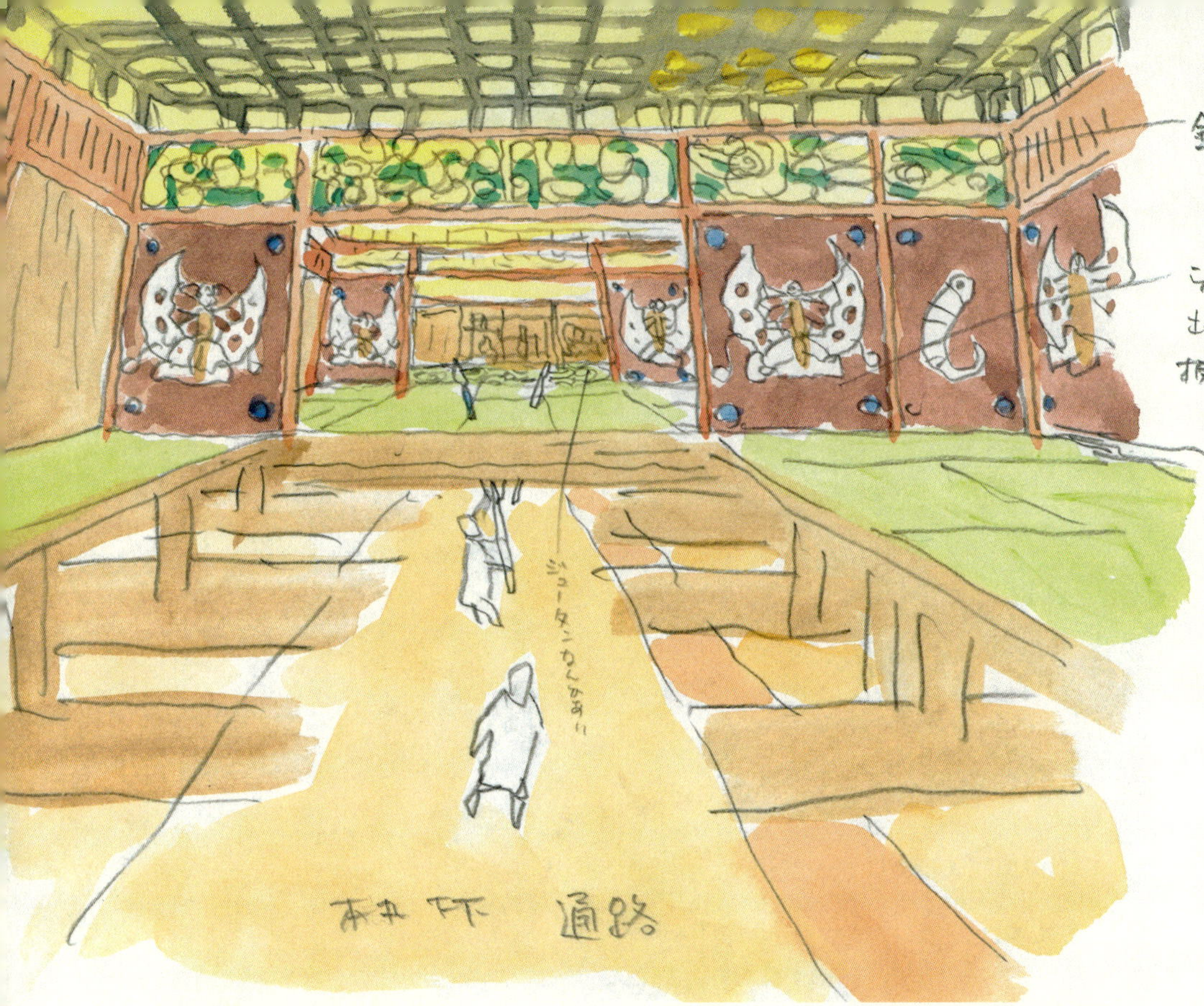

金の打ち出
らんま
透かし障子
板戸
本丸 廊下 通路

後に具足がかざってある
正体表わすウンコクサイ
もっとからくりっぽいかんじで
ギギギッ
ガシッ
バカット
具足の胸開き
イスごと中におさまるウンコクサイ
バタンと閉じて
ロボットの(カラクリ人形)様なもの?

天守閣
最上階 城主の座

イメージとリアル

刀も描いていると「柄が長いほどかっこ良いぞ」と、自分なりのこだわりも出てきました。子供の頃のおもちゃ刀は子供用に柄も刀身もちんまりとしていたんです。両手で持つと、柄が隠れるくらいで、実際そういう風に描かれたマンガも多かった。だから本物を目にしたとき、思った以上に長くて迫力があると思いました。腰に差しているときはぐっと前に突き出しているし、両手で構えても両手に開きがある。

お城だけでなく殺陣についても結構調べました。刀って意外と長いんだなとか、袴ってこうなってるんだとか新しい知識を得ると、どうしてもその驚きを伝えたくなってきて「みんな、これ知ってた?」みたいな感じで強調して描いちゃう。基本、そういう姿勢でいつも絵を描いているんです。侍が刀を構えた時、けっこう腰を落としてる。という印象があったのですが、この時はなかなか上手く描けず、後に『ねこぢる草』でちょこっと侍を描いたときにやっと出来た感じがしました。

意外に調べないと模倣されたおもちゃのイメージやデザインされたキャラクターのイメージで描いている事があるんです。だけど長く頭の中にあったイメージと実際が違うと分かると感動があります。ユーザーの方も僕と一緒なんじゃないかと思います。意外な本物の姿を知る事は面白い。だから資料や取材は大切なんだと。例えばゾウも幼い頃はキャラクターグッズの影響で、ずんぐりして足が太いイメージがありました。しかし実際は意外にやせていて足が長くて細い。小学生上学年で写真を見ながらそういう絵を描いている級友を見て目からうろこでした。そんな意外性の面白さを設定にも生かしたいんです。そんなときは多少誇張してでも、自分の感動をしっかり伝えたい。こういう気持ちは、小さい子供が花を自分と同じくらいのサイズに描いたり、自分が興味あるものを大きく描こうとするのと同じだと思うんです。

多少誇張してでも、自分の感動をしっかり伝えたい

自分の感動ができるだけシンプルに伝わる様に描きたい。そのためにはリアルもきっちり合わせて描くのではなく、自分が感じた感動、あるいは自分が伝えたいと思った面白さを、受け手に感じてもらえる様にデフォルメ、他を省略して伝える事も必要かと思います。僕の考えるアニメの設定ってこういう事なのかなと思います。

何でもまじめにオーソドックスに考える方でしたが『しんちゃん』をやっていて「大仕掛けでくだらない事をやる」とか「まじめにくだらない事をやる」様な面白さを学んでゆきました。B級映画や変なテイストの映画の見方や心意気も分かる様になり、映画も沢山見るようになりました。

アイデアをもらう

相当ラフを描いたスケッチに対し、本郷さんが「こんなのはどう？」とコメントを書き込んでくれています。敵の黒子忍者達が顔につけている頭巾はそうやってもらった本郷さんのアイデアの一つ。本郷さんは普段はそんなにカッチリとしたものは描かないけれど、絵のアイデアもある人なんです。

すごくデカいものは、きっとゆっくり動くんだろうなって

改変された世界

改変された現代の設定は実はそんなに考えないでザッと描きました。気分は戦国だったので……。でも、注目されて取り上げられたのはここが多かったんです。他はちゃんと調べて描いたんだけど、ここは「調べたときの感動」が出発点じゃなく、頭の中だけで瞬発力で考えたイメージが多いんで、自分ではちょっと恥ずかしい部分もありますね。でも装飾やなんかにはそれまでに調べて蓄積したものが自然と入っています。

ラストに出てくるロボットは最初の案から割と最終形に近いものでしたね。

子供の頃に見た事がありそうな、少しレトロでシンプルなデザインです。これは早く決めないと進まなかったので、四の五の言わずにサクッと描きました。

このときロボットのバトルも作画を担当したのですが、コンテでかなり尺が取ってあったんです。すごくデカいものは、きっとゆっくり動くんだろうなって想像しながら描いていました。

えいやっ

3作目になり設定にもちょっと慣れてきて、やる事も明確になってきました。1作目のときは瑣末なところからやって失敗し、2作目では意識しつつもやっぱりちゃんとできなかった。

でも絶対苦労するというのは分かっていたので、今回はとにかく全体像からやりました。お城の全体像は最初に「えいやっ」と決めました。それから一つ一つ建物を設定してゆく感じで進めていきました。

そうすると迷いなどは少なかったですね。

某タイムワープシーンにヒントを得て？

タイムマシーンで移動するときの空間に敷き詰めた矢印は、進んでいくイメージと時計の針を表しています。時計そのものは『ドラえもん』がやっているので、矢印にして色も変えた(笑)。ちなみにタイムマシーン本体はバーベルの形にしました。

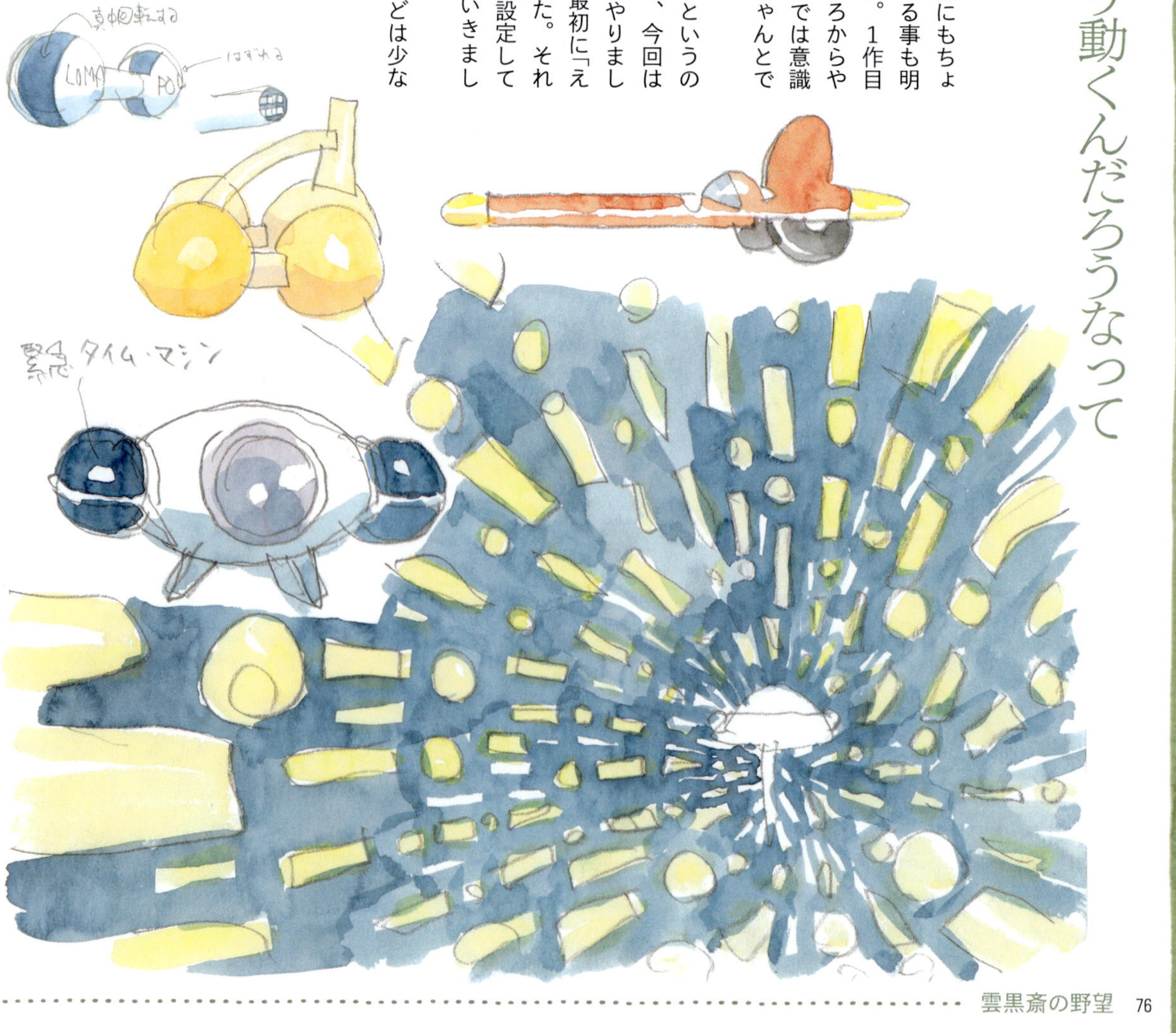

ON SAG
バス

西の丸は完全
要塞作り
大砲IN
ドーン
ドン
ドン
どんどん
どどんが
どん
どんどん
どどんが
どん
つづく

変形した
うんこく城

映画クレヨンしんちゃん
雲黒斎の野望

遠い未来のタイムパトロール隊員・リングは何者かの攻撃を受けて、現代の野原家の庭に不時着した。困り果てた彼女は、飼い犬のシロの身体を借り、野原家とコンタクトを取ることに。そして、しんのすけたちに戦国時代で起きているトラブル解決するために力を貸してほしいと頼む。一行はタイムマシーンに乗り込み、戦国時代の春日部へ向かった。そこで出会った吹雪丸とともに、この時代では雲黒斎と名乗る時間犯罪者・ヒエール・ジョコマンを倒すため雲黒城に向かう…。劇場版も３本目となり、今度はチャンバラやロボット戦など、また新しい要素を取り入れた作品となった。本作でも湯浅は設定デザインと原画を担当。

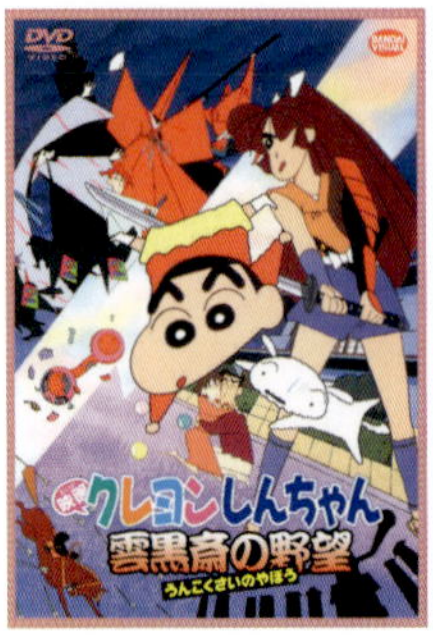

映画 クレヨンしんちゃん
雲黒斎の野望
公開：1995 年
発売元：シンエイ動画
販売元：バンダイナムコアーツ
価格：DVD ／ ¥1,800（税抜）

STAFF
原作：臼井儀人（らくだ社）
監督：本郷みつる
脚本・絵コンテ：本郷みつる・原恵一
演出：原恵一
キャラクターデザイン：原勝徳
作画監督：原勝徳・堤のりゆき
美術監督：中村隆・野村可南子
設定デザイン：湯浅政明
アニメーション制作：シンエイ動画　ほか

ヘンダーランドの大冒険

劇場版クレヨンしんちゃん

おもしろくって、フシギで、でもちょっとイジワルなまち

水上の城

今回も全体像から先に出したいと考えていましたが、クライマックスの舞台となるヘンダー城はなかなか決まらなくて何種類も描きました。確かに最初は普通に地面にあるパターンだったんですが、そのうち「水の上に浮かんでいるイメージの方がかっこ良い」と思いついて、後からこんなものを描いたりもしました。

ヘンダーランドでは設定デザインのほか、一部絵コンテも担当しました。時代劇とか遺跡とか過去にあった実際の物をデザインする事が続いたんですが、今回はファンタジー世界になって、舞台はリアルなテーマパークだけど「作り物の世界」が舞台なので、わりと楽に描けて量を描きました。世界を把握したい気持ちから、スケッチの量もどんどん増えていきましたが、これがピークです。ディズニーランドに取材に行ったのも役に立ちましたし、たわいもない想像力を働かせて描いたところもあります。それはそれで楽しかったですね。

ヘンダー城はなかなかシルエットも決まらず、最終的にはシルエットのひな形をどっかから持ってきて、そこに部品を入れていく感じにしました。参考にしたのは、おどろおどろしい大木のシルエットです。

昼夜で建物全体の上下がひっくり返るというギミックも考えましたけど「どこが軸になるんだ!?」ってボツになりました。あと、魔法で池の水が溜まった形のまま上昇すれば、水に包まれたお城の中を、泳いで移動したり、外に張り出した水は泳いでふちまで行くと落っこちちゃうとか。2階に上がるときは水に入って泳ぎながら登ってゆき、4階からは水から上がって普通に歩いて登るとか、面白いアクションが出来そうでした。だけど、このときはそういう流れにはなりませんでしたね。実はこのアイディアも結構以前から何度か出しているものです。

世界を把握したい気持ちから、スケッチの量もどんどん増えていった

モデリング

　最初にお城は粘土で作ってみたんです。変な形をしているので、自分でデザインしていても、方向によってどう見えるのか把握するのが難しくて。正面からの絵をまず描いて、粘土で作った物の枝分かれしている建物の方向をどこから見ても絵になる様、調整しました。生け花に近いかも。

理想の街

キャラクターたちが住む「ヘンダータウン」はヨーロッパのイメージでした。遊園地では壮大でくだらない仕掛けをやりたいと考えていました。この頃にはだいぶ〝くだらないもの〟が描ける様になりました。最初は描けなかったし、描きたくもなかったんだけど、だんだん面白さが分かる様になり、やりがいも出てきました。多少自分が描くものに自信がついてきた感じもします。

僕の理想の設定デザインは、東映動画の『長靴を履いた猫』なんですが、ああいったお城がデザインできたら良いなぁと思います。未だに目標なんです。ディズニーランドも「待ってる人をも飽きさせないデザイン」を考えてると思うんですが、アニメの演出の人も冒険ファンタジーなら画面が退屈しない、キャラが色々遊べるデザインが欲しいと思うんですよね。でも実際演出の方がどう思っていたかは分からないですから、デザインができちゃったので、仕方なく使っていたというのもあるかもしれませんね（笑）。それは分からない。テーマパークっぽいトイレも色々考えました。いつもトイレや食べる場所、寝る場所は気になりますね。

自分が遊ぶなら汽車で

「まずは遊園地の入り口から作りましょう」という事で描いたものです。

遊園地は汽車で入っていけたら面白そうだな、というのがアイディアの出発点でした。自分が遊びに行くとしたらどんなものが面白いだろうかと考えて、汽車でテーマ別の島をめぐるという形にしました。水上をです。3、2、1と汽車の進行にあわせて線路の上の扉が順番に開いていって、テーマパークに入るカウントダウンの様に高揚感を煽るとか。電車についても色々調べたんですけど、電車の方向を変えるための「転車台」ってすごく面白いな、と思って取り入れました。

汽車はほぼ一発で。おもちゃの汽車なら、シンプルで描きやすいし、やっぱりこういうのが好きなんです。〝おサルの電車〟っていうのも良いですね。ひねくれたサルがいるっていうのは、本郷さんのアイデアだと思います。本来かわいい立場のキャラがひねくれてたり怖かったりっていうのは本郷さん良くやりますね。参考例も色々挙げてもらったりするので、僕も影響受けて真似たりしています。

遊園地では壮大でくだらない仕掛けをやりたいと考えていました

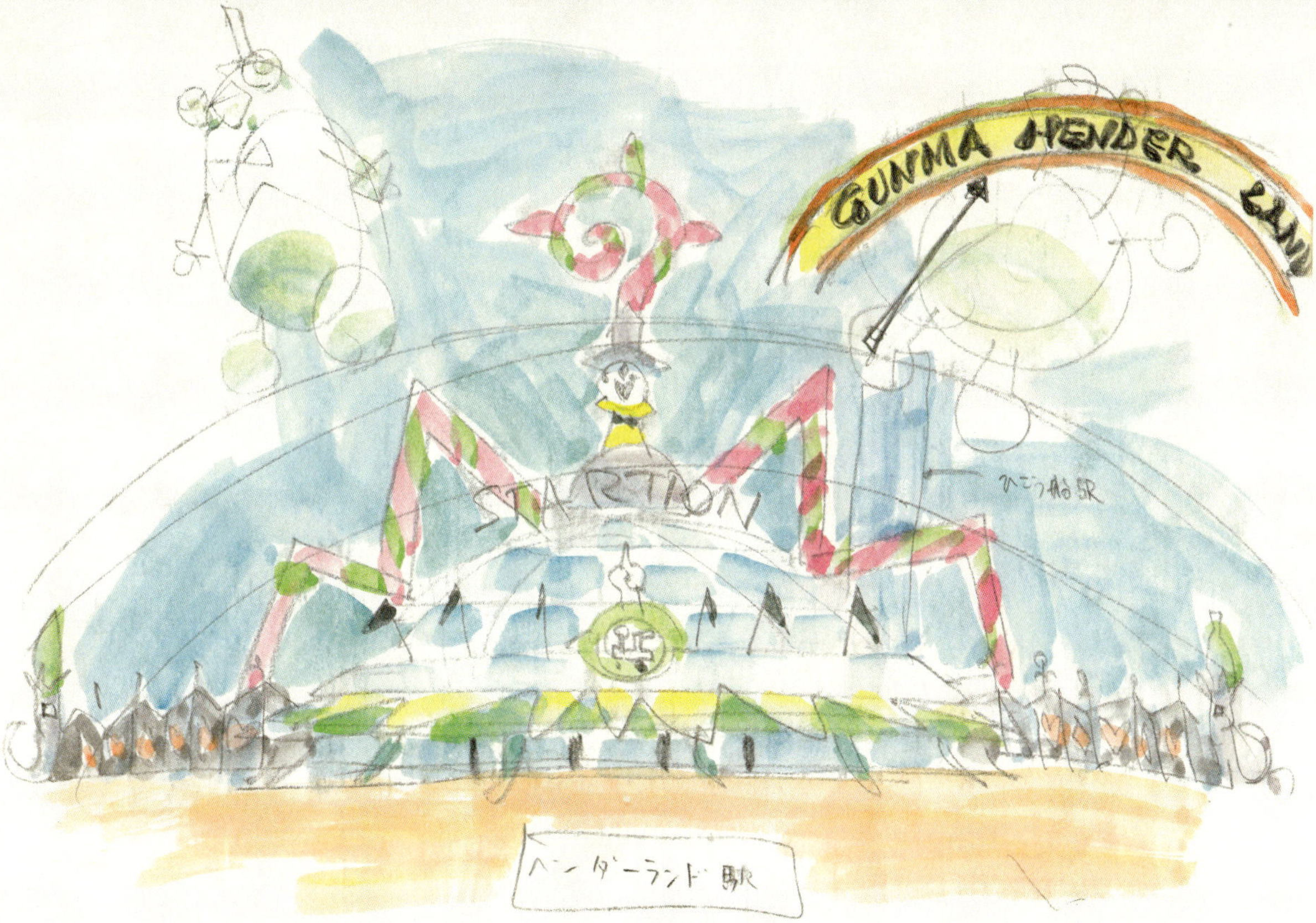
GUNMA HENDER LAND
STARTION
ひこう船駅
ヘンダーランド駅

STARTION

何か古いヨーロッパ風のかんじあり？
参考にする
ガラス①
ヘンダーランド
椿
外
行き先

『しんちゃん』の中では、設定画を一番沢山描いた作品です

ぐるん

本郷さんから「追いかけっこが出来る様な変な造りの城が欲しい」と要望が出て、色々と悩んでたんですが「絵なんだから実際にあり得ない変な形を入れた方が良いよ。ぐるんと回ってるとかさ」って言ってもらったんです。お城の塔が真っすぐに立ってなくて、ぐるんと一回りしてるのがあっても良いんじゃないかって事なんです。

その〝ぐるん〟っというのが僕は妙に気に入ってしまい、以降色んな作品で、なんでもぐるんと回したりする様になりました。

左の図は後半の部分のおっかけのところをイメージで描いているんですけど、これもスケッチと比べると違いが分かるかも。

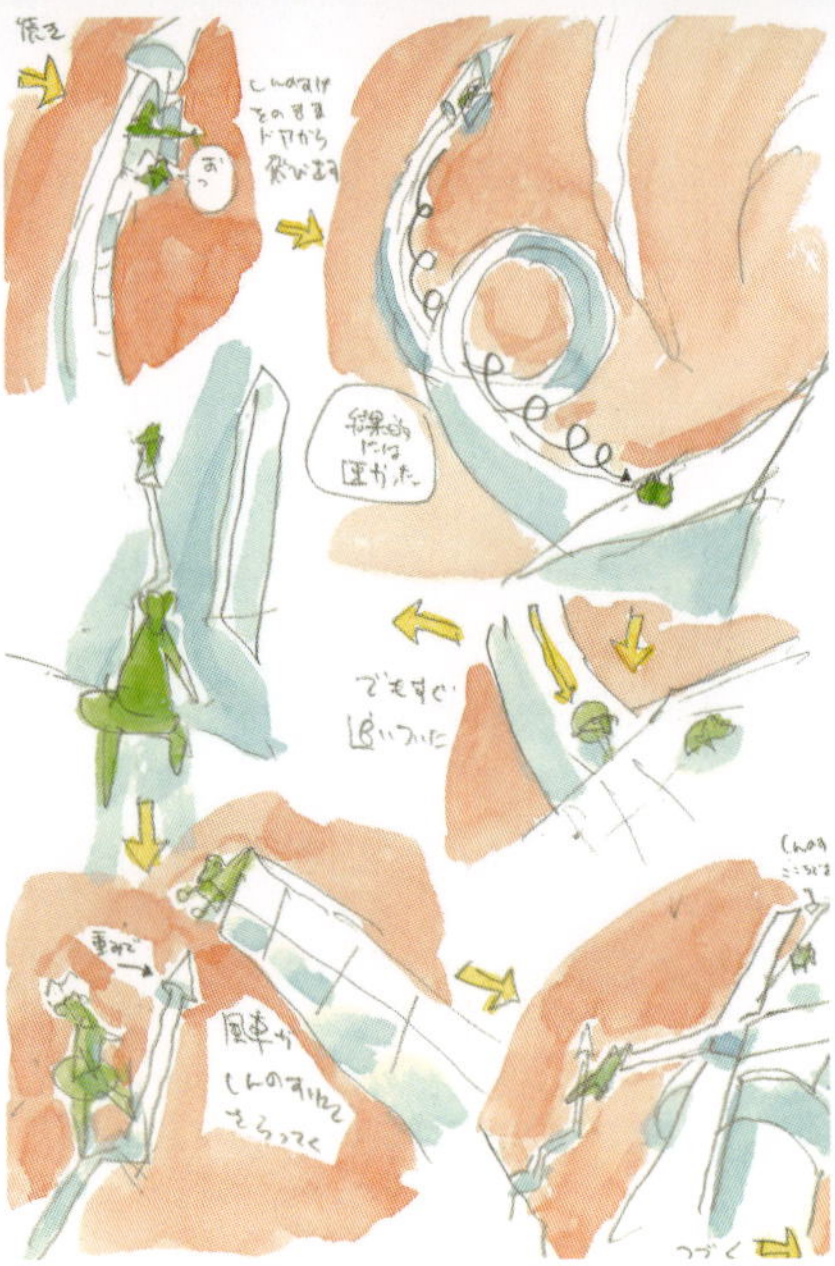

チラシにアイディア

喫茶店とかでご飯を食べているときに、アイディアをメモ描きして、イメージしたものを後でスケッチブックに描きながら考えたりしました。ちっちゃいメモ帳なら電車でもどこでも書けますし、深夜のファミレスでも沢山描きました。テーブルに敷いてあるチラシやペーパーナプキンに書いたラフもけっこうありますね（笑）。

理想の追求

今回は「テーマパークを丸ごと作る」というのがテーマでした。制作が始まる前に、みんなでディズニーランドに行ったんです。僕は始め舐めてかかっていたんですが、エンターテイメントの追求の仕方とか、計算され尽くしたパレードとか、「ディズニーすげえ！」ってかなり感動したんです。もう一つ、この頃自分で一つの町全体の設定を作ってしまいたい、みたいな欲求もあったんです。理想の町、みたいなものを。両側が入り江で囲まれて、海があり、山もあり、入り江を横断する鉄道があって駅が街の中心になる。みたいな。

今回はテーマが違いますが、自分が面白いと思ったもので構成されたテーマパークを最後まで作りきろうとしました。『しんちゃん』の中では、設定画を一番沢山描いた作品です。

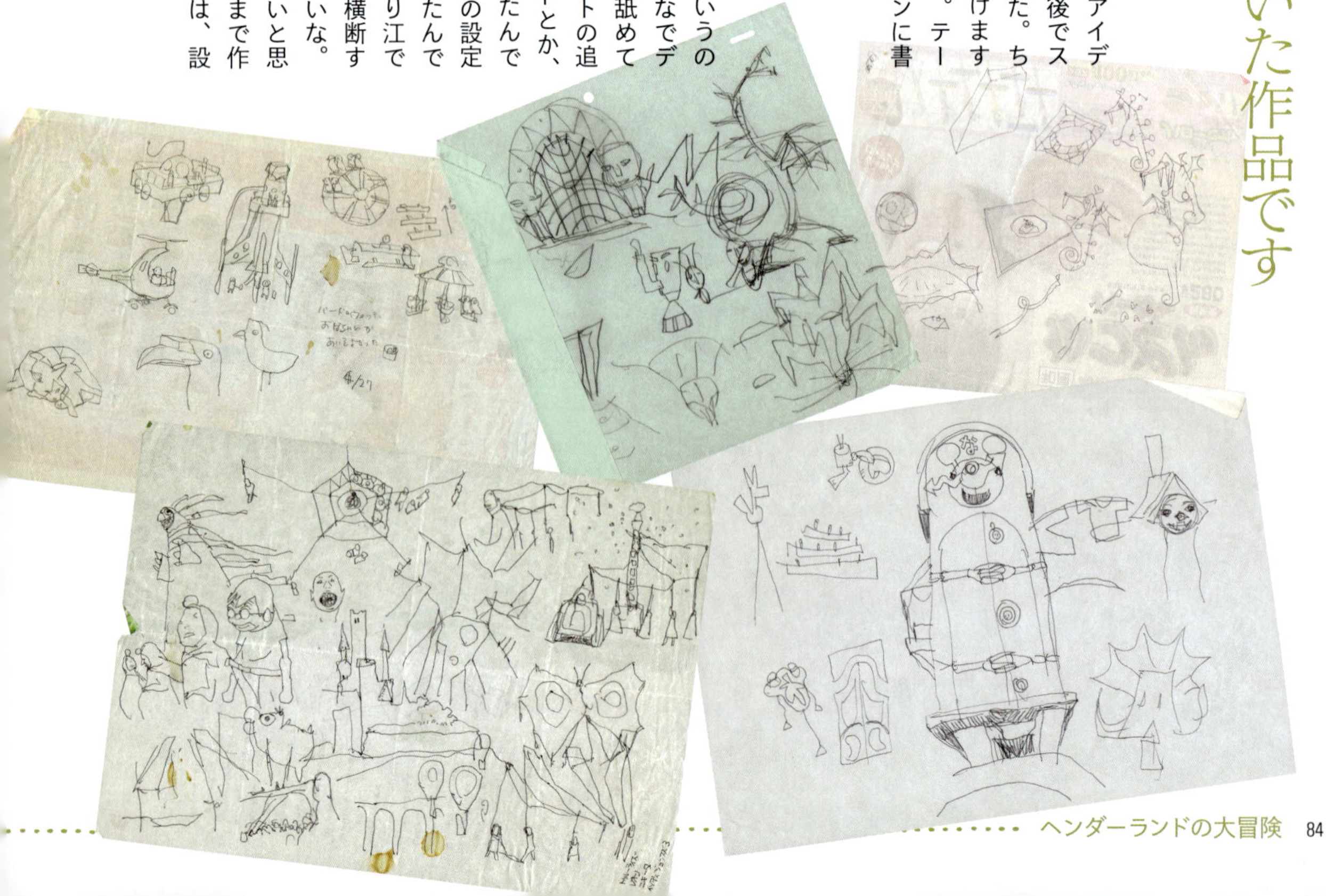

また
ぐにょー
ドロドロ?
きゃー
べちゃっ
ドロー
ぐにょぐにょ
だから
うまくすればどこでもつかめる
橋
んー
ぱっ
ヘンダーランド
大全
ガイドBook
姫?
とか?
①
②
騎士の部屋(寝室)?
ステンドグラス?
③
広間
ヘンダー城
飛び込み板
時計
つりざお
落ちる
プール

映画クレヨンしんちゃん
ヘンダーランドの大冒険

ふたば幼稚園の生徒たちは遠足で、群馬県にできたばかりのテーマパーク・ヘンダーランドにやってきた。みんなとはぐれたしんのすけは、オープン前のサーカステントに迷い込み、トッペマ・マペットというあやつり人形と出会う。そして、ヘンダーランドを支配するオカマの魔女・マカオとジョマが世界征服を企んでいる事を聞かされる。呪いをかけられ夜しか動く事のできないトッペマに、一緒に魔女を倒してほしいと頼まれて魔法のトランプを託されたしんのすけだが…。日常の延長が舞台のファンタジー。本作では野原家やしんのすけ以外のふたば幼稚園の面々も活躍。湯浅は設定デザインと原画のほか、本郷監督、原恵一とともに絵コンテも担当した。

映画 クレヨンしんちゃん
ヘンダーランドの大冒険
公開：1996 年
発売元：シンエイ動画
販売元：バンダイナムコアーツ
価格：DVD ／ ¥1,800（税抜）

STAFF
原作：臼井儀人（らくだ社）
監督：本郷みつる
脚本：本郷みつる・原恵一
絵コンテ：本郷みつる・原恵一・湯浅政明
演出：原恵一
キャラクターデザイン：原勝徳
作画監督：原勝徳・堤のりゆき
美術監督：柴山恵理子・星野直美
設定デザイン：湯浅政明
アニメーション制作：シンエイ動画　ほか

ドラマな世界の面白さ!

暗黒タマタマ大追跡

劇場版クレヨンしんちゃん

美しいものも、野暮ったいものもすべてが美しい風景

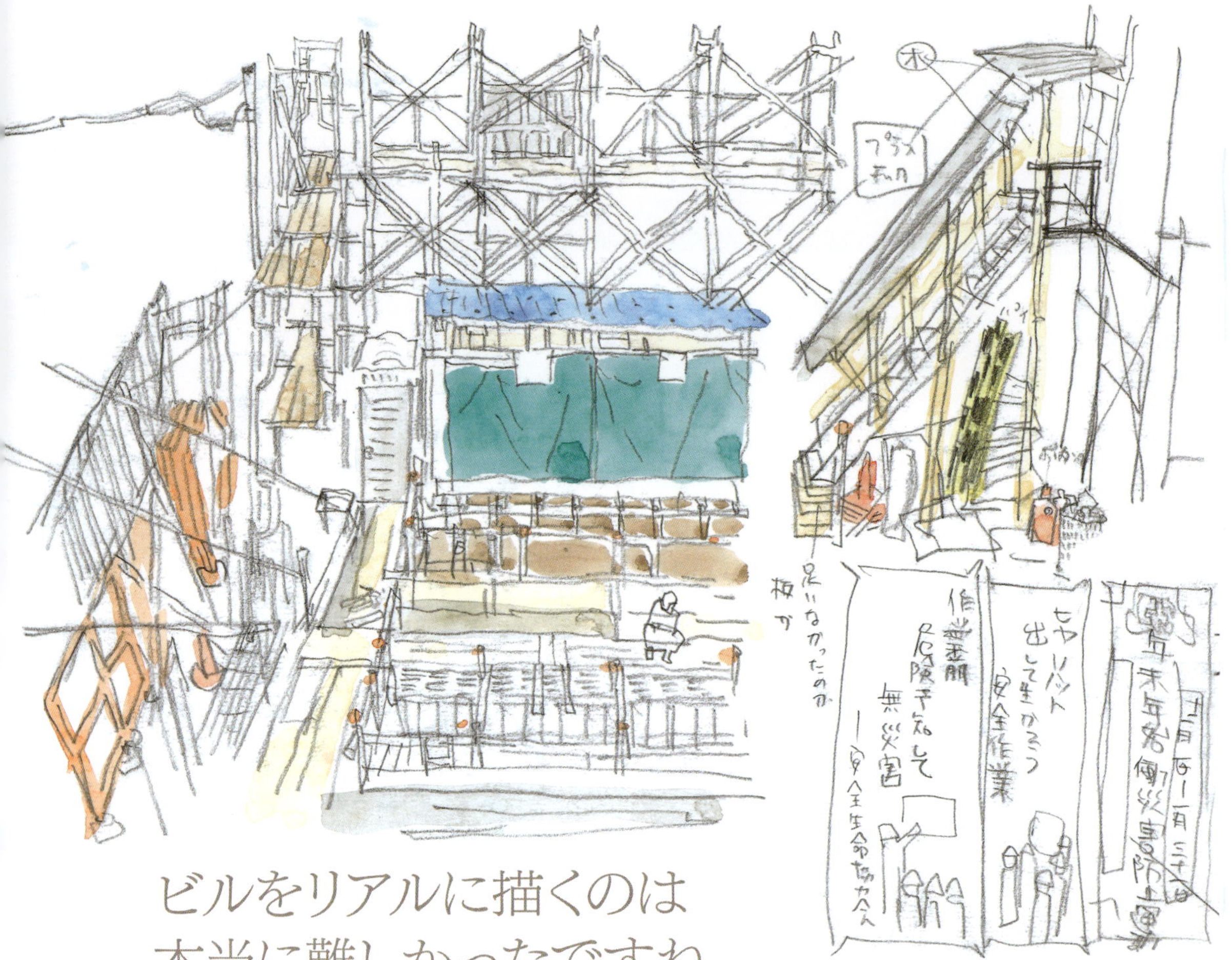

ビルをリアルに描くのは本当に難しかったですね。緻密でごまかしが効きませんでした

野暮ったいものも美しいものも面白い

この『劇場版クレヨンしんちゃん　暗黒タマタマ大追跡』から、監督が原恵一さんに変わった事もあって、これまでの作品以上にリアリティを求められました。ですから、とにかくロケハンをしないと、と思って色々なものを見に行ったり、写真集を買い集めたり。ロケハンするのはいつもの事なんですが、前回やった『ヘンダーランド』が、すごくファンタジーっぽかったんで、逆にリアルな方に頑張らないとなという感じでした。

ビルのシルエットは大阪の梅田スカイビルを参考にしました。建築中のビルがお台場にある、という設定がはっきりしていたので、荒唐無稽なものも考えてはみたんですが、なんか違うなと思い実際ある建物から発想していきました。建築中のビルの屋上、というシチュエーションでのアクションも色々考えていました。換気扇とかパイプを使ったり。

でもビルをリアルに描くのは本当に難しかったですね。緻密でごまかしが効きませんでした。工事現場もなかなか想像がつかず、ちょっと悔いが残っています。何棟かのビルを参考に描きましたが、作画の方から内装が「○○ビルそのまんまじゃん」と、オリジナリティの低さを指摘されました。それまではシンプルで大きいものが多かったんですが、『暗黒タマタマ』では大きいものを細かく緻密に描かなくてはならなかったので、一点一点に時間がかかり、スケジュールの配分が上手くいきませんでした。今まで調子良くやってきたけど、少し挫折感もあった作品ですね。

入口
居間
寝室
廊下
カイコ棚
土間
風呂
台所

カタカタ…
つるん

アクション映画の影響

実際にあるもので面白そうなビルをあちこち探しました。屋上に鳥かごの様なものがあるビルとか。屋上に大きな石があるとか、それを風船に置き換えて描いてみたり。また風船ですね。

工事現場という事で「板を外せばすぐに真っ逆さまに落ちてしまう」っていう状況を作りたかったんですね。このシーンは原画も担当しました。屋上や高いところでのアクションって『逃走迷路』とか『レモ第二の挑戦』などの映画に影響を受けてるんです。基本的に高い二作品ともたしか自由の女神に登るんです（笑）。基本的に高いところで、落ちそうになりながら何かをやるというのが、しんちゃんのアクションの基本の一つですね。

屋上巨大な鳥カゴがあった!!

基本的に高いところで、
落ちそうになりながら
何かをやるのがしんちゃんの
アクションの基本の一つですね

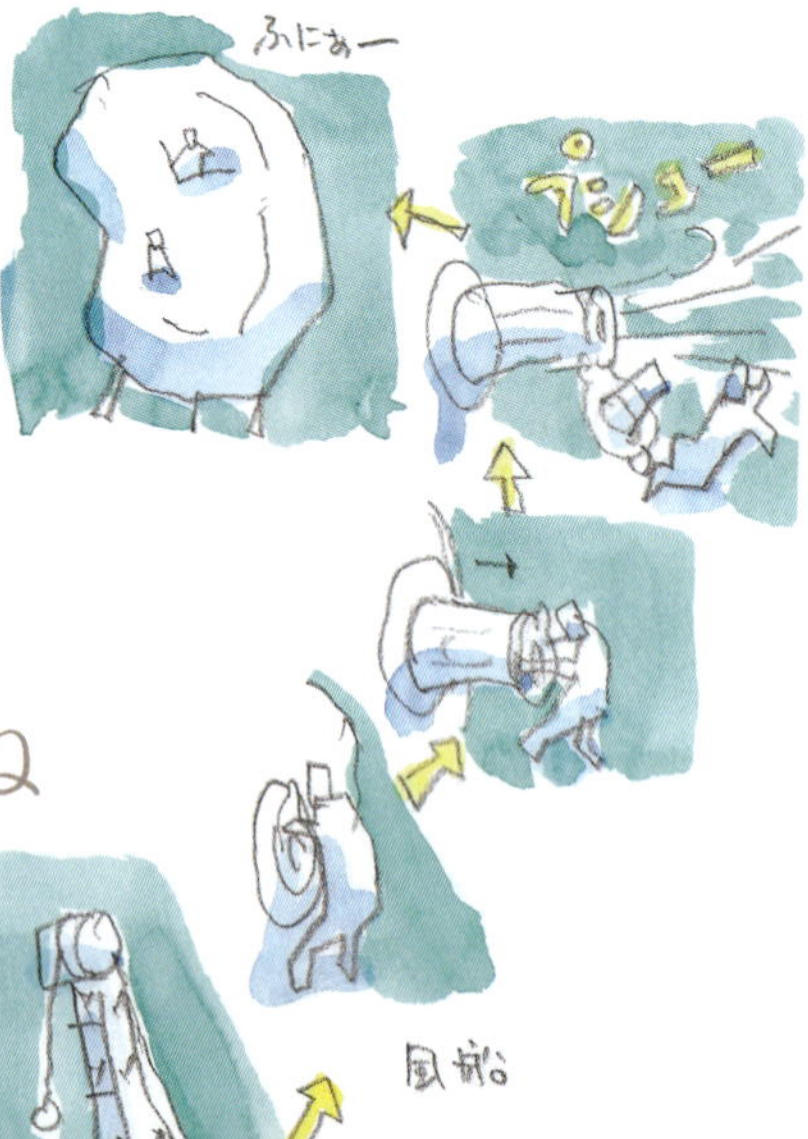

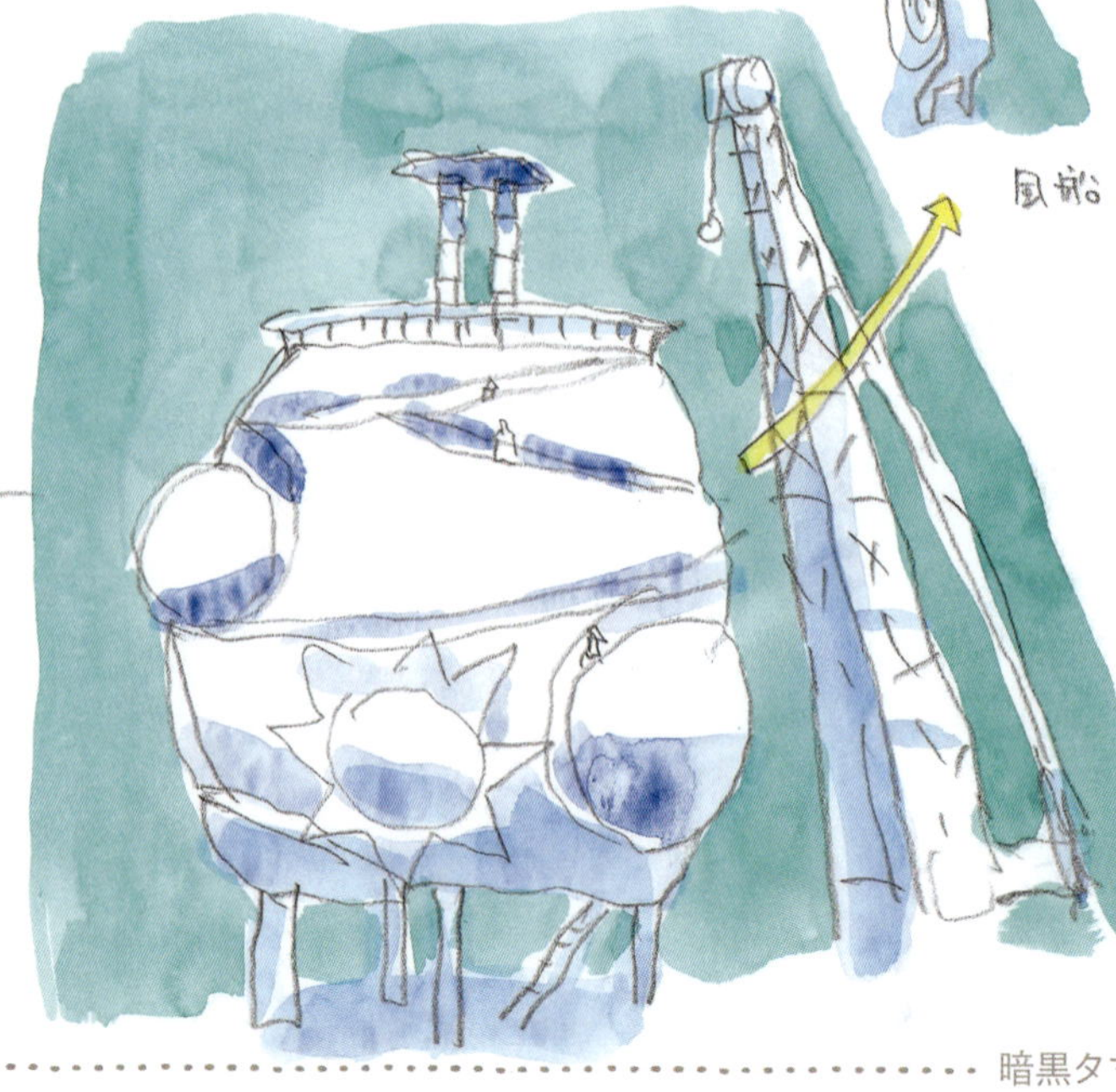

車りんで回る?
ゆっくり
速い
あぁー
おりゃ
助けるぞ
おー
キャー
あ

日本家屋のアクション

田舎の風景も、ひたすら建物を描きました。監督は東北が好きで、馬屋と家がくっついている「曲がり家」を描いてほしいとオーダーがありました。リアルな田舎、それを自分の中で把握するために色々描いてみるところから始めました。風景とか、色んな田舎の家屋とか。たてもの園なんかには良く行ってましたが、実際今も生活している様な生活感の設定が難しかったですね。テレビも資料として良く見るんですが、知らない町や部屋の中に入って行く映像は参考になります。

日本家屋の中でできるアクションもオーダーがあって色々と考えてみました。採用はされなかったけど、梁に渡したロープや囲炉裏の上の板、ぶら下がった電灯なんかを使ったカンフーアクションっぽいものなど。あと、トイレの便器の一つが抜け道になっていると面白いな、などのアイディアも。これは『雲黒斎』のときから調べていた、中世の武家屋敷なんかにあった仕組みだと思います。

悔しい経験

毎回、前回で使えなかった気に入ってたものを再び持ち込んだりもしてはいたのですが、舞台は現実にあるものという事で、それまで描いていたものは作品に上手くフィットしませんでしたね。

ビルを描く、というのも単純に窓をいっぱい描くだけで時間がかかってしまった。上手く抜くやり方も分かってなかった。結果、受け持っていた原画が間に合わなくなり、レイアウトを半分他の方に渡すという、初めての悔しい経験をしました。それまで、テレビ7分3週間（速い人は2週間）、映画も2週間で50カットとか、それ以上でも渡されたら渡されただけ、どうにかして上げるという事が出来ていて「自分は速い方だ」という自信もあったのですが、このときはレイアウトのラフまでは描けたものの、上げる事が出来ませんでした。このときの挫折感は大きかったですね。リアルなアクションを描こうとするものの、慣れていないから時間がかかった。おまけに苦労したところほど、結局完成させられなかったんですね。

それまでは比較的好きな物だけを抽出して描いていましたが、きちんと全部描写する……美しくないものも、野暮ったいものも描いていく面白さを知った作品です。

このときの挫折感は大きかった

居間
台所
内蔵
風呂
車庫

出てこないと思うが
風呂とか
水
ドーンと投げられて
玄関が
便所は2つあって
ひとつは逃げ道用に
使わなかったものを

映画クレヨンしんちゃん
暗黒タマタマ大追跡

河原で怪しいオカマが落としたキレイなタマを拾ったしんのすけだが、そのタマをひまわりが飲み込んでしまう。その事を知ったオカマ三兄弟は野原家を新宿二丁目の店に連れて行く。実はそのタマは伝説の魔人ジャークを封じ込めた埴輪の封印を解く鍵で、オカマたちはタマを守る珠由良族の末裔だった。魔人の封印を解こうとする珠黄泉族に追われながら、一行は珠由良族の里に身を隠すべく、青森に向かう…。監督が本郷みつるから原恵一へと交代した5作目は、春日部、新宿、青森、お台場、次から次へと舞台を移しながら進行するロードムービー。本作から、しんのすけの妹・ひまわりも登場し、重要な役割を果たした。本作でも湯浅は設定デザインと原画を担当。

映画 クレヨンしんちゃん
暗黒タマタマ大追跡
公開：1997 年
発売元：シンエイ動画
販売元：バンダイナムコアーツ
価格：DVD ／ ¥1,800（税抜）

STAFF
原作：臼井儀人（らくだ社）
監督・脚本・絵コンテ：原恵一
演出：水島努
キャラクターデザイン：原勝徳
作画監督：原勝徳・堤のりゆき
美術監督：野村可南子・古賀徹
設定デザイン：湯浅政明
アニメーション制作：シンエイ動画　ほか

熱中したら止まらない!

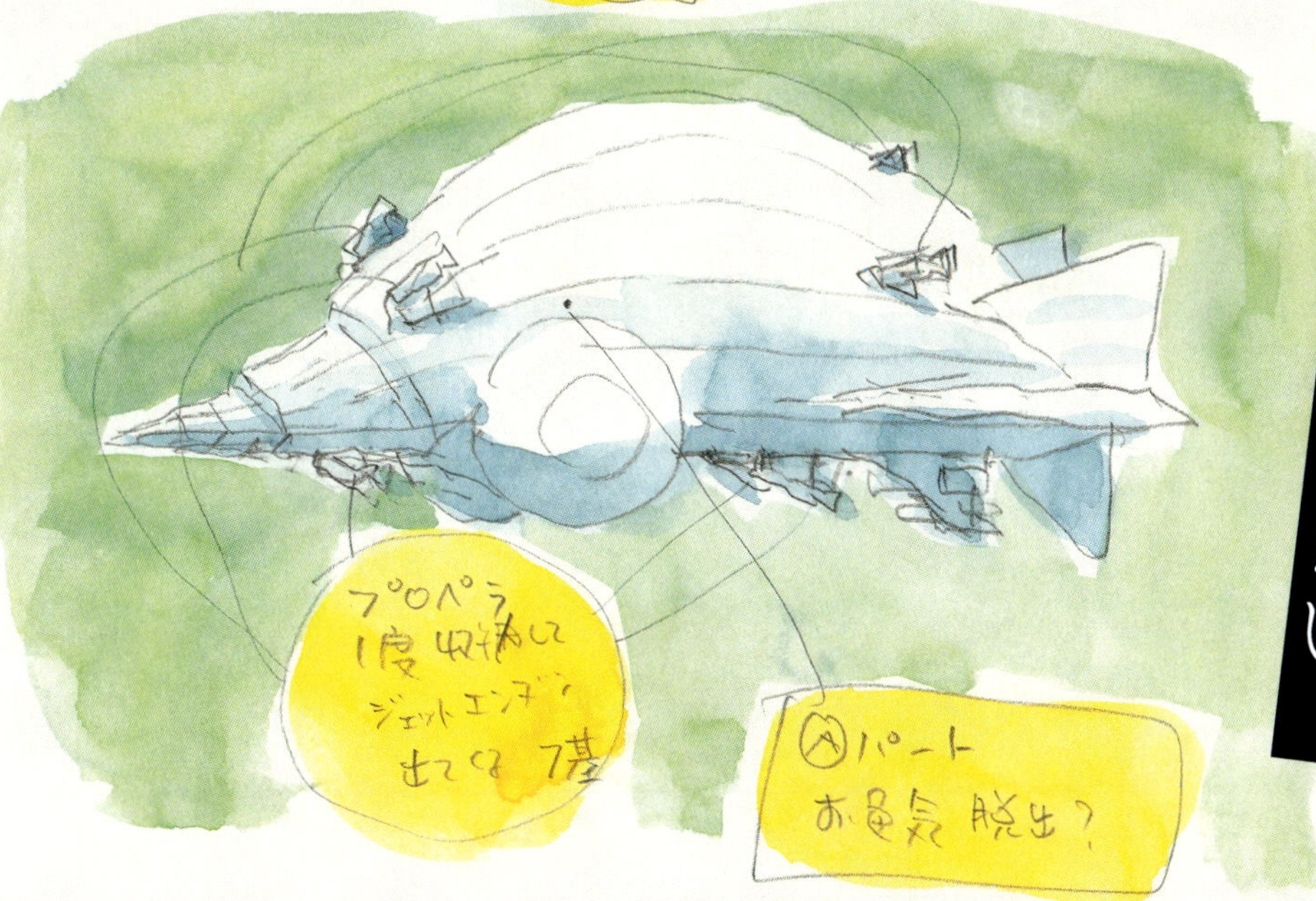

電撃!ブタのヒヅメ大作戦

劇場版クレヨンしんちゃん

メカに熱情を込める

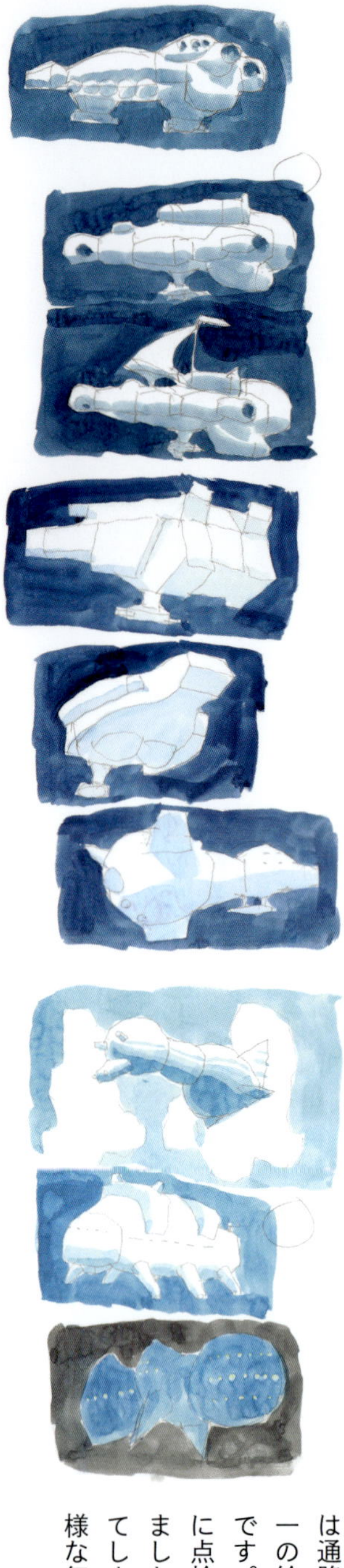

いざ飛行船を描こうってときにも資料もないんです

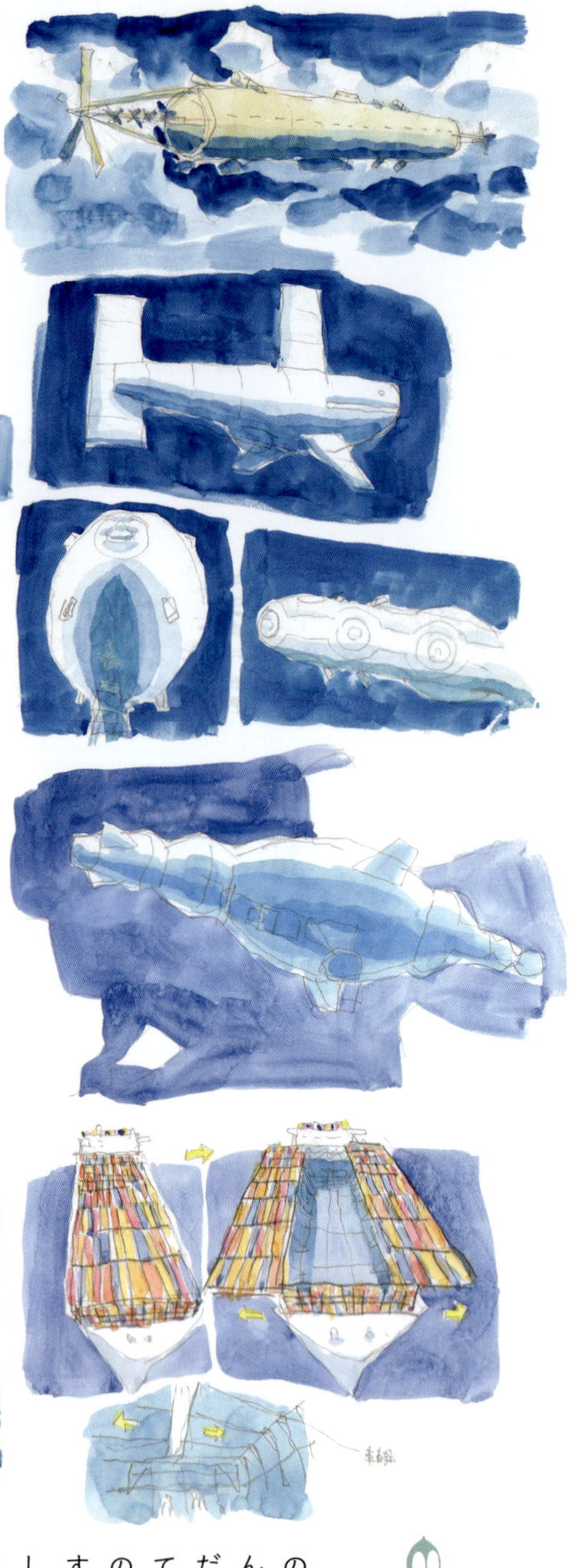

資料がなかった

ときどき空に飛行船を見かけるんで、日本の空を沢山飛んでるんだろうなって思ってたんですが、じつは飛行船の形をしたバルーンだったり、同じ飛行船が広告用に外装を変えて飛んでるらしく、沢山に感じるだけで実際の飛行船は日本に数機しかないらしいんです。飛行船のパイロットからして一人か二人しかいない。だからいざ飛行船を描こうってときにも資料もないんです。人気がないのか、古い飛行船の写真や資料しかなく、今は基本客船の様な大きなものはないらしいです。

だいたい僕は最初、あの上のでっかい風船みたいなガスを入れる部分に人が乗っていると思っていましたから。構造が分かって「え？あの（下の）小さいところだけが乗り込むスペースなの？ それだけでアクション出来るの？」って思いました。ただガスを入れる風船部分は、気嚢がいくつかに分かれていて、その間にしきりがあったり、気嚢の外回りには通路がある事もあったらしい。ほとんど唯一の絵付き資料だった絵本に描いてあったんです。そこで、この分かれた風船と風船の間に点検用の通路があっても良いだろうと思いました。あまり広くしちゃうと嘘っぽくなってしまうんですが、それでちょっとはいける様な気がしてきました。

Aパート以外通路は天井も低い
幅もない？
外壁に接してると
わりと窓がある
外壁は堅いアルミ合金
部屋の通路側にも
窓があったり
プロペラだけでも時速150km !!
ここら辺は 坂道があったり
ここからは 曲り道
エスカレーター

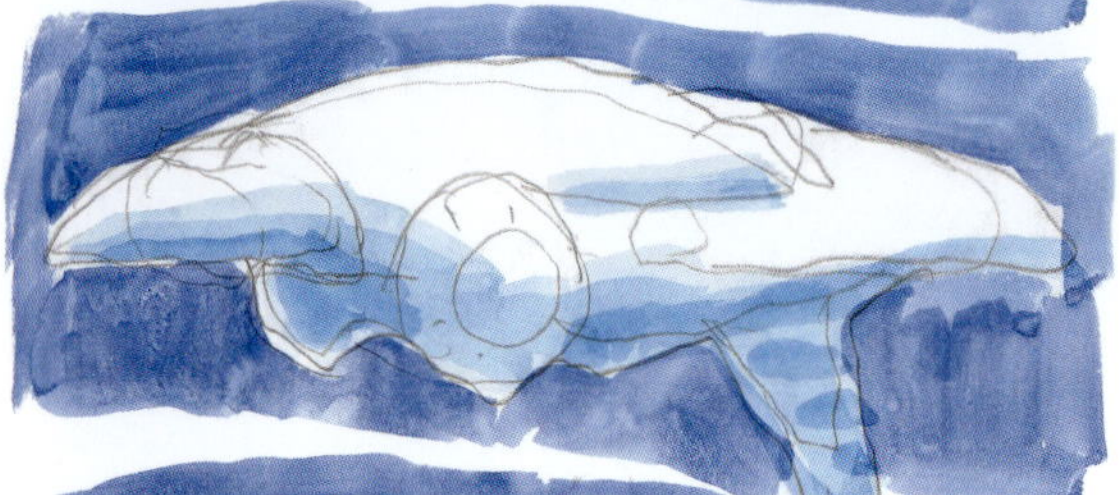

量産して勝負？

飛行船の形については迷いがあったんですね。「これで!」と決め打ちで提出するより、とにかく沢山描いて原さんに選んでもらおうと思いました。これは『タイムボカン』にインスパイアされて起こしたデザインです、『タイムボカン』のデザインは大好きなんです。キャラクターコスチュームの頭や、大きなメカの角の可動部分にネジ頭の様な半球の丸い出っ張りがついていて、可愛いですよね。今回採用になった飛行船も色んなシルエットをベースに、左右に丸いものをつけています。

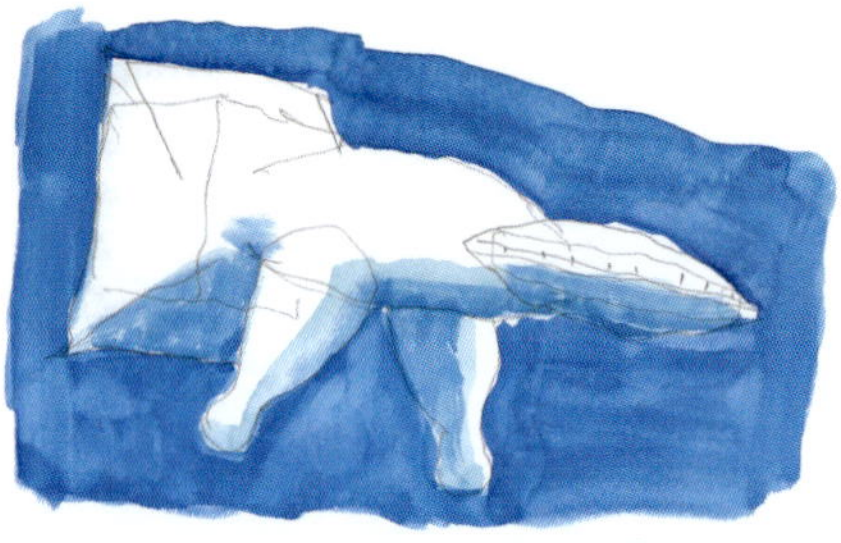

『タイムボカン』のデザインは大好きなんです

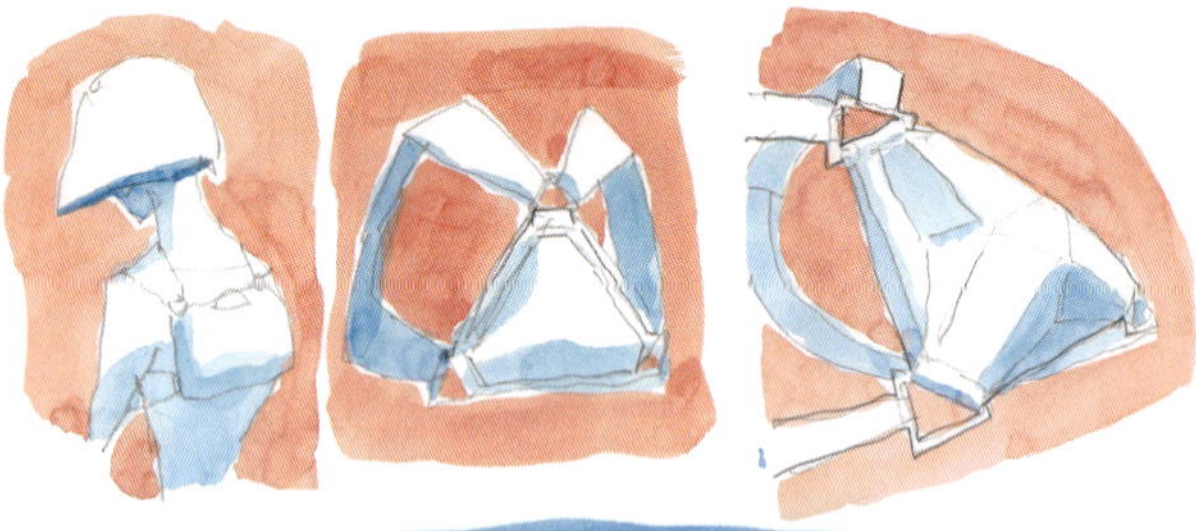

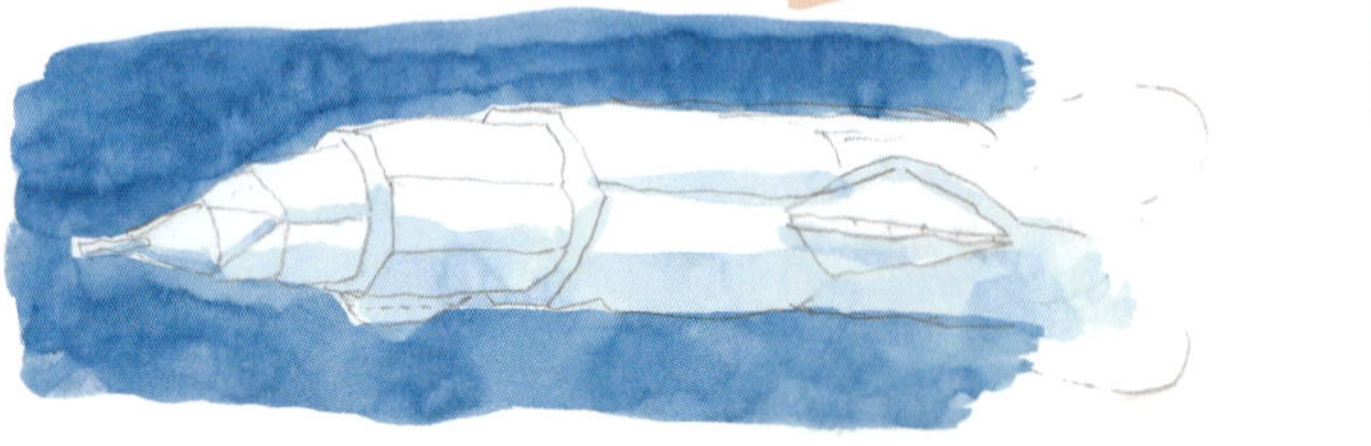

拷問のアイディア

原さんは前作よりも娯楽性の高いものにしたい、という考えだった様です。今回も舞台は現代ですが、チベットとか荒唐無稽な感じの基地が出てきたりするので、調べた物と蓄積や好みの範疇で出来たと思います。

あとは、ぶりぶりざえもんでしょうか。原作の臼井さんが描かれた絵本をベースにしているんですが、ぶりぶりざえもんの悪行を色々考えました。おならを風船に詰めて飛ばすとか、混んでいる改札にわざと引っかかって止めるとか。カツラを半分ずらしてかぶり、指摘できずにいる周囲の人たちに嫌なプレッシャーを与えるとか（笑）。拷問の手段として自分と同じ恥ずかしいポーズを相手にとらせる、っていうアイデアは気に入ってたんです。

「相手に恥ずかしい恰好をさせてダメージを与えようとするけど、そのためには自分も恥ずかしいカッコをしなければならない」っていうギャグです。顔に落書きをさせていたぶるとか、当時の「CGはなんでもできるんだ!」っていう雰囲気をおちょくっている部分もありますね。

ブタのつめ
CD
SML

飛行船の庫
電波通信塔

このくらいか
わたしの動きをとおりに
お前も動いてしまうのだ
どうだー
はずかしー
だろー!!
はずかしい踊りを
踊ってヤル
おゆうぎとか?
こっちの方が
はずかしい

映画クレヨンしんちゃん
電撃！ブタのヒヅメ大作戦

ふたば幼稚園のメンバーが宴会を楽しむ屋形船に何者かが潜入。それは、世界征服を狙う悪の秘密結社・ブタのヒヅメから重要機密の入ったディスクを盗み出したＳＭＬのエージェント“お色気”だった。屋形船ごとディスクを回収しようとしたブタのヒヅメに、しんのすけ、風間くん、ネネちゃん、マサオくん、ボーちゃんの５人組・かすかべ防衛隊が連れ去られてしまった。しんのすけたちは、無事ブタのヒヅメの基地から抜け出せるのか…。今回は野原家ではなくかすかべ防衛隊が中心になるという子どもたちの活躍がメイン。またテレビシリーズでも異彩をはなつ「ぶりぶりざえもん」が思わぬ活躍を見せている。本作でも湯浅は設定デザインと原画を担当。

映画 クレヨンしんちゃん
電撃!ブタのヒヅメ大作戦
公開：1998年
発売元：シンエイ動画
販売元：バンダイナムコアーツ
価格：DVD ／ ¥1,800（税抜）

STAFF
原作：臼井儀人（らくだ社）
監督・脚本・絵コンテ：原恵一
演出：水島努
キャラクターデザイン：原勝徳
作画監督：原勝徳・堤のりゆき
美術監督：川井憲・古賀徹
設定デザイン：湯浅政明
アニメーション制作：シンエイ動画　ほか

こだわりの男!

嵐を呼ぶジャングル

劇場版クレヨンしんちゃん

ジャングルと砂浜で暮らす主人公は
ギミックに囲まれている

キャラデザもアリ？

今回は「キャラクターデザイン」とクレジットされていますが、『しんちゃんシリーズ』の映画でキャラクターデザイン（ゲストキャラのみ）を担当したのはこの作品だけなんです。なんでまかせてくれたのかは不明（笑）。顔は描かない、髪型やコスチュームなどの設定は色々やらせてもらっていたんで、「ついでに顔も描いてもらおう」くらいの事だったのかもしれません。

いつも世界観や設定の一部としてなんとなくキャラクターも一緒に考えてはいます。世界観をキャラクターを通して描こうとしちゃうんで、どうしても少し考えてしまうんですね。だけど、他の担当に出しゃばらない様にするのも大事です。これは「落書き」なんですが、落書きが一番自由に想像できるんですよね。デザインに込めるべき特徴が、まとめる事を考えないで描くから気持ちよく極端に出せるんです。あとでそのとりとめもなく描いた中で、良さそうなものをデザインに生かしていく様にしています。

落書きが一番自由に想像できるんですよね

サンダルで「グキッ」

『しんちゃんシリーズ』らしい露出系のキャラを考えました。鍛え抜かれた背筋とアフロとパンタロン！ そのパラダイスキングは「カポエラ好きな楽しそうな男で、タンカーを住処にしている」という設定。部屋も衣装も70年代で、部屋には洗濯物が干してあったり、雑誌から切り抜いたセクシーグラビアが張ってあったり、楽しく暮らしてるんだけど男のひとり暮らしの悲哀もにじみ出ているイメージです。寂しいからマネキンをおいていたり、サルをしもべにしていたり。彼の服装を考えていると、僕も小さい頃はよくパンタロンをはいていて、母親のかかとの高いサンダルを履いては「グキッ」となっていたのを思い出しました。

パラダイスキングは「男らしく自由な人」にしたかった。この頃「最近は男性も洋式トイレの便座に座って用を足す」という話を聞いて、それなら「いい風景を眺めながら立ちションする、これこそ男の醍醐味」と言ってる様なキャラなんてどうかなと。

胸より
背筋
背筋主義

TOTO
男の夢：
脱洋式

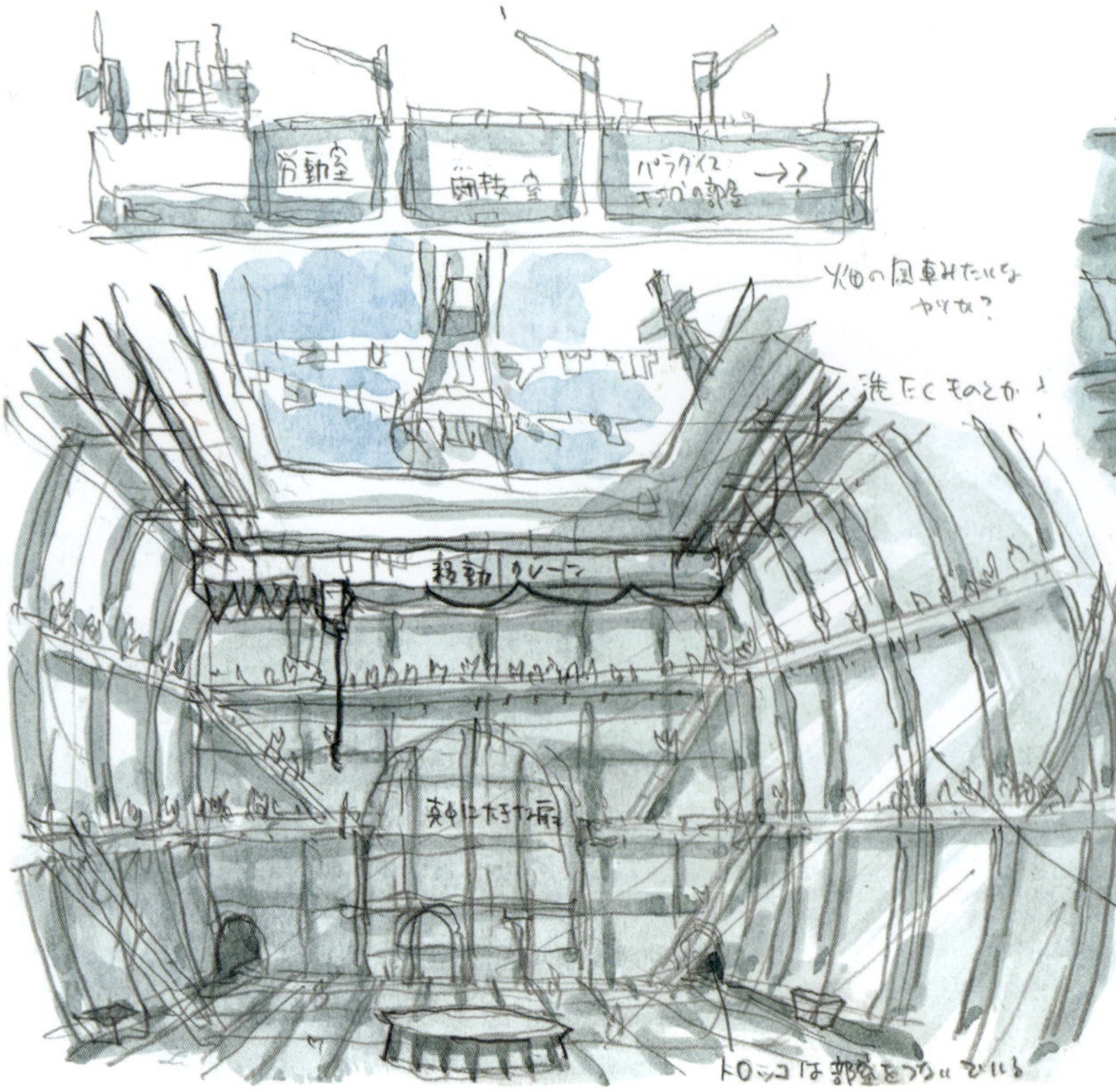

移動クレーン
トロッコは部屋をつないでいる

開けっぱなしにしてたりするので水たまりがあったりする

「内容」まで見せたいという気持ちが高まってゆきました

苦労はしてみるもの

タンカーのドックの様な細かいものを描くのはけっこう面倒くさい事なんですが、『暗黒タマタマ』と『ブタのヒヅメ』のあとだと、そんなに難しく感じませんでした（笑）。覚悟ができたというか。やっぱり苦労はしてみるものなのかなあ。鉄で花など柔らかいもののオブジェを作るっていう事が、この頃自分の中で流行っていたみたいです。このほかにもヘンな形のオブジェや風車やトロッコなど、その頃自分が好きだったものを沢山登場させました。

カットのペース

このジャイロプレーンはシンプルに描いたつもりだったんですが、それでも線が多すぎました。この部分の原画は堤のりゆきさん達と担当しているんですが、二人ともポールを減らしながら描いていたと、後で告白し合いました（笑）。この部分を見返すと、僕の原画は前半は頑張ってるんだけど、後半ちょっと疲れてきてるのが見えますね。いや、いつもそうか。劇場は、楽なカットは出来るだけ最初にまとめてあげて、普通のカットは日に5カット、大変なカットも日に2カットは上げるペースでやっていました。

絵コンテへの欲求

『ヘンダーランド』が終わった頃から、絵コンテをやりたいという欲求が高まってきて、演出の仕事を探す様になっていました。自分が描きやすいものを気持ち良いタイミングで組み立てたコンテは、作画する時、試行錯誤のストレスが少なく、上手くいったときの快楽度や達成感が高かったんです。作画では限界を感じていましたし、設定だけやっていると、見せたい「内容」があって「設定」を作ってるんだけど、そうはならないので、その「内容」まで見せたいという気持ちが高まってゆきました。

自分で「内容」も決められるんなら、デザインする労力も最少ですむし（笑）。長い尺でなければ「人が面白いと思ってくれる」作品を作れるんじゃないかって変な自信も出てきていました。

でもコンテの仕事じゃなくても『しんちゃん』は面白い仕事だったんで、ほかが忙しくてもできるだけ関わっていたい、と思えた作品でした。

『嵐を呼ぶジャングル』は、これまでの経験のおかげか、かなり楽な気持ちでやれました。幾つかですが、引き出しも出来てきました。

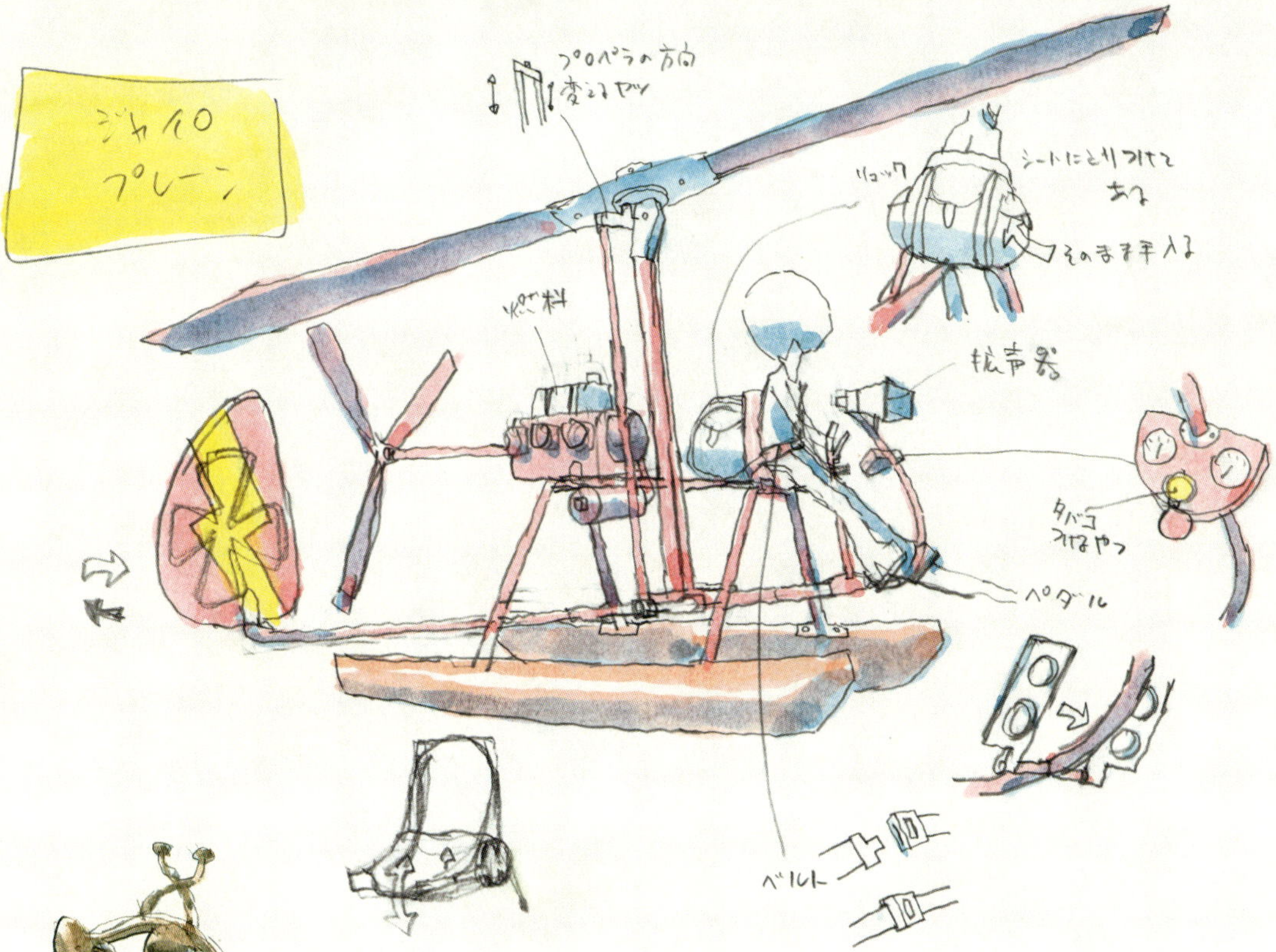

ジャイロプレーン
プロペラの方向変えるヤツ
リュック
シートにとりつけてある
そのまま手入る
燃料
拡声器
タバコつけるやつ
ペダル
ベルト

オちちゃうぞ
パシャパシャパシャ
ブクブク
プールにもドボン

映画クレヨンしんちゃん
嵐を呼ぶジャングル

特撮ヒーロー・アクション仮面の映画最新作を見るための、試写会付き豪華客船の旅に参加したしんのすけたち。ところが試写の途中で乱入したサルの軍団に、大人たちが連れ去られてしまった。彼らの誘拐をサルに指示していたのは、世界を支配するため南の島に自分の帝国を築こうとしていたパラダイスキングなる人物だった。しんのすけたちは大人たちを助けるために、サルが上陸した島に乗り込むのだが…。本作でのアクション仮面は生身の人間が演じる特撮ヒーローで、パラダイスキングとの肉弾戦も見せる。かすかべ防衛隊の面々の、それぞれの個性も際立っている。本作で湯浅は設定デザイン、原画のほか、パラダイスキングなどのキャラクターデザインも担当した。

映画 クレヨンしんちゃん
嵐を呼ぶジャングル
公開：2000 年
発売元：シンエイ動画
販売元：バンダイナムコアーツ
価格：DVD ／ ¥1,800（税抜）

STAFF
原作：臼井儀人（らくだ社）
監督・脚本：原恵一
絵コンテ：原恵一・水島努
演出：水島努
キャラクターデザイン：湯浅政明・原勝徳
作画監督：原勝徳・堤のりゆき・間々田益男
美術監督：川井憲・天水勝、アニメーション
制作：シンエイ動画　ほか

「あったらいいな」こんな家！

カスミン

思いのこもった理想のおうち

あったら生活が楽しく便利になるアイディアも盛り込んでみました

大工さんに

自分の思い描く理想の家、という感じで楽しく描きました。「こういう事が起こったら面白いんじゃないか」っていう「内容」までついつい考えながら。家の真ん中に大きな桜の木が突き抜けていて、キャラクターが枝伝いに屋根を走り回ったりする動きが描きたくて。すぐ裏の池に水がわいているんで水もふんだんにあって。フンデルトヴァッサーの建築や、『指輪物語』でホビットが住んでいる家の様に、芝生の中に入り口があって地面から入って行くのが良いな、と思って描きました（指輪物語はこの時点ではまだ見てなかったのですが）。

色々調べるうちに建築にも興味が出てきて、紙の上で自分が大工さんになった様に、お年寄りがいるからエレベーターをつけてあげたいとか、実際の家作りではあたりまえにある「大工さんの気遣い」みたいなものを作品に取り込みたいな、と思ったりしました。今までの作品の中で一番「生活」を意識したデザインになってますね。とても変わった家ではありますが。

色々調べるうちに建築にも興味が出てきて

アイディア満載

屋上に露天風呂があったら、夜、裸で天窓から出て行けて気持ち良さそうだなとか（小さい頃、家の風呂に入るのに一回外に出なければならない造りになっていました）、台所に床下を流れるわき水で冷やす冷蔵庫があったら便利だろうな、とか風車で洗濯物を乾かす仕組みとか、ダイニングは中華料理屋みたいな回転テーブルになってるとか、あったら生活が楽しく便利になるアイディアも盛り込んでみました。

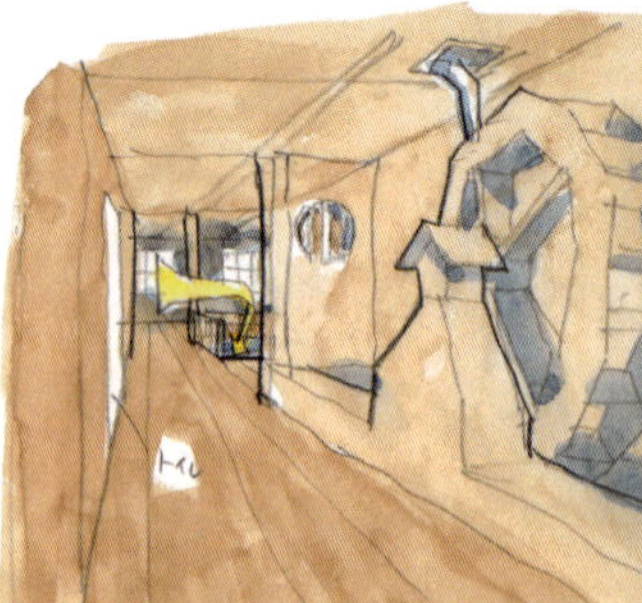

実用的デザイン

今回小物はほとんどやりませんでしたが、キャラクターが作品の中で使ってこそデザインだと思ってます。石神井公園のある喫茶店はいつも大人気なんですが、そこのコーヒーカップはすごく取っ手がもちやすくぐらつかない。そんな取っ手ひとつの位置にも感動したりしています（おしゃれだけど、すごく持ちにくいのけっこうありますよね）。

机
天窓
ベッド
タンス
天マド
物置き
出入口
その後屋上に
風呂が作られ
たりして
使用人の
部屋と
なって
ダイニング
ソファーとか
脱衣所
洗面台
地上
コンクリート
階段
つまづく
絵とか欲しい?
タイル

棒喫茶店

水辺の上にあるアトリエは、この頃良く映画を見に行っていたシネコンの向かいにある、筒状ドーム型のガラス張りの喫茶店を参考にしています。

タコがぐるん

タコ型の水槽は恵比寿のタコ公園にあるタコの遊具からヒントを得たんですが、タコの足が「ぐるん」としているところが好きで。『ヘンダーランド』のときに本郷さんから「『ぐるん』とすればいい」って言われたことが、僕的にはエポックだったんです。ふざけているようなゆるい感じが良くて。「水のモチーフ」も繰り返し使っていますね（昔のタコの遊具はなくなったみたいです）。

またトイレ

あと、毎回トイレを描いちゃうんですが、トイレ好きなんですよね。食べることと排泄が（自分の）生活感のテーマ、みたいなところがあるんです。

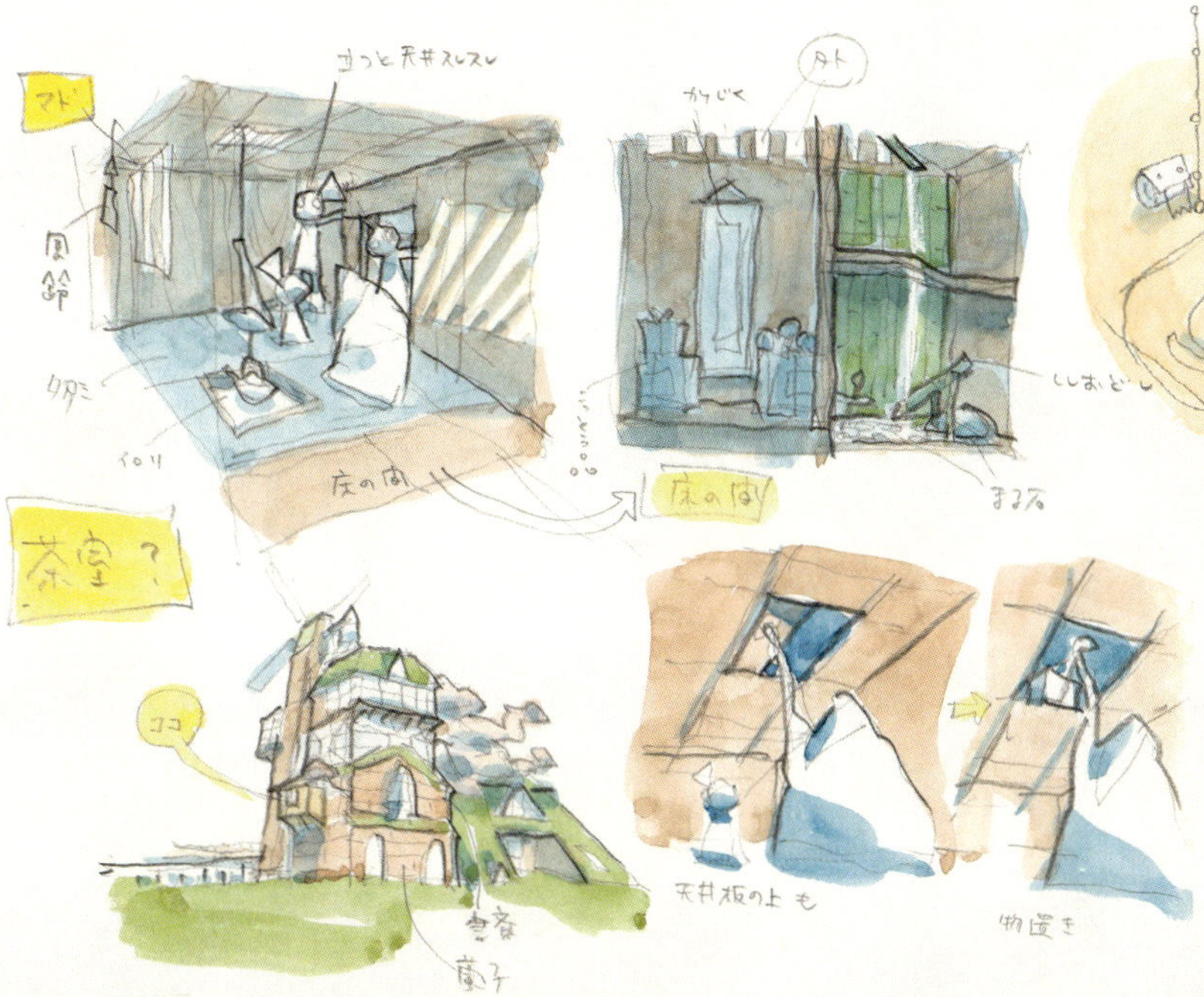

久しぶりに設定をやると楽しくって

積み上げ方式

監督の本郷さんから声をかけていただいて、「家族が住んでいて家の中に木がある家を作ってほしい」と。「あんまりきっちりし過ぎるとキャラクターを動かしにくくなるので、なんとなく設定してくれれば良い」と言われたんですが、久しぶりに設定をやると楽しくって。「自分が好きな要素を集めた理想の家」という感じで、わりときっちり設定してしまいました。

でもまた今回も失敗を犯してしまいました。楽しくやっているうちに全体像をあまり考慮しないで部分部分を考え、最後にくっつける感じになってしまいました。キャラクター各々の部屋を用意して、地下室も欲しい、屋上も見晴らしが良い方が良いって作っていったら、要塞みたいな巨大な家になってしまいまった(笑)。

かすみ部屋
風車
渡り廊下
玄関
勝手口

レンガ
トタン

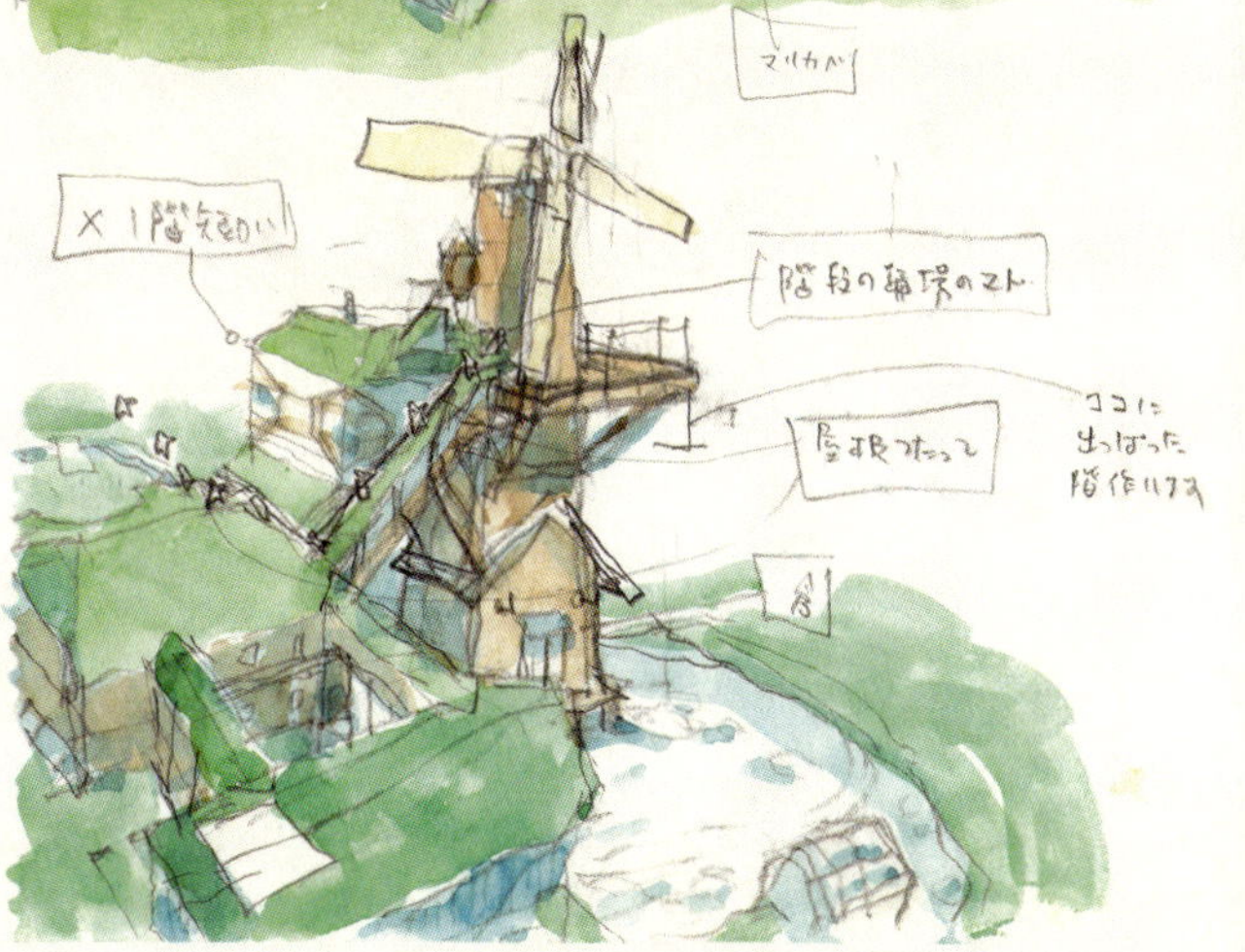
×1階分高い
階段の踊場のマル
屋根つけって

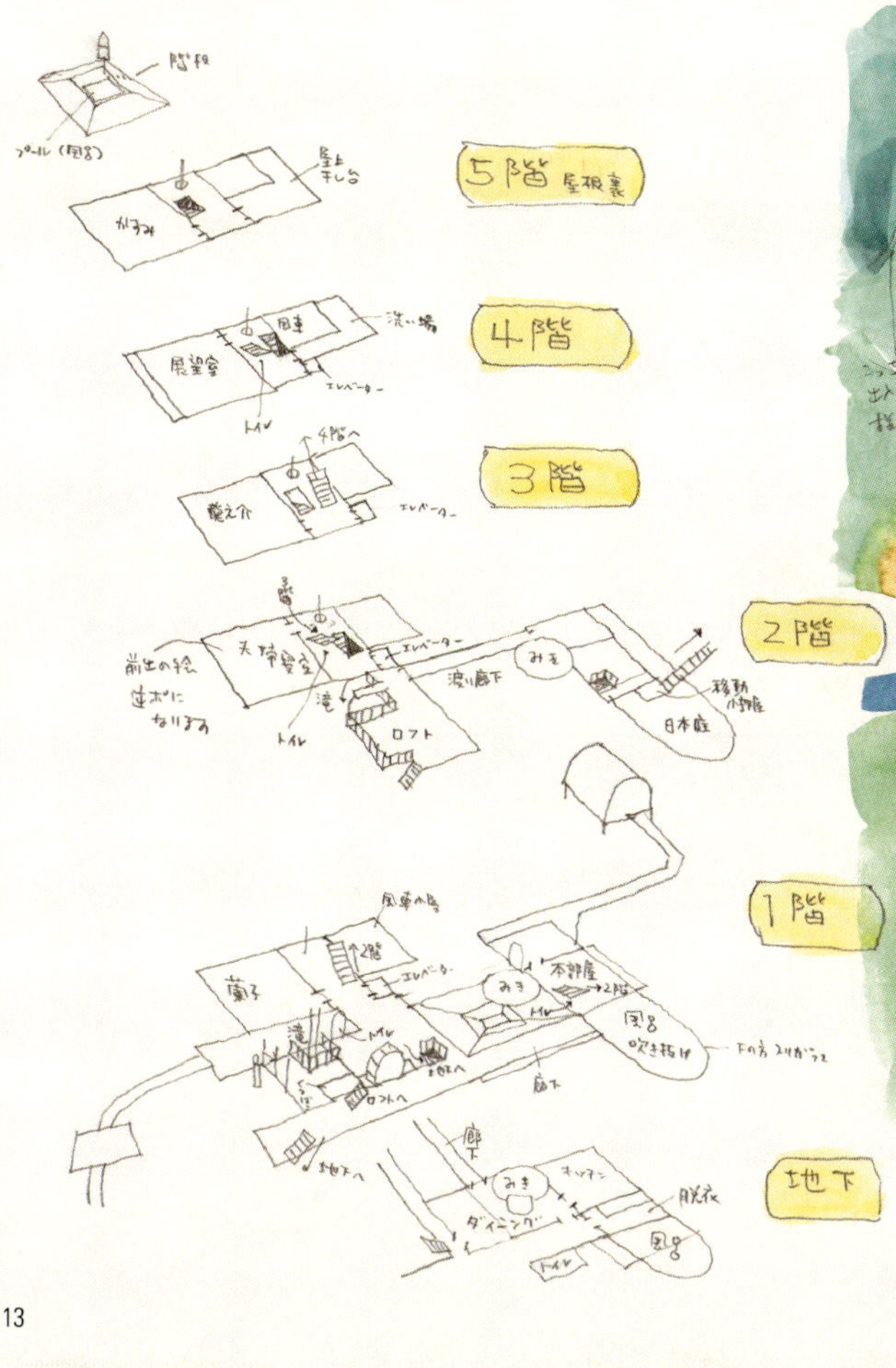
5階 屋根裏
かすみ
4階
洗い場
エレベーター
トイレ
3階
エレベーター
2階
エレベーター
渡り廊下
みき
ロフト
日本庭
1階
菊子
エレベーター
みき
廊下
ロフトへ
地下へ
地下
みき
キッチン
ダイニング
脱衣
風呂
トイレ

カスミ荘 ちょっとカッコ風になってしまいました
もっと庶民的にする

カスミン

小学４年生の春野カスミは、動物学者の両親がアフリカへ研究に行く間、森に囲まれた大きなお屋敷・霞家にお世話になることに。しかしそこは“ヘナモン”という妖怪一家が住む屋敷だった。お世話になる代わりに家事を引き受けたカスミだったが、妖怪たちとの生活は一体どんなものになってしまうのか…。NHKで３シリーズに渡って放送された、本郷みつる監督による、オリジナルアニメーション。さまざまなヘナモンと関わっていくカスミの奮闘を描く本作は、ファンタジーであると同時にホームドラマでもあると言える。湯浅はセットデザインとして、主にヘナモンたちが生きる世界の建物などのデザインを担当した。

カスミン
放送期間：
第1シリーズ：2001年10月13日～2002年4月6日（全26話）
第2シリーズ：2002年10月5日～2003年4月5日（全26話）
第3シリーズ：2003年4月9日～2003年10月1日（全26話）
※DVD、DVD-BOXは販売終了

STAFF
監督：本郷みつる
シリーズ構成：吉田玲子
キャラクター原案：伊藤有壱
ヘナモン指南：荒俣宏
キャラクターデザイン：馬越嘉彦
セットデザイン：湯浅政明
美術監督：高橋久嘉
アニメーション制作：オー・エル・エム

observer 1

本郷みつる

◆本郷みつる
アニメーション演出者。『クレヨンしんちゃん』テレビシリーズの立ち上げから関わり、映画を5本担当。そのほか『REIDEEN』『毎日かあさん』(監督)、『踊り子クリノッペ』(監修・音響演出)など多くの作品を手掛けている。湯浅政明が参加した映画『しんちゃん』の本郷監督作のうち3本目の『雲黒斎』では「ラスト、カンタムロボとお城のロボットが戦うシーンがあるんですけれど、あそこは僕が絵コンテで、湯浅くんの原画なんです。あれが、湯浅くんと完全にわかり合えた瞬間だったと思います」という思い出も。

30年前から知っていました

湯浅くんと僕は、かつて亜細亜堂という会社に所属していて、その頃僕がやっていた『エスパー魔美』や『白鳥麗子でございます!』で原画をやってもらいました。当時から他のアニメーターとは違う感じの絵や動きでしたね。その後、僕も湯浅くんもフリーランスになり、そして『クレヨンしんちゃん』のTVシリーズで声をかけてローテーションに入ってもらったんです。

湯浅くんの絵は、もう、最初から突出して独特でした。どこかの段階で変化したというよりは、最初からああでした。そういう独自の世界観を作る才能を持っていた、という事でしょうか。動かし方も、はっきりと他の人と違っていました。最近の日本のアニメでは、あまり「誰も見た事ない表現の面白い動き」って要求されないんです。でもたまたま『クレヨンしんちゃん』という作品が映画になり、見た事ない面白いシーンが必要になったときに、湯浅くんの個性が大いに発揮できるのではないかと思ったんです。さらに、僕のやる仕事はたいてい短期間にやらなければならないのですが、彼は馬力もあって短期間にあげる仕事量もすごかったので(笑)適材適所である意味、好きにやってもらいました。僕は細かい指示を出すより、その人に任せてやってもらうんです。誰でも自分の好きな様にやれた方が、楽しく早く仕事ができるものですよね? おかしな美術設定とプロップと原画、湯浅くんが伸び伸びとやった事が全体に良い結果をもたらしました。

僕が映画『しんちゃん』をやっている頃、湯浅くんは業界の目利きたちから「うちでもやってくれ」と声をかけられる様になりました。それで色んな設定や原画を依頼されて、時々抜ける様になったんです。でもたいがい、向こうの人が彼を持て余して、湯浅くんもガックリ肩を落として戻ってきました(すみません、少し大げさです)。そしてまた『しんちゃん』をやっていると、誰かから「うちにきてくれ」と声がかかって、でも「思っていた仕事内容と違う」と作品の中で彼の才能がうまく活かされない……。そういう事が何回かあったと思います。

僕がやったのは、最初に湯浅くんを上手く機能させた、という事だと思っているんです。やっぱり当時は浮いていたんですよ、彼は。求められる流れの中にはハマらないっていうか。それが『しんちゃん』の中ではピタッとピースがハマったという事だと思いますね。特に映画『しんちゃん』にとって湯浅くんは、本当に必要な存在だった。今に繋がる『しんちゃん』の世界観を、ビジュアル面で広げてくれたアニメーターでした。

今では年に1、2度酒を飲んだりする間柄ですが、以前長く一緒に仕事していた人とは、何年か仕事をしなくても、そんなにタイムラグを感じないものなんです。湯浅くんも、そういう仕事仲間のひとりです。最近は時代が追いついて彼の凄さを語る人もちらほら出てきましたが、僕は30年前から知っていました(笑)。もっと湯浅くんがビッグバジェットの仕事をやる様になって、僕に下請け仕事を出してくれる様にと願っています。

※このインタビューは2013年夏に行われました。

◆原恵一
アニメーション監督。主な監督作品は『河童のクゥと夏休み』『カラフル』、実写映画『はじまりのみち』など。原が監督を務め、湯浅がメインスタッフとして関わった映画『クレヨンしんちゃん』の中でも『暗黒タマタマ大追跡』は作業量が多かった。「彼のエネルギーはスゴい! どんなに仕事を振っても全部やってくれる」と僕が勝手に思い込んでどんどんお願いし、本人も断らずに引き受けてくれた結果、コンビニの帰りにパンを食べながら帰ってくるのが食事、という余裕のない状態にさせてしまった(笑)そうだ。

observer
2

原恵一

はじめは、話しかけづらい人だった

湯浅さんと仕事をする様になったのは『クレヨンしんちゃん』からです。その前から亜細亜堂の社員として僕の作品に関わってくれていたみたいなんですけれど、その頃はまだ本人に会った事がなくて。本郷（みつる）さんが「すごく上手いヤツがいるんで、声を掛けたい」と言って、自分の作品のスタッフに湯浅さんを入れたのがきっかけだったと思います。はじめはイカれた絵を描く人だな、と。今まで見た事のない様なイカれっぷりというか、ぶっ飛びっぷりというか。そこに驚かされましたね。

『しんちゃん』の映画を3作一緒にやりましたが、当時はあまり話をしていないんですよ。アニメーターというのはもともとひとりで机に向かってひたすら作業や創作をする仕事だし、当時の湯浅さんはなかなか話しかけづらい人だったんです。スタジオに入るとひたすらガリガリ絵を描きまくっていて、自分から雑談をしてくる様なタイプではなかった。やはり監督をする様になって、色んな人とコミュニケーションを取らなくてはいけなくなり、変わっていったところがあるのだと思います。僕の方は「こんな面白い絵を描く人ってどんな人なんだろう。話をしてみたいな」と思っていました。だから、たまにこっちから「飯でも食いに行こう」と誘ってみたり。今では会うと愛想良く話したり、飲みに行ったりもしますけれどね。

彼が監督をする様になって「企画書を読んでもらいたい」と言ってきたときは、正直意外な気がしました。僕の作っているものが、湯浅さんの向かう方向とそんなに合っている気がしていなかったので。もしかしたら、自分にない視点を求めていたのかもしれませんね。まあ、それはお互い様です。僕はずっと、湯浅さんが自分にはまったくない発想を形にしてくれるのを見ながら「すごいな、この人は」と思ってきたから。

らしくない作品を、見てみたい

僕の作るものは割とオーソドックスな、古いスタイルのものだと自認しています。だから前衛的なものに興味があるかとばかり思っていた湯浅さんが、実はそういう古典的な作り方にも興味を持っていたというのは新鮮だったし、面白いと思いますね。

これは僕自身にも言える事だけれど、今後湯浅さんは、自分に縛られずにやっていってくれるといいなあ、と。とくに彼は自分の絵が作品に出る様な作り方をしているから、僕以上に求められるものがはっきりしているだろうと思うんです。でも自分の得意な事で内向きに先鋭化していくだけじゃなく、良い意味で裏切ってくれる様なものを見てみたいですね。彼の絵は「これはもしかして……。あ、やっぱり湯浅さんだ」という強さがあるので、そっちの方向ばかりが求められがちだとは思いますが「え、あの湯浅さんがこんなのを作ったの?」みたいなものも見てみたい。きっと、本人が一番考えている事だとは思いますけれどね。

※このインタビューは2013年夏に行われました。

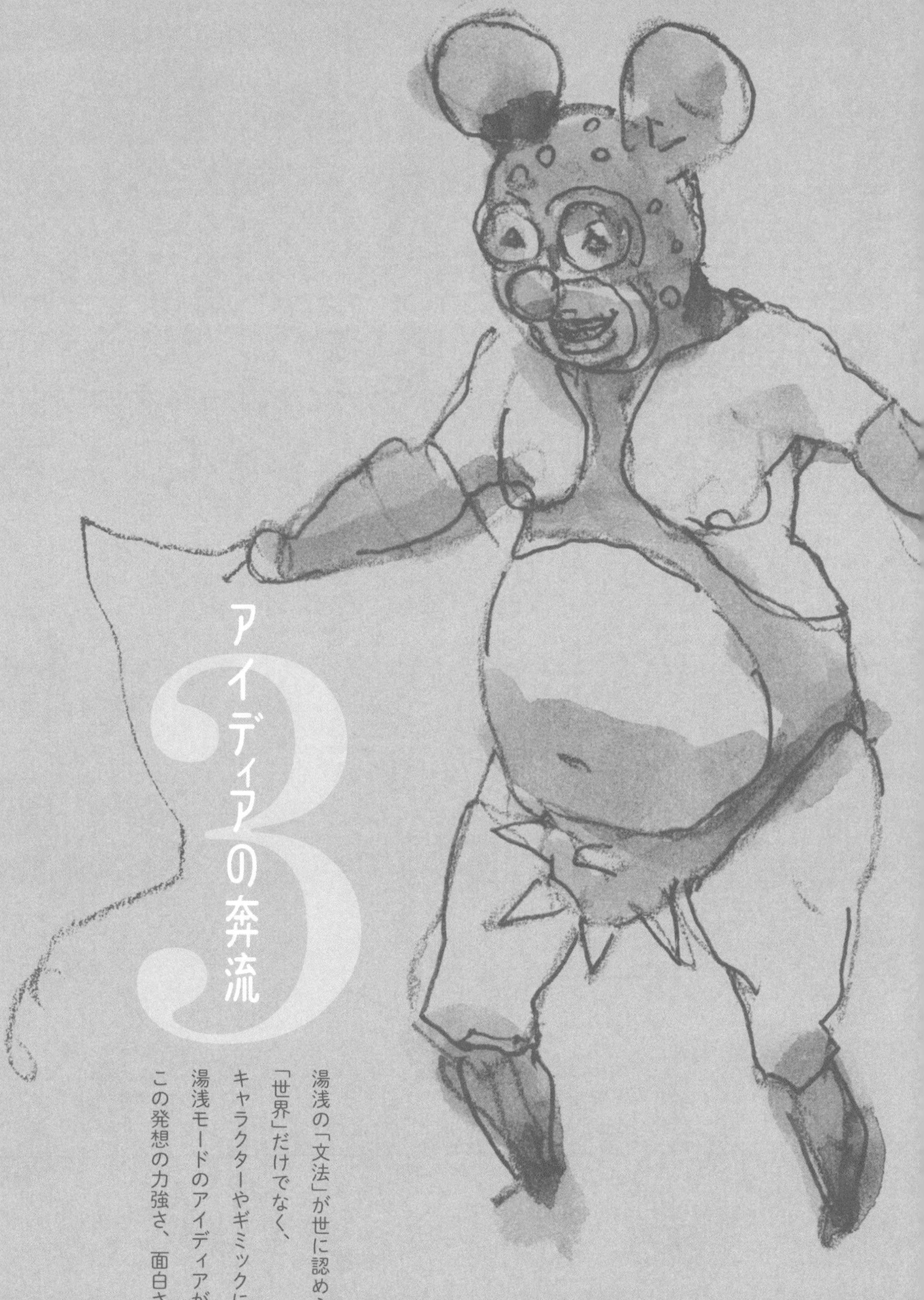

3 アイディアの奔流

湯浅の「文法」が世に認められるにつれ、
「世界」だけでなく、
キャラクターやギミックに至るまで、
湯浅モードのアイディアがあふれだした。
この発想の力強さ、面白さ。

これがアニメーションの楽しさだ！

スライム冒険記

〜海だ、イエ〜の巻〜

大好きな“水”で思い切り遊んだ

水で遊びたかった

　これは集英社さんへ作品のプレゼンのために描いた「初期のイメージ」です。使わなかったあめんぼの様な乗り物に乗ったキャラクターも描かれています。

ついに監督に

これが短編だけど映画監督第1作（TV監督第1作は、パイロットフィルム『なんちゃってバンパイヤン』1999年・Production IG）。ジャンプのイベント会場で流すだけの作品だけど、会場の大きい画面で上映するんだから「映画だぁ」と気張ってしまいました。「もう今度は監督という立場でまんが映画作るぞ」みたいな鼻息で（笑）。昔の東映アニメーションみたいに最後に大きなヤマがある、シンプルで王道な話をシンプルな画面で作ろうと考えました。短編ですが。

原作サイドからは、「スライムを主人公として描いていただき、アイデアは湯浅監督ならではのものを」と言われていましたので、プランを立てました。

特に水の表現をやりたかったので、『クレヨンしんちゃん』や『ノイズマン』でやりきれなかった事を絵本の様な寓話的なフンイキで『スライム冒険記』の設定に盛り込みました。

「大きな水の塊」を出したかったのと、色んな状況での水アクションをやりたかったんです。水の上を歩く動物とか水が変形して象になるとか、空中に浮いたキューブ状の水の塊から、潜りすぎると落ちてしまうとか、息をする為に側面や底面から顔を出すとか、そういうのもやりたかったんです。「水の象」は、その後『ねこぢる草』で出しました。

波の動きを追究

短編だけど映画だし、スケール大きくやりたかったのと、30半ばになっても落ち着かない、波に漂う様な自分の人生も肯定したくて！（笑）。僕自身、それなりに大人になったら、藤子不二雄先生のマンガとか『サザエさん』に出てくるお父さんの様に、一戸建てに住んで、一家の主人になり、会社から帰ったらビールなんか飲むのかなとイメージしてたんだけど、なかなかそういう事にならない。安定した、どっしりとした生活、のんびりした時間をなかなか手に入れる事ができない。絶えず働いているばっかりで、手を動かしてないと生活が破綻する、たえず水をかいて泳いでないと沈んでしまうのではないかという不安がありました。

そういう安定した生活を手に入れるには、やりかけの演出の勉強はあきらめて、計算出来る堅実なアニメーターの仕事に集中するのが良いと思われましたが、未知で計算出来ないが、自分が楽しいと思える創作や演出をやってみたいという気持ちの方が上まわっていました。だけど目標を叶えようと頑張っていても、一生叶わない事もあるわけですから、頑張っている経過を楽しまなければやってられません。目標に向かって努力しながらも、行く先多難な自分の状況を肯定したくなったんです。それをどう自分で納得するかというところで「臨機応変に楽しみながら波に乗り、揺られている」のが良いな、と思っていたんです。突然予期せぬ方向から大きな波が来ても、慌てず波に乗る事を楽しめると良いなと思いました。サーファーみたいな気分ですね。

「お前は演出やお話を語る才能がない」「感覚がズレているので一般性を持った作品は作れない」と言う人もいたし、自分自身も演出に向いているとは思いませんでしたが、自分にはそういう道が居心地良い様に思いました。人から見れば無理な事を頑張っている様に見えても、自分が出来ると思っていれば問題なかったし、楽しいと感じていればそれで良いと考えていました。想定通りにいかなくても、どんなピンチが訪れても、冷静にベストの判断を下して、ピンチを楽しんで乗り切り、いつも冷静な気持ちで作品を作りたいなと思っていました。

なかなか作品作りは理想通り、予定通りにはいきません。理想を掲げて貫徹するやり方もあると思いますが、僕は無理せず、そこをベストで乗り切って、また次の仕事を頑張る方が性に合っていると思いました。だから主人公達も家を流され、海を放浪する感じになっています。冒険記も良く読んでいたんだけど、この頃特に漂流ものを読んでいましたね。

波に漂う様な自分の人生も肯定したくて！

「波の描き方」を究めたくて、結構考えました。

『どうぶつ宝島』で描かれた波が、シンプルな日本のアニメーションの波の基本になっているらしいです。最初はみんなそれをお手本にしてましたから、昔はだいたいどの作品も同じ様な描き方になっていました。一度それを疑ってみて、自分なりの水のデザインを考えようと思った事もあったんです。

でも色々試したあげく、「ずっと残っているものはやはり効果的に良くできている」という結論になりました(笑)。

ピンチの時の判断

想定通りも良いですが、意外とピンチのときに下した決定が、良い方向に転ぶんです。想定より良かったんじゃないかと思う事もあります。絶対の理想を想い描いていると、ピンチのときの判断も誤ると思うんですよね。だから常に気楽に考える様にしています。

吉本新喜劇の様な、コッテコテな事をやりたかったんです

かぶり物は好き

水の大魔神の息子・アクアウォーターヒヨロッタが、おむつをつけて、頭にもなんか分かんないかぶり物をかぶっているのは……何か意味があるというより、かぶり物を描きたかったからです。松本大洋さんの『日本の兄弟』とか『鉄筋コンクリート』なんか見て、顔が地味でもかぶり物や服装、持ち物で特徴的な個性が出せるんだなぁと感心して、良く描く様になりました。特徴的な髪型や顔を描くのも苦手でしたから。髪の毛よりシンプルに特徴が出せて、描いていて面白いですしね。頭の上にもうひとつ頭ぐらいのふくらみがあって、何が入っているのか分からない。実際頭がその形に大きいのか、黒柳徹子風に髪の毛でデカい団子ができているのか…。これがある事でシルエットが特徴的になっていて良いし、頭がシンプルなら胸のメダルも出しておけるとか、効果的に情報をコントロールしようとしていました。監督など、全体的な決定権を持っている立場になると、そういう事が出来ます。

コテコテ

ウルフの家が水に沈むんですが、彼はしばらくそれに気付かず、普通に冷蔵庫を開けて水を飲んで深呼吸して……と続きます。気づくまでやたら長い。ノリツッコミの長～いバージョン。吉本新喜劇の様な、コッテコテな事をやりたかったんです。

新しい面白さを追求出来る様なセンスもある気がしませんでしたし、下手な事をひたすら長く、しつこーくやるっていう事に面白みを見いだしていました。

映画の尺

『長靴をはいた猫』や『どうぶつ宝島』などの東映アニメが「まんが映画」の頂点だと感じていて、映画でやるならそういうのがやりたいと思いました。この作品はそんなイメージで、結構素直に作っています。尺は15分ぐらいですが、当時は短いとは全然思ってなくて。テレビシリーズの『しんちゃん』が当時1話7分ぐらいで『スライム』の前にやったパイロットフィルム『なんちゃってバンパイヤン』も20分ほどの作品で、入らなくて泣く泣くカットしたものもありましたが、30分くらいでやりたい事は十分足りると思っていました。

しかし今考えてみると、映画やテレビシリーズなど、もっと長いものをやってストーリーを中心に考えた後では、短いものを逆にやりたいと思わなくなっていますね。

水
水の
大魔人の
広間
レイアウト用
参考

ウルフの
マイホーム
1階
レイアウト用参考

スライム冒険記 ～海だ、イエ～の巻～

もう冒険とはおさらば、これからの男は土地に根を張った安定した生活だと、マイホームの手入れに精を出すウルフ。しかし、スラきちが泊まりにきた翌朝ふたりが目を覚ますと、ウルフの家は海に浮かんでいた。途方に暮れるふたりの元に、水の大魔神の使いを名乗るものがやってきて…。ゲーム『ドラゴンクエスト』シリーズでおなじみのスライムを主人公にしたスピンオフコミックのアニメ化。『スライム冒険記』の短編アニメーション3作目となる作品で、1999年に開催されたVジャンプフェスティバルにてイベント上映された。原画を担当したのは、宮沢康紀、大塚伸治、浜名孝行、安藤真裕、大平晋也ほか、そうそうたる顔ぶれ。

スライム冒険記 海だ、イエ～
1999年　Vジャンプフェスタにて上映
製作・著作：集英社

STAFF
原作：かねこ統（集英社「Vシャンプ」）
カントク：湯浅政明
脚本：あみやまさはる
キャラクター設定・作画監督：海谷敏久
美術：小倉宏昌
制作協力：キャラメル・ママ
アニメーション制作：Production I.G　ほか

「なんとなく嫌な気分」を積み重ねて

ねこぢる草

世の中の“なんとなく嫌な気分”のイメージをいくつも積み重ねて……。

原作イメージから

佐藤竜雄監督は「アートフィルムみたいな、ちょっと変わったものを作りましょう」と言っていたんです。僕が適当に描いたものを適当に繋げる感じでできないか、と。とにかくイメージを描いてくれという事だったんですが、最初はあまりつかめていませんでした。

佐藤監督の家に行って色々聞かされたんですよ。寺山修司のラジオ放送を収めたCDとか。暗く静かで、なんか憂鬱でシュールな感じです。でもまだ具体的には何を作れば良いのかさっぱり分からなくて、最初はとりあえず僕はひたすら可愛らしい絵を描いていたんです。でもそうしているうちに、やっぱり暗くどんよりしたものをやるしかないかなぁと腹が座ってきました。原作みたいにブラックに笑い飛ばす事は出来ないと思っていたけど、思いっきり憂鬱な感じならやれるかなと思いました。

他人が作り物に見える

おばさんたちのお喋りは楽しそうに見える事も多いけれど、子供の頃は道ばたでばったりであって長い時間話し始めるので、退屈で不毛に感じました。そんなイメージから来た感じです。

分からない話が多いし、繰り返し同じ事を言っている様にも見えました、興味ない会話が長く続くのを待つのはホント辛いなぁと感じていました。あまりにその人達の感覚が、自分とかけ離れたところにあると、その人が自分と同じものではない様な気がする〝気分〟って、ないですかね？僕は子供の頃あった様な気がしてそれを描いてみました。その後大人になると、つまんない会話も聞きますが、軽妙で明るい会話を聞く事が多く、おばさんの話面白いなぁと思ったりもします。

最初はあまりつかめていませんでした

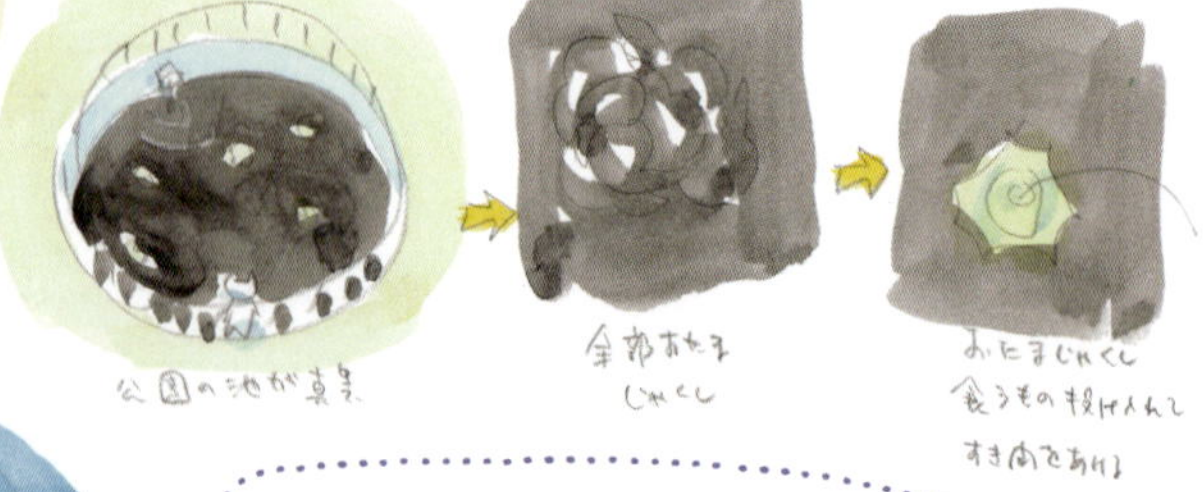

子供時代の体験

田舎のおばあちゃんの家に行ったとき、近所の池が「真っ黒だなあ」と思いながら石を投げてみると、表面にびっちりと固まっていたオタマジャクシがウワッと一斉に逃げて、石を投げ込んだところに丸い穴が出来ました。水面を埋め尽くしていたオタマジャクシが怖かった、気持ち悪かったっていう思い出があって、それもエピソードの中に入れました。

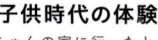

これも実体験

僕も子供の頃、お風呂でおもちゃの車を洗おうとして、逆さまに落ちて溺れた事があるんです。

一度ああいう体勢になると、もう子供の力では起き上がれないんですよね。「あっ」て思って、それ以降の記憶がない。気付いたら、母親に耳に入った水を取ってもらっていて。そんな経験を思い出して入れてみました。ちょうど父が通りかかって、水に浸かってぐったりしている僕を見つけたらしいです。

アイディアを融合

「水があふれて海になる」というのは監督のアイディアだったと思います。そうめんの海だったと思うけど。監督が描いた詩的でシュールなプロットがありました。全体的には自分が上手く作れそうにない内容でしたが、その場面転換はまた水を使えそうでもあったので大歓迎でした。

もう一つ、サーカスを起点に世界が変わる、というのも監督のプロットからです。

その二つをいただいて、サーカスで水浸しになる、という起点ができました。

あとは、原作と原作を読んで自分が思いついたものを並べてゆく感じです。ねこぢるさんの作品も色々あって、『ねこぢるうどん』はポエティックで兄弟や親子の愛情の様なものも描かれており、幼い頃の郷愁感もあります。他のドライなものより好きだったので、それを根底において、世の中の嫌な出来事を憂鬱に感じる様な世界にしようと思いました。

電気のこぎりによる人体切断マジックショーも、小さい頃にテレビで観たんですよね。「万国びっくりショウ」かな。それが原因で夢を見たんです。女の人がチュイーンと案山子の様な質感で切られていくんですけれど、その時は血も出ず、わらのかけらの様なものが飛んでいるばかりで、作り物の人形の様な質感でした。けど途中で「あ、失敗しました」みたいな感じになってショーが中断。観客が並んで一人ずつ意識のない女性を確認する様なオチでした。

様々なイメージ

足を締めて痛みを与えると、キレイな虹を吐く鳥。これは動物を見せものとして虐待している様なイメージですね。それをやり過ぎると大変な事になってしまうのは分かっているけど、団体で盛り上がって自分たちではそのノリを止められず、大変な事になってしまう。

TVニュースのいじめやリンチ事件ともリンクするし、公害や環境問題ともリンクしています。歪んだ快楽が殺人にまで発展してしまう様な事件もたまに見かけます。昔24時間TVで『フウムーン』という手塚アニメのスペシャルがあって、人類が脱出ロケットを作るんだけど、むりやり皆が乗ろうとして結局壊れてしまうという「蜘蛛の糸」的なエピソードがありました。怖いけど、ありそうな事だとも思って印象に残っていました。

大きな鳥は、空を飲み込んだという設定で、お腹の中に青空と雲がありますが、足を締め付けられると、雲が雨雲になって雨が降り、痛みから叫ぶと不思議で綺麗な虹が出ます。みんなそれが見たくて、調子にのって更に締め付けると体の中が雷雨になり、雨水が身体に充満して最後には破裂してしまうという設定です。空を閉じ込めた空間ですから雨の量もものすごく、世界の陸地が全て沈んでしまうんです。そう思っているのは男の子の妄想かもしれないという解釈も出来る様に「空をのみ込んだ鳥」という絵本も出てきます。その中にあるストーリーも考えていました。

世の中の嫌な出来事を憂鬱に感じる様な世界にしようと思いました

仕事中BGM

仕事が一番進むのがハイテンションな曲か、あるいは憂鬱な曲なんですよね。嘆きや怒りがエネルギーになるのか分からないですけど、レディオヘッドの『OKコンピューター』というアルバムが気に入って、よく聞いていました。「パラノイアアンドロイド」って曲のPVに出てくるイタイ変態的な男にもインスパイアされたりして。

子供の頃は時々矛盾を抱えて悶々としていました

さらなるイメージ

魚は食べられる側ですから、その立場に自分がなれば、怖いんだろうな（笑）。捌かれたあとでも生きてたりしますよね。活き造りとか。骨になっても泳いだり。でも我々は生き物を食べてゆくしか選択肢がないからしょうがないのかもしれません。でも食べられる生き物はかわいそうだし。子供の頃は時々その矛盾に悶々としていました。罪悪感からか、魚には死ぬ前に何か素晴らしいものを見て欲しいなと思いました。生きている人は見られない、凄い情景を見て欲しいなと。それでも死んでしまえばやはり、食物としての魚で、猫に目玉を食われたりするのかなと。

これは繰り返し描いているモチーフなんですが、近くの動物保護センターなどで犬猫がいっぱい死んでいるのに、わざわざ遠くから好きな犬を取り寄せる人もいる。悪くはない事ですが、その矛盾に僕は良く悶々とします。だからといって、動物保護センターの犬猫を助けようと活動するわけでもない。自分に出来るのは、その悶々とした気持ちを絵にしてゆく事なのかなと思っています。その後、『カイバ』という作品でもそういうお話を作りました。

おさかながいっぱい
おいしい
息もたえだえの魚
脱走する
いやがるブタの服をぬがせ
侍たちにとりかこまれる
ちゃーっ
チャックを開けて
トンカツ
泳ぐ泳ぐ
この時水キレイ
なんか知らんがキレイな風景
ドロドロした液体がはじけながらゆっくりもり上がってゆく
泳ぐ泳ぐ
神さま地球を手にとると水が腕つたって
流れ出る
地球
ほとんど骨だけになるが海へ
たまる おさしみ
そんなもん食べたらダメ
家族で遊びに来てた

ばらばらの絵コンテ

スケッチブックに描いた絵をコンビニで縮小カラーコピーをしてばらばらにして、大きな紙に貼っていって絵コンテを作ったんです。その形でコンテを作るのは監督のアイディアでした。わざと組み立てられてない様な雰囲気を作りたかっただと思います。それでもちょっと足りないと思われる絵は、コンテのためにわざわざスケッチブックに描いて、足したりしました。

それぞれ色んな形のフレームが並んでいるコンテになりましたから、多くの原画の方々に「フレームが分からないから、描けない」と言われてしまって、レイアウトからやる事を引き受けてくれた3人の担当分を除いた残りのレイアウトを、全部自分でやるハメになってしまいました。レイアウトからやってくれると言う3人にも、結局2人はラフを出す事になりました。

感動のエンディング？

この作品のエンディングが怖いと言われますけど、自分的には感動的で気に入ってます（笑）。他の者は皆死に自分もまた残り少ない人生の中で、家族の一瞬でなんでもない平凡な幸せの瞬間をあとから何度も思い出しているという設定ではありますが…。お父さんはカメラをかまえて娘に写りなさいって押し出して。娘はお父さんと写りたいから、ちょっとふてくされながら母親と弟と並びます。お母さんは風が強いので帽子を押さえながら彼女を呼んで、そんなとき弟は家族よりも、歩いているカニが気になってずっと見ている。一つになって楽しんでいるわけではなかったけど、皆が元気で一緒に居た、何気ない日常の、その一瞬は尊かった、幸せだったなぁという様な気分を描いているつもりです。

何気ない日常の、その一瞬は尊かった、幸せだったなぁという様な気分を描いているつもりです

感想文

原作には日頃知らん顔で済んでいる、現実の残酷な真実や矛盾といったものを突いて笑う様なところがあるんですが、僕は笑うに笑えなくて（笑）。でも倫理的にどうかと思う人物達（ネコキャラ）にも、一方で兄弟や親子の叙情的な部分がありま す。作品の根底はそこに置きました。現実で「日頃忘れてるから済んでるけど、ちょっと嫌だなあと感じる気分」という形なら、僕も疑問に思ってるから、描けるかなと思いました。

原作に対する僕の「感想文」と思ってもらえば良いです。「気分で描くアニメーターはダメだ」と言われますが、まさに「気分を描いた」アニメですね。

P.72
つけPAN →

P.37

P.56

P.97

作品紹介

ねこぢる草

姉のにゃーこが病気になり死神が魂を奪いにやってきた。弟のにゃっ太は姉の魂を取り返そうとするが、半分は奪われてしまう。精気のない状態となってしまったにゃーこを元気づけるため、一緒にサーカスに行ったにゃっ太は、気付くとふたりは現実と妄想が入り交じった不思議な世界にいた…。カルト的な人気を誇る漫画家・ねこぢるの『ねこぢるうどん』を原作としたOVA。原作のエピソードにオリジナルのイメージが加えられ、明確なストーリーもセリフもない幻想的な映像が繰り広げられている。佐藤竜雄が監督を務め、湯浅は絵コンテ、演出、作画監督などを兼任。第５回文化庁メディア芸術祭アニメーション部門にて優秀賞を受賞した。

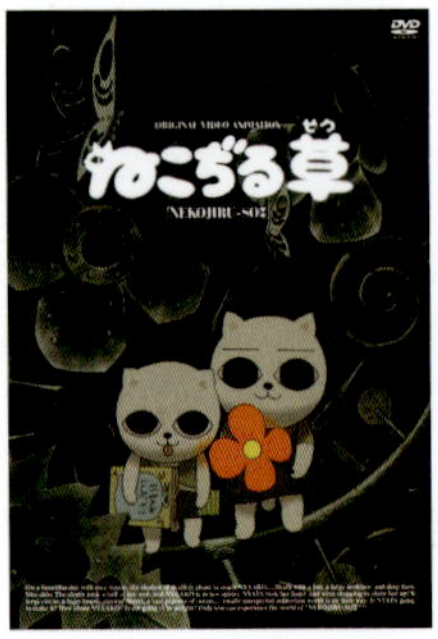

ねこぢる草
発売：2001 年
発売元・販売元：キングレコード
価格：DVD ／ ¥4,800（税抜）

STAFF
原作：ねこぢる
監督：佐藤竜雄
脚本・演出：佐藤竜雄・湯浅政明
絵コンテ・作画監督：湯浅政明
美術：中村豪希
制作協力：キャラメル・ママ
アニメーション制作：JC STAFF　ほか

エロい事も明け透けに

『クレヨンしんちゃん』の頃とは違って大人向けの作品だから、エロい事も明け透けに描いていこう、と考えました。もう僕も若い頃とは違って、描く分には照れも少なくなって来ていました。エロいのも明るく描いていこうと。つまり永井豪さんの『ハレンチ学園』的な明るさみたいなものです。

世界に関わりながら生きている手ごたえ

マインド・ゲーム

テンションを絵で描き、登場人物の気分を映像で具象化する試みを。

原作の絵自体が西さん独特のラフなタッチでとても勢いがあり、資料を見ないで記憶で描いている感が端的に本質を突いてる。「絵としてきっちり描かない」事から生まれている長所を生かしたいと思いました。ロビンさんは「超上手い」からそれが出来ているんですが、大人数で作るアニメーションの現場ではとても難しい事です。

すごく面白いマンガと思いながらも分からない部分もあった

オマエハシンドウスルエネルギー

『マインド・ゲーム』は、マガジンハウスさんが発行していたコミック誌『COMIC アレ!』に連載されていたロビン西さんの鋭いメッセージ性を含んだ傑作マンガが原作です。

ちょうど僕が、その前にどんよりした暗いトーンの『ねこぢる草』をやっていた事もあって、相当に無理してテンションを上げてスタートしました(笑)。

当時はもう30代後半でしたが、主人公達は20代前半だし、この作品では「ノリ」こそが大事だと思ったので、その「ノリ」をアニメーションで描こうとしました。

この絵は原作にある言葉の中から、最も人気のある、メッセージ性のあるものを選んで、黒澤明がやるみたいにこの作品を作る上のお題目にしようと描いてみたんです。

でも実は、この時期僕はこの言葉★がまだピンときていなくて、作中では使わなかった。分かる気もするけれど、それを言葉で言っちゃうのがなんとなく嫌だったんです。今ならもっと分かる気がするんですが、当時の僕には理解できなかった。原作信奉者が多く、全部を理解出来ている人も周りにいたと思いますが、自分はすごく面白いマンガと思いながらも、分からない部分もあって、無理矢理分からないままなぞるよりは、自分で理解出来る形で作ろうと思いました。

高く飛べない

パキッ
パキッ
じいさんと
ペニスケースで
やり合う

オマエハ
エネルギー！

長いスパンの物語

最初、じいさんがくじらに飲み込まれていた30年という月日を、実感として少し追加できないかと考えました。それと初めての等身大の青年達の話で、バックストーリーの必要性を感じたのもありました。それでキャラクター達のこの物語が始まるまでの流れを一通り考える事にしました。色んな年表や風俗史をひもといて、じいさんが生まれてから今日までのメインキャラたちの動きを平行に並べてゆきます。

自分はやくざと同じ様な年齢なので、彼の生い立ちからの流れは理解し易いですが、じいさんは自分の父親の世代の様だし、西君たちは自分の子供の様な世代です。様々な年齢のスタッフに少々の希望とキャラクターを説明して、それぞれの人生を考えてもらいました。あまりに物量が多くて混乱しそうになりましたが。各キャラクターごとに個人史の年表と、同時に社会がどんな状況だったか、生活史の年表を作ってつじつまを合わせていきました。「キャラクターの世代によって体験も考え方も違う」という事は表現したかったし、かなりキャラクターを膨らませる事ができたと思います。

斬新なラブシーンって？

「今までになかった様なラブシーン」を考えようとしました。そのときの女性はどんな気分なのかとか想像してみたりして（笑）。「好き」という感情についても色々と考えたりしました。そういう意味で『ねこぢる草』よりもさらに〝気分を描く〟というか、気分や感覚を具象化してアニメにしようとしていたんです。

あまり客観的なリアルにはしたくなかったし、思いついたのをあんまり考え込まずにやっていましたね。だから作っている途中でみんなに「こんなの違う」と言われないかと心配もしたけど、意外に出来た時にはみんなの反応は悪くなくほっとしました。でも実際の女性の感覚は分からないので、クライマックスに達する感じとかも女性スタッフに聞いたりしていました（笑）。セクハラもんですよね。

嫌なら答えなくて良いとは言って聞いていましたが、勇気出して言ってもらった答えはムダにしない様、極力絵にしてゆきました。「風船が割れるみたいな感じ」って言われて、風船ガムを膨らませて割った映像を挟んだりしました。2人の出来事ですが、女性と男性の感じ方も違うので、状況や音楽にギャップをつけたりしてそれを対比させようとしました。

スタッフの存在の大きさ

そうやってみんなに入ってもらって作っていくという作り方が理想です。ひとりで作るとムダなくきちんと緻密に出来るんですが、どんどん狭くなってゆくんですね。ほかの人のアイディアが入ってくると膨らむんです。そういうのが好きで。脚本もひとりでやるのが早いんですけど、人に話すと逆に自分の考えも整理されて、あっこういう事だったんだって分かるし。相手に意見を言ってもらって違うと思っても、えーそうじゃないよって説明するためにまた考えるんですよね。そうすると、また一段としっかり考えがまとまってゆく。強い意見の人がいると、遠回りしてしまう事もありますが、基本やり取りでどんどん膨らんでいく感じなんで、もっとスタッフを巻き込んでやりたいと思ったし、みんなが俺が作っているんだぞっていう感覚を作品に持ってほしいと思っていたんですよね。それでカーチェイスのシーンは久保くんにアイディア出してもらって、担当も久保くんに振ってすごいイイ感じになったし。

**ひとりで作ると
ムダなくきちんと
緻密に出来るんですが、
どんどん狭く
なってゆくんですね**

「女性の宿命」を乗り越えるイメージ

風船に水を入れて膨らませ、それを割るヤンのパフォーマンスは、女性の押し付けられた宿命を乗り越える、みたいなイメージでした。ヤンが解放されてゆくシーンです。もちろん女性のそれを否定しているわけではないですけれど。自分の宿命から解放されたい人もいるんだろうなと思います。なんだかいつも破裂させていて、ちょっと生々しいですね（笑）。

ヤンは胸が小さいという設定でした。ボインで尖った胸をしいて、というのが当時のアニメの主流だったので、小さくて横に広がっているとか、大きいけどちょっと垂れているとか、色んな胸を描きたいと思っていました。

組み立て方

『しんちゃん』で面白いシーンは作れていたので「面白いシーンを繋げられれば面白いものになるはず」とは思っていたのですが、やはり長編の組み立ては、しっかりした原作があっても難しかった。

僕はリアルな絵では上手い人には全く敵わないし、本格的にしっかり描き込んでゆく様な絵は時間もかかるし苦手なんです。絵を描く演出だと全部細かく描いてると思われる事もあるのですが、画面構成やフォルムや表情、お芝居、動きのスタイルなどは細かく見たりもしますが、ラフに描いてそのままはトレス出来ない様に描きます。きちんとしたアウトプットは作画監督の末吉さんや久保くんなどのスタッフに任せました。マインドゲームでは色彩とか、内容、あるいは写真や動画の色んな映像を、ラフに荒々しくまとめようと思ったんです。

写真は使ってるけど逆に雑にも見える様なラフな背景にしたり、全部手描きだけどしっかり見えるきちんとリアルに描き込んだ背景があったり。背景スタイルが変わる意味合いは「登場人物がしっかり興味を持って見ているものはしっかり描く、実際にそこにはあるけど登場人物が興味も持たず見ていないものはきちんと描かない」という風に考えていました。描かないときのリアリティを、写真を崩して作るのも面白いのかな、と考えました。

同じ場所にいて、同じ出来事を経験しているのに「感じている事は皆同じではない」というのは、僕がアニメーションの中で繰り返し表現しようとしている事です。だけどもまだ、なかなか上手く伝わりません。

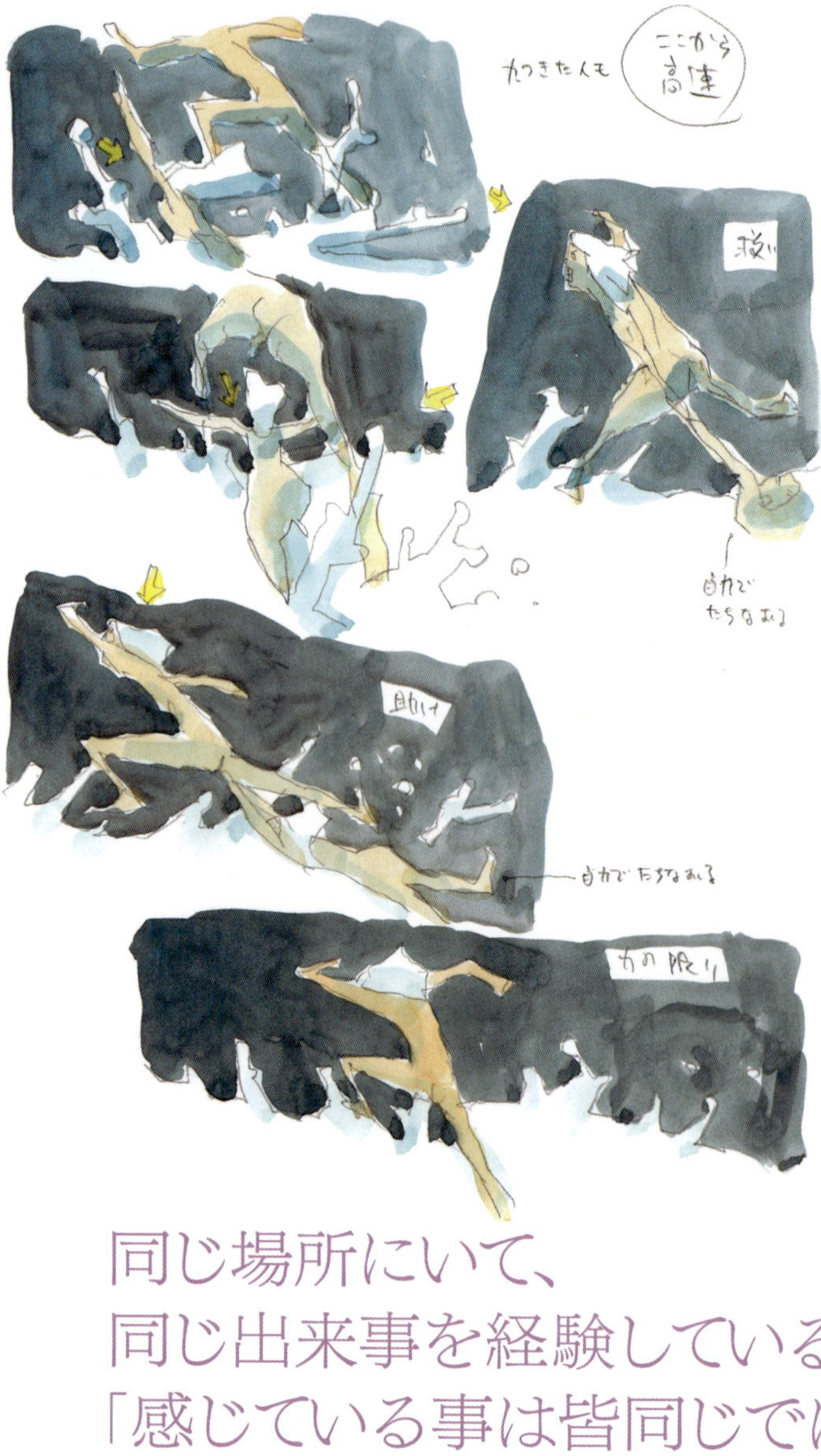

同じ場所にいて、
同じ出来事を経験しているのに
「感じている事は皆同じではない」

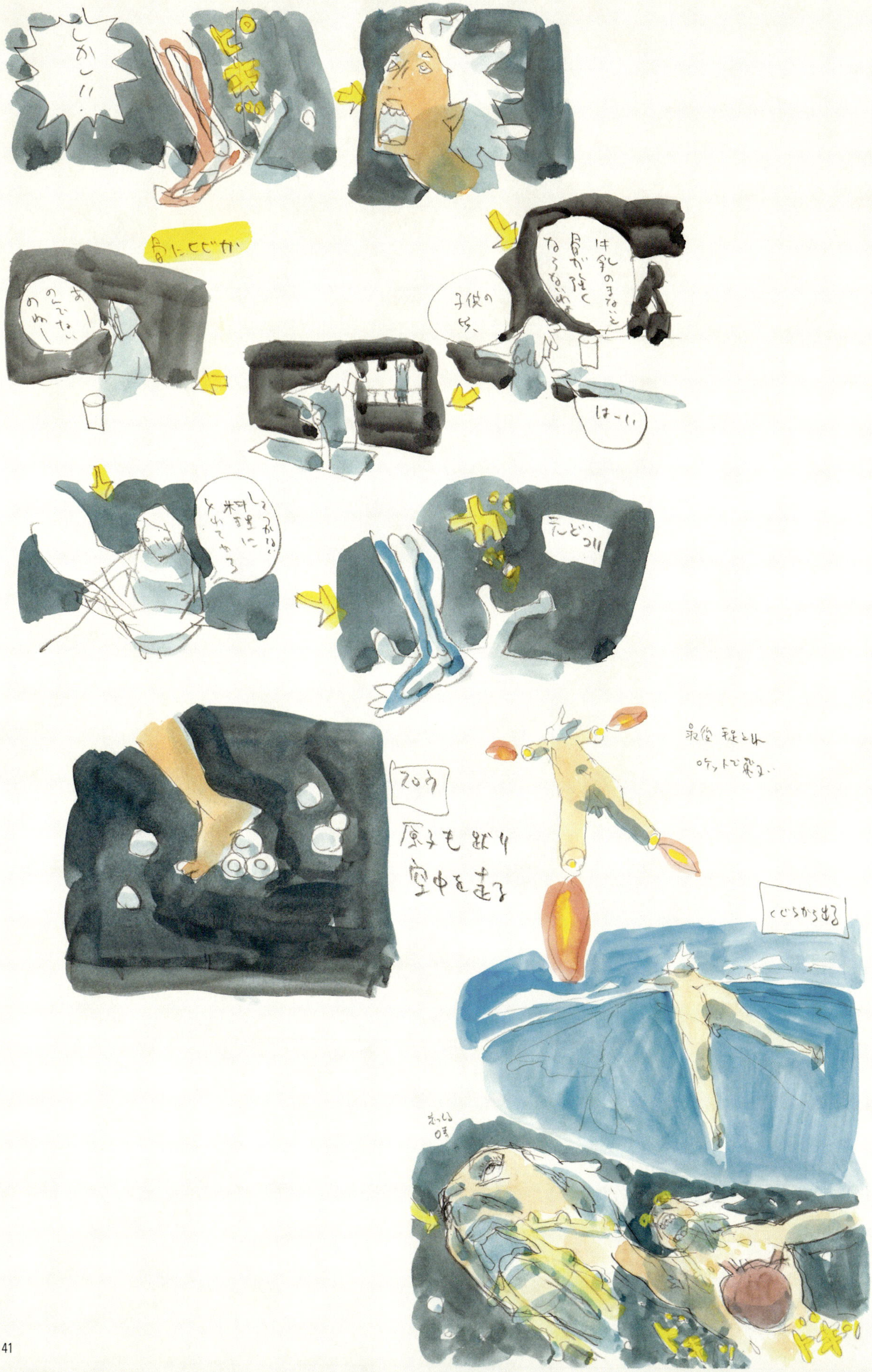
しかし!!
ピキ
骨にヒビが
牛乳のまないと骨が強くならないぞ
子供の頃、
はーい
あー のんでない のゆー
しっかり料理に入れてやる
ガ
元どっ!!
スロウ
原子も蹴り 空中を走る
最後 手足とれ ロケットで飛ぶ
くじらから出る
ドキッ
ドキッ

作品紹介

マインド・ゲーム

マンガ家を目指しながらもパッとしないフリーター生活を送る西は、初恋のみょんちゃんと偶然再会した。その後訪れた彼女の姉・ヤンが切り盛りする焼き鳥屋で、西は居合わせたヤクザに撃ち殺されてしまう。しかし神様に逆らって生還。開き直った西はヤクザとのカーチェイスを繰り広げた末に、みょんちゃん、ヤンと共に巨大なクジラに飲み込まれてしまい…。原作はロビン西のコミック。実写も取り込み２D、３Dを融合させた大胆な映像で見せる本作は、湯浅初の長編作の監督作品となった。平成１６年度第８回文化庁メディア芸術祭アニメーション部門大賞、第５９回毎日映画コンクール大藤信郎賞など、数々の賞を受賞するなど、高い評価を得た。

マインド・ゲーム
公開：2004 年
発売元：Beyond C.
販売元：TC エンタテインメント
価格：Blu-ray ／¥4,700（税抜）

STAFF
原作：ロビン西
監督・脚本：湯浅政明
総作画監督：末吉裕一郎
美術監督：ひしやまとおる
CGI 監督：笹川恵介
アニメーション制作：STUDIO4℃

observer 3

笹川恵介

◆笹川恵介
3DCGディレクター。TRICK BLOCK代表。『マインド・ゲーム』以外に湯浅作品では、『ケモノヅメ』の撮影監督も務めた。他に『アリーテ姫』『劇場版TIGER & BUNNY』などのCGIも担当。湯浅監督の思い出は“食”へのこだわり!?「普段はめったに怒らない監督がプリプリしながら現場に入ってきた事があって。立ち寄ったラーメン店の店員がお喋りをしていて、ラーメンが出て来るのが遅かったらしく、本気で怒っていました(笑)。ラーメンがすごく好きでしたね。ネットで評判を調べたりするぐらい」

スケッチに惹かれて

『マインド・ゲーム』のとき、僕はスタジオ4℃に所属していました。それで湯浅さんのスケッチを見せてもらい、絵の持っている力とかアイデアに惹かれたんです。会社としては別の人間を担当にしようとしていたのですが、こんな面白そうなのを他の人にやらせるなんて勿体ないと「僕がやりたい」と手を挙げました。

『マインド・ゲーム』では、CGIに関する部分に限らず、湯浅さんの意向でプロット段階からスタッフの意見を積極的に聞いてくれました。「気付いた事があれば言ってくれ」と。例えばストーリー上の設定についても「この年は何があった年か」という事を、みんなで調べたり意見を出したり。現場の雰囲気もとても良かったんです。それは作品自体が持っている雰囲気が良かったせいもあるし、湯浅さんのアイデア、コンテ、スケッチなどの制作過程の絵が「面白そうだな」と思えるものだったからでもあると思います。アニメーションの現場はかなりハードなので、その後業界からいなくなっちゃったりする人も多いんですが『マインド・ゲーム』を一緒にやっていた人は結構残っているんじゃないかな。その現場で育って、今活躍している人も多いと思います。そういえば、中盤の大変な時期に、監督がスキップをスローモーションでやったみたいな動きで会社に入ってきた事があったんですよ。「どうしたんですか」って聞いたら、「スキップしたら、気分が楽しくなるかな、と思って」と、真顔で(笑)。別に誰かに見せようとしていた訳じゃなくて、多分気付いたのは僕だけなんですが……。雰囲気が良かったのは、そんな監督の人柄のおかげもあったと思います。

とても恵まれた仕事でした

監督さんって、結構擬音などで説明される事が多いので(笑)、それを他のスタッフに翻訳するのも、時に僕の仕事です。力のあるアイディアを持ったクリエーターと仕事をするときは、その人の世界観を表現するのに気を使いますね。そのせいか『マインド・ゲーム』をやって以降しばらく、喋り方が湯浅さんに似てしまった事がありました。最近は戻っていたんですが、先日電話で話したら、また少し似てきてしまって(笑)。

今は少人数でやっている事もあり、作品まるごとCGIを見るという事がなかなかできないのですが『マインド・ゲーム』に関しては作品全体において、色々と提案をする事ができました。背景に使用する写真素材も監督と一緒に撮影しに行ったりしましたし、色々な手法を試行錯誤しながら考えたりする事ができました。恵まれた仕事でしたね。技術的にも勉強になりましたし「モノづくりってこうやってやるもんだ」という事を教えてもらえた作品でもあります。自分が積極的にアイディアを出せて、それを湯浅さんに受け容れてもらう事ができた事で、その後の自分の仕事に影響を与えた仕事だった事は間違いないですね。

※このインタビューは2013年夏に行われました。

◆末吉裕一郎

アニメーター。『嵐を呼ぶ モーレツ！ オトナ帝国の逆襲』以降の多くの、映画『クレヨンしんちゃん』や、『河童のクゥと夏休み』などでキャラクターデザインを手掛ける。またさまざまな作品で原画を担当。仕事以外で印象的だった事は「よく原さんたちとカラオケに行ったんですが、湯浅さん、マイクを使わないで歌うんですよ！　最初はマイクが壊れているのかと思ったら、そうじゃなかった（笑）。ブルーハーツやユニコーンが好きみたいで、マイクなしで大声でシャウトしている姿を覚えています」だそうだ。

observer 4

末吉裕一郎

どんな人かと思ったら……

湯浅さんと同じく、僕も『クレヨンしんちゃん』に関わっていたのですが、当時は、ほとんどやり取りをしていませんね。『しんちゃん』のテロップで名前を知って「面白い動きを描く人だな」と思っていました。それで原（恵一）さんに「湯浅さんって誰ですか？」と聞いたら「ああ、やっぱり気になりましたか。彼は天才でね、今度紹介します」と。確か映画『しんちゃん』の打ち上げ会場だった、屋形船の上で紹介してもらいました。どんなスゴい人が現れるのかと構えていたら、とても気さくな方でした（笑）。

その後『ねこぢる草』をちょっとだけ手伝って、本格的に一緒にやったのは『マインド・ゲーム』です。自分としては湯浅さんの絵が好きでぜひ一緒にやりたいと思っていたから、お話をいただいたときは「ぜひ、やらせてほしい」と即答しました。軽い気持ちで現場に入ったのですが、スケッチブックを見せてもらってびっくりしましたね。僕が原作を読んで「こんな感じかな」と思っていたものとは比べ物にならないほど、湯浅さんの中でイメージが膨らんでいた。「エラいもんに関わってしまった……」と、ちょっと後悔しましたね（笑）。

天才だけど、努力をしている人

湯浅さんの絵は僕にとってはすごく新鮮で、今までやってきた作品とはまったく違う感覚でした。もう、パースからして違う。「どうやったらそんなパースで描けるんだろう」っていう感じなんです。普通の人が真似すると、変な絵になっちゃうんですね。でも湯浅さんが描くと、なんか決まる。トレースでは描けないんです。作業中に感じた事は、みんなが湯浅さんの事を「天才だ、天才だ」って言いますけれど、そして確かに天才だと思うんですけれど、それだけではないという事。色んな事に興味を持って、すごく考えている人なんですよね。例えばボートのオールが水に当たる表現を、お風呂でしゃもじを使って確かめながら何度も描いていたと聞いて「この人、すごく勉強しているんだな」と。何もしなくてもきっと色々できる人なんだけど、その上で努力もしているんだから「敵わないなあ」と思いましたね。湯浅さんはすごく真面目な人なんだと思います。ひとつひとつ、妥協をしない。でも、スタッフに対しては厳しいわけではなくて。僕も最初は「気難しい人だったらどうしよう」と思っていたけど、全然そんな事はなく、色んな事を聞きやすかったですね。優しい人だと思いました。

『マインド・ゲーム』のあとも、たびたび声を掛けていただくんですが、別作品と時期が重なったりするなど、あまりご一緒する機会がないんです。でも今は「自分は湯浅さんの作品は、もうできないかも」と思います。自分の力では追いつかないところに行っちゃった様で、ちょっと自信がないですね。でも、湯浅さんの作品は、自分が関わっていない作品もファンとして観させていただいていますし、これからも楽しみにしています。

※このインタビューは2013年夏に行われました。

◆伊東伸高
アニメーター。多くの作品で原画を担当するほか、監督やコンテ・演出なども手掛ける。『夜明け告げるルーのうた』『夜は短し歩けよ乙女』ではキャラクターデザイン・総作画監督を務める。湯浅とは「現場に入るとずっと一緒なんで、なるべく外では仲良くしない様にしています(笑)」そうだが、あるときふたりが同じTシャツを持っている事が判明。「バッティングすると嫌なので(笑)、二度と現場にそのTシャツを着ていきませんでした」との事。

observer 5

伊東伸高

意外と普通の人だった

湯浅さんの作品は、とても楽なんです（笑）。だからやりやすい。『ねこぢる草』のとき、プロデューサー側からの要請で途中参加したんですが、それが最初です。かなりラフっぽい感じで描いたら、そのまま通って。「本当にこれで良いのかな」と思ったほどです。湯浅さんの第一印象は、イカれた感じの絵を描く人だけど普通の人だな、と。話もちゃんと通じるし（笑）。

その後『マインド・ゲーム』に参加しましたが、そこではじめて湯浅さんの感覚はちょっとアニメ的ではないと感じましたね。言っている事がおかしい（笑）。アニメの監督っぽくないというか。作品の後半、西くんが水の上を走っているシーンの原画を担当したのですが、途中で骨が折れる描写が入るんです。「そこでどういうリアクションを取らせれば良いんですか」聞いたら「タンスの角に足の小指をぶつけた様な感覚です」と。どういう事なのか、全然分からない。普通だと、ぱっと顔を上げるとか、アニメ的にデフォルメされたリアクションを求められる事が多いんですが、心情的な指摘をされて。ちょっと実写っぽい感覚があって面白いと思いましたね。

任せてついていける

『ケモノヅメ』以降、いくつもの作品に関わっていますが、湯浅さんとはセンスが合うのか、自分の絵で描く事ができるんです。湯浅さんの作品では、自分は相当仕事が早いですよ（笑）。いつもだいたい同じスタッフでやっているというのも大きいですね。たとえば作監をするにしても、おおよその上がりが予想できるので、コメントを書き込むだけで済んだりする。湯浅さんから要求されるものもだいたい分かっているから、かなり効率が良いんです。おそらく湯浅さんは、もう面倒くさいんだと思うんですよ、新しい人材を開拓するのが（笑）。

ただ慣れたとはいえ、未だに湯浅さんの考えている事がはじめから分かるわけではないですね。絵的な部分での大枠は湯浅さんが決めるんですけれど、完成形がイメージできない事も多いです。でも湯浅さんに従っていけば面白いものができると分かっているので、任せておけば良いや、というのがある。『ケモノヅメ』のときなどは「こんなキャラ、無理でしょう」とか、割と反発していたんですが、実際に動かしてみたら大丈夫だった。結果的に納得できるので、変なストレスがないんです。キャラクターデザインが完成するのも、作画に入ってからですね。たまに、湯浅さんが演出の修正でちゃんとした絵を描いてくる事があるんです。それを見て「ああ、こういうふうにやりたいのか」と。

でも、最近よく「やっぱり、自分は湯浅さんの事を理解しているんだろうな」と思う事が多いんです。他の現場では、なかなか湯浅さんとやっている様にはいかない。きっと他のみんなも、違う現場で仕事をしているときは、変な窮屈さを感じているんじゃないでしょうか（笑）。

※このインタビューは2013年夏に行われました。

◆小黒祐一郎
アニメ雑誌編集者。「アニメスタイル」編集長。『少女革命ウテナ』では原作者チームの1人として参加。『俗・さよなら絶望先生』『はなまる幼稚園』などの作品でシリーズ構成や脚本も務める。『ケモノヅメ』では企画全般に関わった。「アニメージュ」の連載「この人に話を聞きたい」でいちはやく湯浅政明を紹介。その取材中で、彼が自分のオリジナルを作りたいと語っており、結果的に『ケモノヅメ』で、それを実現する手伝いをする事になった。また、「アニメスタイル」の連載で書かれた内容が、『Kick-Heart』の企画の元になった。

observer
6

小黒祐一郎

「天才」という言葉が似合う人

湯浅さんは天才です。テレビアニメ50年の歴史で、彼くらい「天才」という言葉が似合う人はいなかったかもしれない。まず描く絵が他の人と全然違う。発想が違う。彼の作画にはかつて感じた事のない様な動きの快感がある。デザインセンスもずば抜けているし、これを言うと本人は嫌がるけれど、美大出身だからなのか、アート的な側面もある。監督としては意外とエンターテイナーで、面白いものを作るし、作ろうとしている。似たタイプのクリエイターは、アニメ界にいないし、希有な才能の持ち主だと思っています。しかも、本人はシャイで、自信家でもないんです。『ケモノヅメ』で感心したのは、湯浅さんは天才肌の割に、人の才能を使う事ができるという事。積極的に人を集めて、彼らの個性を活かすかたちで仕事を振っていました。

僕は『ケモノヅメ』に関しては、マッドハウスの丸山正雄プロデューサーに湯浅さんを紹介するのにはじまって、DVDボックスの解説書の編集まで、ずっとお付き合いしました。湯浅さんの「オリジナルをやりたい」という願いを実現できたという意味でも、良かったと思える仕事です。

『ケモノヅメ』では企画や脚本だけでなく、各話のスタッフ集め、ロトスコープのモデルまでやりました。脚本でとくに手応えがあったのが4話と5話です。4話は「過去編」という事で、一所懸命に「濃い話」にしようとしたのを覚えています。5話は湯浅さんから「風俗嬢にハマった鬼封剣メンバーの話」というオーダーをもらって、膨らませました。湯浅さんがドラマ的に濃い事をやりたがっているのだと思って書いたんですが、今思うと、暴走して勝手な事をやっていたのかもしれない。

4話以降は脚本なり、文芸なりで関わっているんですが、最終回は分かりづらかったですね(笑)。最終回については、湯浅さんがやりたい事もあって、それと別にスタッフからもアイデアで出て、それらを全部取り入れたかたちになっているんです。『カイバ』のときもそうだったけれど、最終回をきれいにまとめずに、そこで新しい事を始めちゃうんですよね。『ケモノヅメ』だと「いや、そんな大葉の能力、聞いてないよ!」みたいな。でもそれが、湯浅さんが天才たるゆえんなんですよ。「このくらいやっておけば大丈夫だろう」と判断する際の「このくらい」の物差しが、他の人と違うんですよね。相当な事をやらないと、面白いと感じてもらえないと考えているのでしょうね。湯浅さんのTVシリーズの中で、最終回が一番観やすいのは『四畳半神話大系』ですが、湯浅さん自身は「もっと突き抜けても良かった」と思っているんじゃないかな。

湯浅さんには、これからもっと多くの作品を作ってほしいです。ごちゃごちゃしたものも、スマートなものも、両方作ってもらいたい。そして、僕はアニメーターとしての湯浅さんの大ファンなので、湯浅さんがみっちり作画する様な作品もまた観たいですね。

※このインタビューは2013年夏に行われました。

4 スケッチからうまれる、ものがたり

絵的な面白さにこだわってきた湯浅が、ストーリーを作る。
だが、物語が生まれるのもスケッチブックからだった。
くみ上げられていくアイディアを通して、
独創的なストーリーや世界観がどうやって生まれたのか。
絵と物語が密接に関わった独特の発想を解き明かしていく。

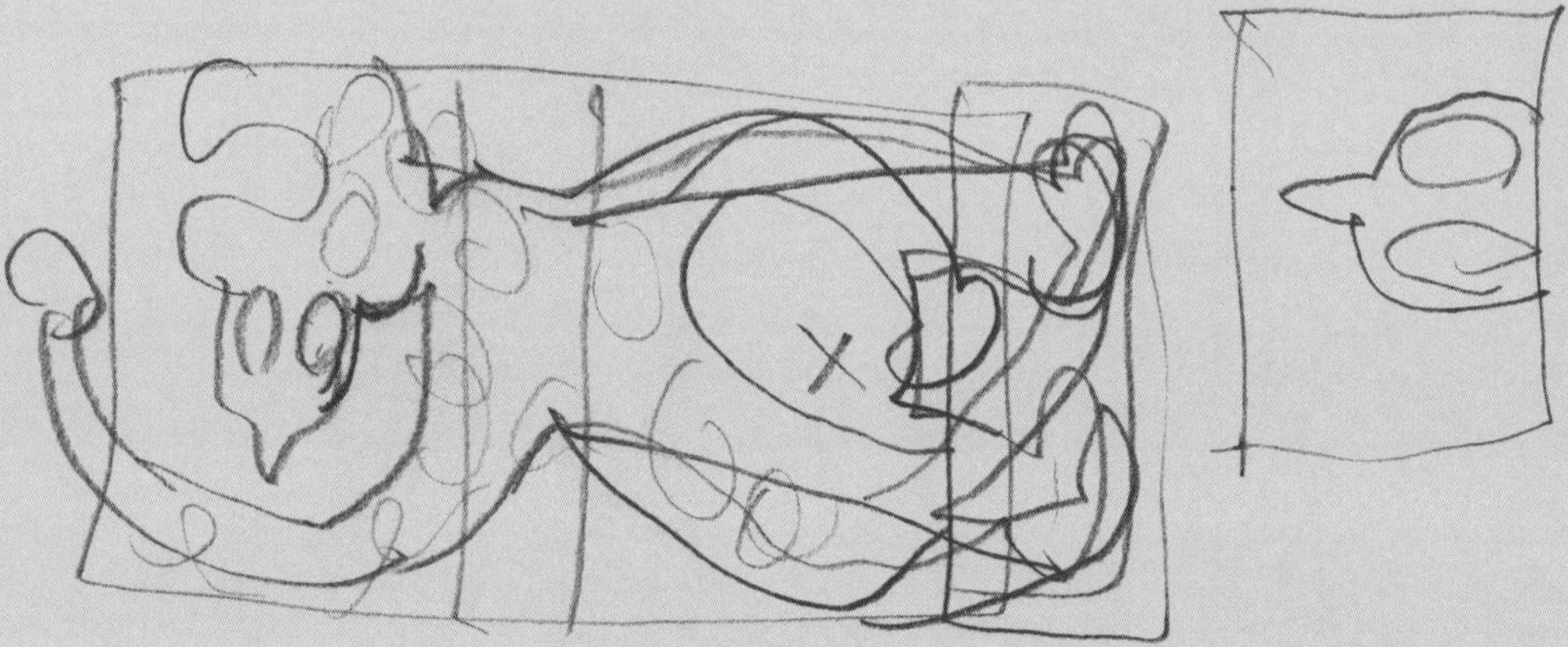

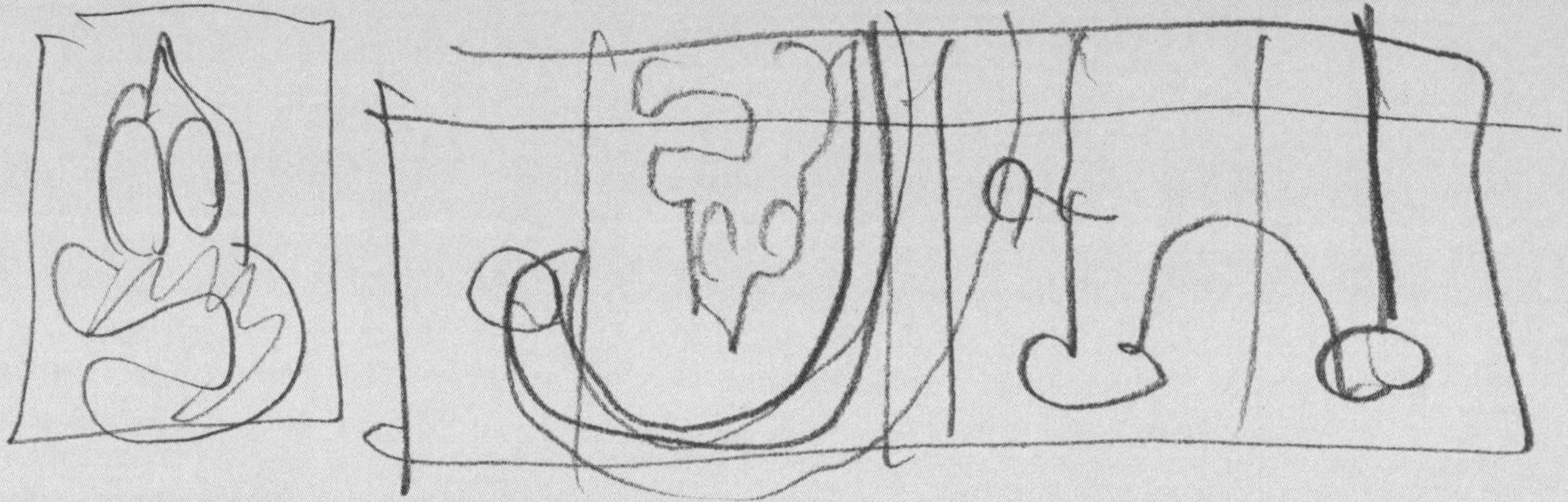

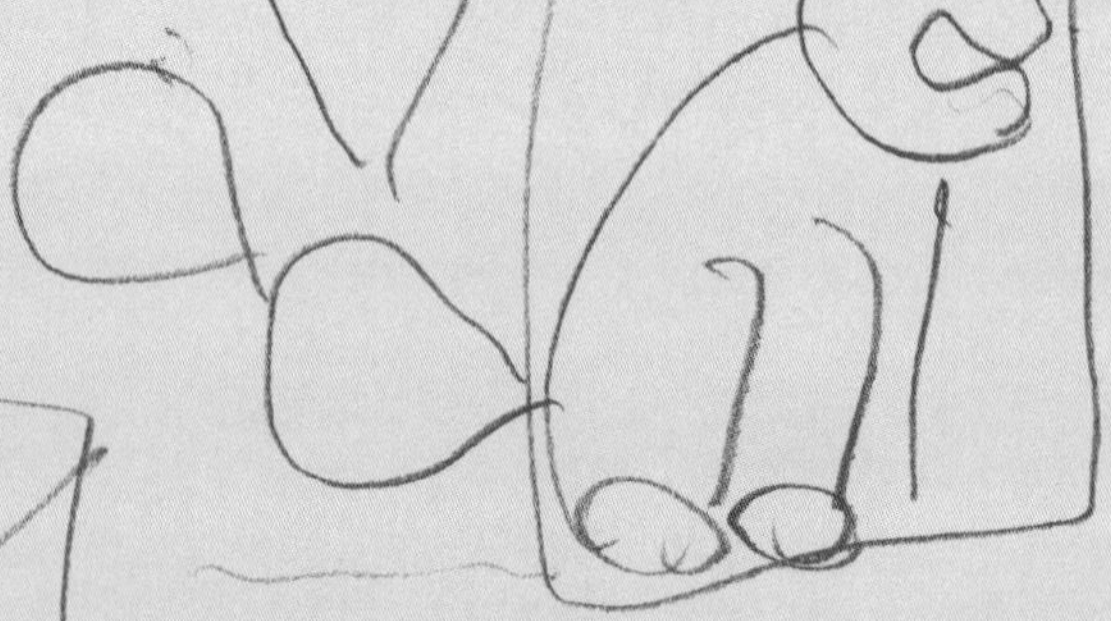

Cover ideas 2

湯浅のモチーフのサルを前面に押し出したカバーイラストラフ。
顔をカバー一面に置いてみたり、
はたまた体をカバー全体に広げて見たり、
お尻からオナラを出してみたり…。
インパクトは強烈だが残念なことに採用されず…。

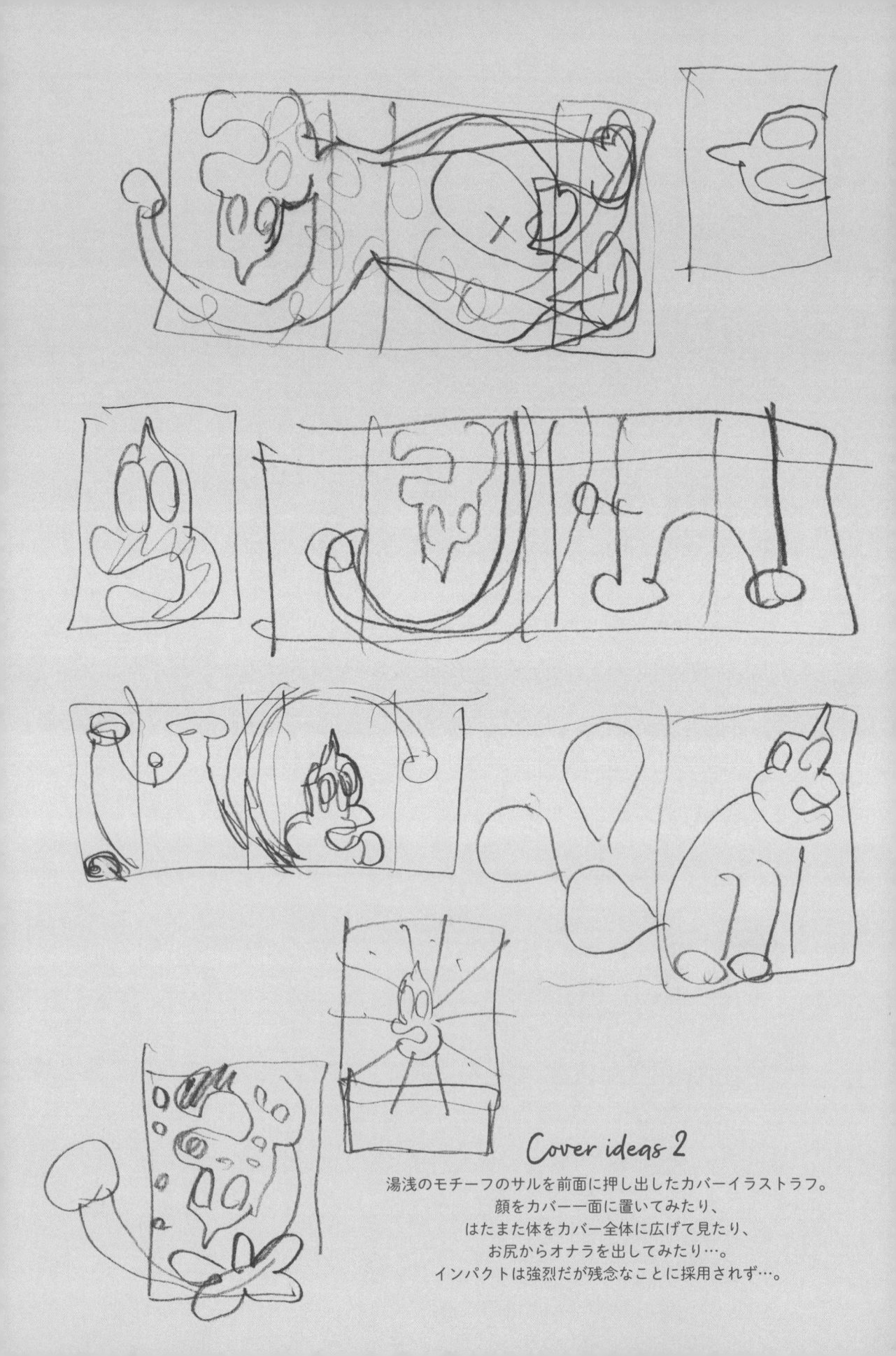

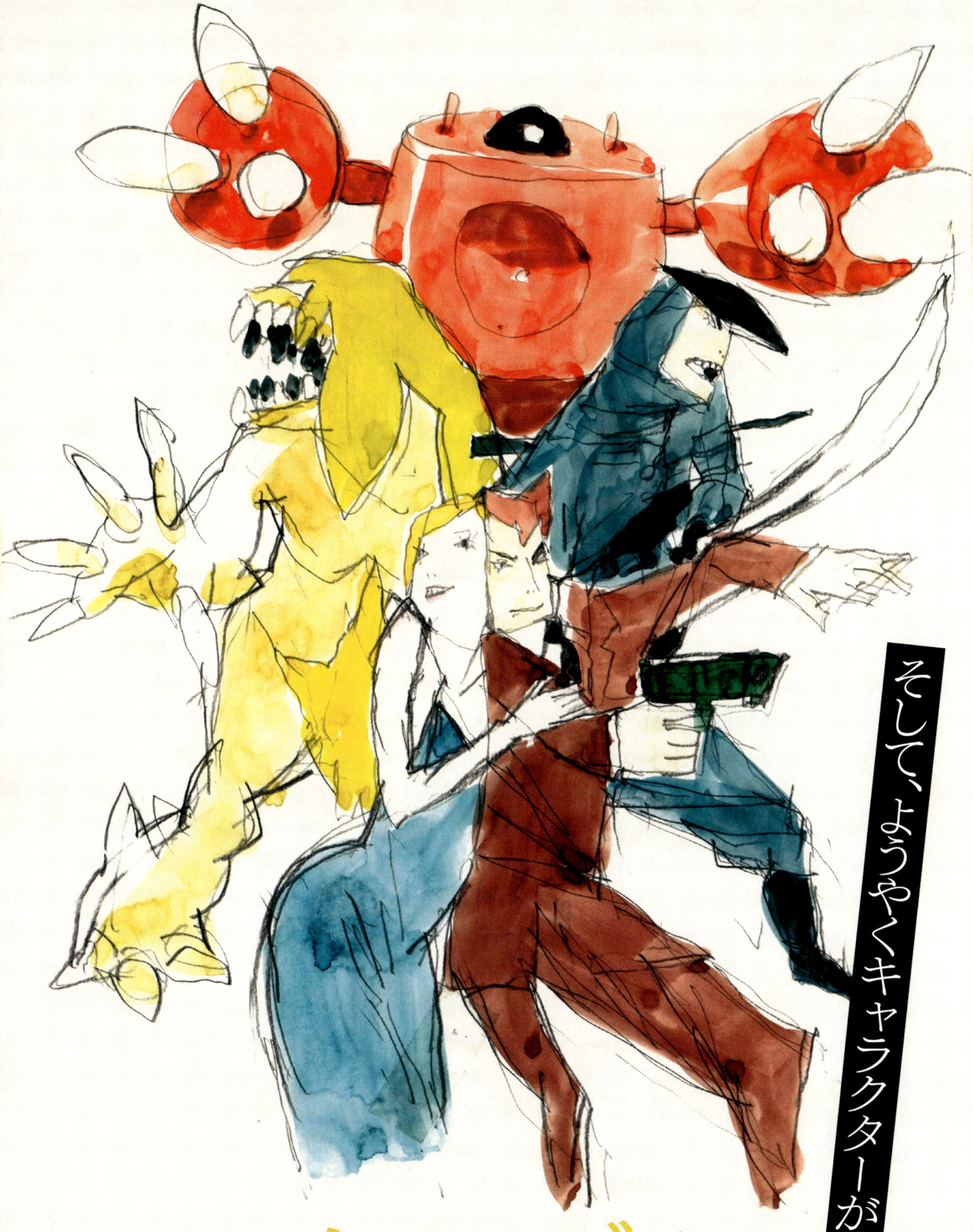

そして、ようやくキャラクターが動き出す。

ケモノヅメ

初めて手がけたオリジナル作品、キャラクターから物語を作り出す

やっぱりラブストーリー

初めてのオリジナル作品は『ロミオとジュリエット』みたいなラブストーリーが良いな、と思いました。ラブストーリーが人気作の定番だと思ったんです。究極が良いと思い、食人鬼の女と食人鬼を斬るのが宿命の男の話にしました。当時マッドハウスの丸山さんに企画出してと言われて描いたんですけど「ストーリーもまだないし、作れたら面白いだろうけど、通らないだろう」と思っていたら、本当に作る事になってしまった！(笑)。普通、メジャーでない企画を通すのは難しいとそれまで見聞きしていたし、特にオリジナルなんてそうそうできるものじゃないと思っていました。やっぱ若くて可愛い女の子が出て、メカやロボットが出てボカンボカン爆発なんかが起きて、なんてものじゃないと通らないと思っていました。でも、丸山さんていう人は「やりたい」と思ったものを通させちゃう人だったんですね。

丸山さんていう人は「やりたい」と思ったものを通させちゃう人だったんですね

その前に作った『マインド・ゲーム』は面白くできたと思っていたんですけど、様々な映画祭に出品したり周囲の人に聞いて色んな反応を聞きました。「すごく面白い」と言ってくれる人もいましたけど「ストーリーが単純すぎる。というか無い」という人も多くいて考えました。自分としてはストーリーもあるし、常に展開しているつもりでいましたし、ストーリーがシンプルなのは「社会の複雑で膨大な情報に飲み込まれた人が、自分の本当のシンプルで根源的な考えに立ち戻って再生する」というのがミソなので、シンプルなところが良いんだと思っていたけど、意図が伝わっていない人も多いのだと分かりました。

ストーリー作りの苦心

それで今回はもっとドラマらしいドラマを盛り込みたいと考えました。展開しているだけではストーリーがないと思う観客がいるのも分かりましたし、ストーリーを見るためにアニメを観ている人が多いのだとも実感しました。でも作劇がどういうものかなんていうのは、当時僕は全く理解していませんでしたから、面白く出来そうな最初の設定は浮かんだんだけど、それから先が何も浮かばなくて。週に2時間ぐらいマッドハウスに企画を進めるために入っていたんだけど、ずーっと同じ様な絵を描いてるばっかりで。ストーリーは微塵も進まなかった。そのときは「やっぱり俺にはストーリーは作れないのか」とも思いました。

子供の頃、漫画を描くのは好きでしたが、面白いストーリーが浮かばず、漫画家になる望みを断念した事を思い出しました。

そのうち、丸山さんが気を利かして、脚本家の方にシリーズ構成と脚本を書いてもらおうという事になりました。共に考えながら、一話の初稿までいったんですけど、そのときになって僕が「やっぱりこの作品のキャラはこうじゃない。設定を変更したい」って言うと、脚本家の方が降りちゃったんです。それまで構成やキャラの話はずっとしてましたから、ひっくり返されたと思ったんでしょうね。脚本家の方は「自分がこの作品を書くんだ。作るんだ」という意識があったと思いますし、自分は自分で、ストーリーが浮かばないながらも、やはり「この作品は自分が作るのだ」という意識がありました。脚本家の方との付き合い方も、初めてでしたし、どうすれば良いか全く分かっていませんでした。

脚本の方が書いたシリーズ構成を見ても、なんか違う気がするけど、どうすれば良いかも分からず「そんなもんなのかな」とそのままにしていました。1話の脚本を読んだときも、すぐにはどうすれば良いかは分からなかったのですが「これは違う」「自分が面白いと思うのはこういうのではない」という事に思い至ったんです。

だんだん見えてくる

脚本家の方が降りちゃって、「じゃあこの方」というのもなかったので、とりあえず自分でやるしかなくなりました。僕は初めてのテレビの演出・監督で、しかもオリジナルの上にストーリーも浮かばないのに、脚本を書かなきゃいけなくなりました。さすがに「これはヤバいかも」とも思いましたが、書いてもらった一話の脚本の構成をひろって、自分が面白いと思うエピソードと、キャラの立ち振る舞いに変更していきました。まず最初の戦いがあって、キャラの説明があって、という構成順はそのままです。しかし実際自分で書き込んでゆくと、ぼんやりしていたものがだんだん見えて、自分がやりたい形が見えてきました。決めてしまえば、そこから動いていくものなんですね。

キャラクターに集中

初めて全般のキャラクターデザインを一から考えたので、色々とこだわりがあったんだと思います。特徴的な顔を描きたかった。劇画なんですけど出来るだけ記号的で、多少違う感じで描いても誰だか分かって、ストーリーものにも映える様な範疇で。キャラクターからお話を作っていこうとしていたので、始めのうちはほんとにキャラクターの絵ばかり描いていました。僕はその頃B級アクション映画が大好きだったし、そういうちょっとヘンテコリンなテイストが自分に合っていると思っていたので、それをテレビでやるのは面白いだろうと思っていました。シリアスに作ったらボロが出るんで、ちょっとふざけた感じの方が良いと思ったのもあったんです（笑）。荒唐無稽だなあと半笑いで見ながらも、濃いドラマに引きつけられてしまう様な、僕が小さい頃見ていたマンガの様なものができれば良いなぁと思っていました。

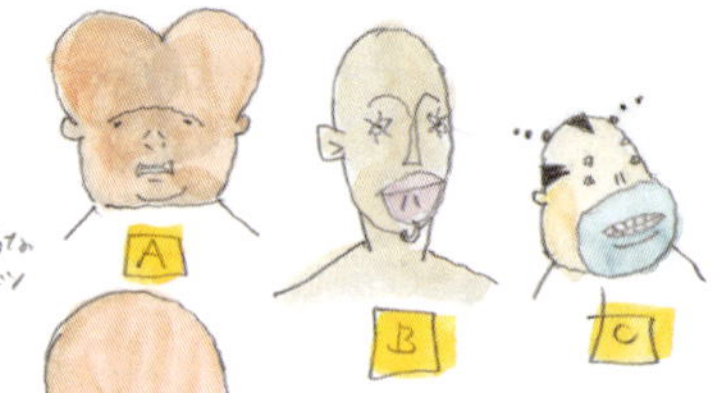

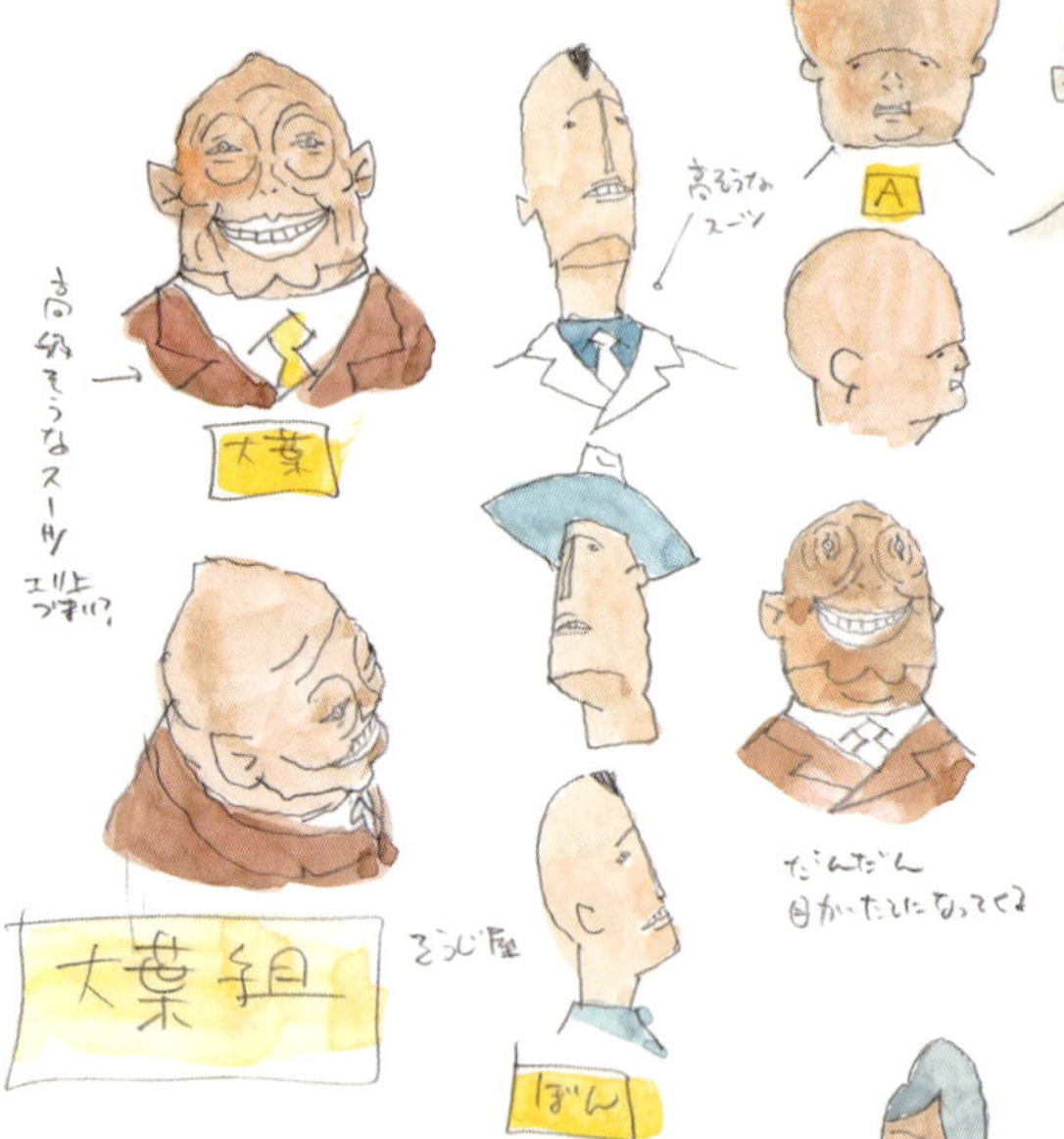

特徴的な顔を描きたかった

動いてる姿が完成形

髪型は変化するものにしたかった。キチッとセットされているんじゃなく、かがむと前髪が前に落ちたり、かきあげたり、結んだり。髪の変化が絵になる様なもの。でも大変なので、頻繁に変わるのは由香だけにしました（笑）。設定画段階ではなく、動かして初めて完成するキャラクターにしたかったんです。

原さんのアドバイス

最初に企画書を作ったとき、『クレヨンしんちゃん』でお世話になっていた原恵一さんに見てもらったところ「殺伐としているんで、何か動物みたいなキャラクターを出した方が良いのでは」と言われたんです。「いなかっぺ大将のにゃんこ先生みたいな」。僕もマスコット的なキャラクターが欲しいと思っていたので、それをそのまま受け取って（笑）。じゃあ、とサルキャラを作りました。

あまりアニメでは描かないくらい濃厚に生々しく

B級映画の1シーン

電動ノコギリを使った拷問シーンなど、それまで観て面白かったB級映画の記憶を色々参考にしました。資料として沢山の映画も観ていたんですが、くだらない映画なのに1シーンだけすごく面白い映画もある。僕は、それがあれば映画はOKだと思っていたんです。全体に良く出来ているけれど何も残らないものより、1シーンだけでも焼き付けられて、その後も忘れられない様なものです。

子供向けではないので、「アダルティなシチュエーションも入れたいな」と思っていました。それもソフトに描くのではなく、あまりアニメでは描かないくらい濃厚に生々しく。現実ではそれが普通なんだろうし、子供の頃に読んだマンガの様に、親から「見ちゃいけない」と言われる様なアニメを目標としていました。

足りない要素

当時、昔のマンガを読みなおすと、あまりに表現が極端でびっくりして、世間や自分が軟弱になってきていると感じていたので、だから今こそ逆に「もっとハードで濃いものをやらなきゃ」と考えていました。

自分自身に足りなくなってきた要素だし、世の中にも足りないわけだから新鮮で魅力的に感じるだろうと思ったんです。激しくて濃いやつを。今ならある程度時流に乗ったものが良いと考えますが、最初の頃は出来るだけ逆のものを考えていました。

斜めから見ると
うすらさい
目ぬってある

背景の後悔

背景には写真を使うと決めていたので、実際にある場所を使えば良いと思ってスケッチもほとんど描かず、設定もそんなに作りませんでした。『マインド・ゲーム』の序盤に使った背景スタイルがこういう話に向いていると思っていたので『ケモノヅメ』は全編そんな感じでやろうと最初から決めていました。設定を先に作っちゃうと、それに合う場所の写真を撮らなければいけなくなるので難しいんです。ぼんやりとイメージしている場所をプロの写真家の方に撮ってきていただいたり、出来るだけ自分も撮ってきて、各話の細かいところは担当の演出さんや進行さんに自分で撮ってきてもらう様お願いしました。しかし、これがかなり大変な作業になりました。漠然としていても、状況にあったロケーションを見つけるのが難しく、先にロケーションを決めてから作業に入れば良かったと後悔しました。

ストーリーの筋道

3話以降、副監督の高橋くんや企画も見てもらっていた小黒さんという『アニメスタイル』の編集長にも協力していただく事になって、脚本を進めて行きました。ふたりからもアイディアをもらったり、話しているうちにだんだん自分でもアイディアが浮かぶ様になり、基本的にはB級映画やその他濃い映画にインスパイアされた感じになりました。

それに高橋くんや小黒さんが言うストーリーのセオリーや演出のセオリーを聞いていると、理解まではいかないけど、少しは頭の中にストーリーの回路ができてきた様で、それまでどう作ろうと考えてもぼやんとしていた頭の中に筋道が見えてきました。キャラやアイディアが「なるほど、そういう事だったんだ!」とつながり始めたんです。「じゃあこれ持ってきてここに入れればいいな」とか、「だからこのキャラは前にこう行動したんだ! なら次はこうするだろう」と考えられる様になってきた。

それまで、脚本の本やストーリーの作り方みたいな本は沢山読んでいましたが、具体的にストーリーが浮かぶ事は全くありませんでした。でもここでやっとストーリーを作るあぜ道らしきものが頭の中にできてきた感じです。

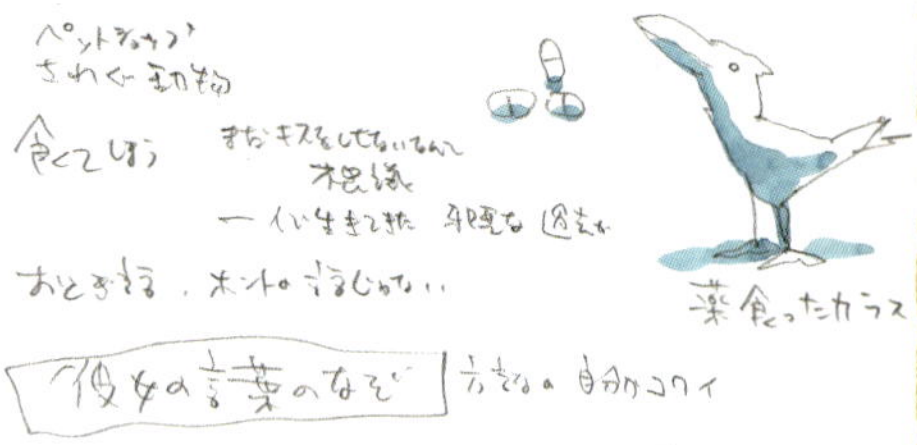

ハッピーエンド

僕は子供の頃見た荒唐無稽なアニメやマンガのテイストを再現したいと思っていたんです。ストーリーも荒けずりで昔の週刊連載マンガの様に、作者も来週だけを考えている様な先の見えないストーリーにしたいなと思っていて。実際最後も決めずにスタートしましたが、最後はハッピーエンドにしたいと、漠然と思っていました。

だけど、お話を作ってゆく過程で「こういう設定にした以上、最後は死ぬしかないでしょう」って意見が話し合いで多く出ました。それがストーリーってもんだと。ストーリーの常識も分からなかった僕は「とにかくハッピーエンドにしたいんだ」と考えながら、バッドエンドしかない設定のストーリーに突入していたんです。まあ、いつもそうでしたけど(笑)。でもなんとか、色々案を考えてみんなの了解も得て、無理矢理ハッピーエンドとして着地しました。

ぼややんとしていた頭の中に筋道が見えて来ました

感動?の再会

『ケモノヅメ』は変わったスタイルのアニメだったので、イラストレーターの方に参加していただいたり、映像の勉強をされている学生さん達にも参加してもらって、背景の線を描いてもらったり、エンディングの実写素材を撮ってもらったりしていました。そのとき参加された方がその後もアニメの仕事をされていたり、『四畳半神話大系』の時はメインスタッフとして再会したりしてびっくりしました。

ケモノヅメ

いにしえより続く武装組織・「鬼封剣」の師範代である桃田俊彦が愛した女性・上月由香は、彼が狩らねばならない存在である食人鬼だった。彼女と共に鬼封剣の追っ手から逃れ、逃避行を続ける俊彦。その裏で、組織の改革に乗り出す弟・一馬や俊彦のフィアンセ・柿の木利江、組織の過去にまつわる過去を知る男・大場がそれぞれの思惑を持って動いていた。俊彦と由香の運命はどうなるのか…。WOWOW での放送時は R-15 指定になった、エログロバイオレンス・ラブコメディー。この作品が、湯浅にとっての初のオリジナル、初のテレビシリーズとなった。

ケモノヅメ
放送期間：2006 年8月～ 11月（全 13 話）
発売元：アスミック・エース
販売元：KADOKAWA
価格：DVD-BOX ／ ¥34,800（税抜）

STAFF
原作：湯浅政明・マッドハウス
監督・シリーズ構成：湯浅政明
企画協力：小黒祐一郎
キャラクターデザイン・総作画監督：伊東伸高
美術監督：河野羚
撮影監督：笹川恵介・斉藤寛
アニメーション制作：マッドハウス　ほか

机の上だけで作り上げた世界

カイバ

頭の中にあるものを描くのは簡単
だけど人に伝えるのは大変

けっこう人間ってロボットぽいなぁと思って

記憶の中に入る

『ケモノヅメ』でも、利江の記憶の中に一馬が入ってゆくシーンを作りましたが「記憶の蓄積されている様子が具体的にビジュアルで見れたら面白いな」という発想がありました。

記憶の収納を、本やレコードを本棚やレコードラックにしまっている様子に見立てて部屋を作り「記憶の部屋」としました。収納されている場所からそのものを抜き取ると忘れてしまう。なかなか記憶した事が思い出せないとき、きっと僕の頭の中は「記憶がちゃんと整理されていなくて、雑然としているから見つからないんだ」と思っていた事が発想の発端です。ただ他のスタッフに「記憶の中に入る」というイメージがなかなか伝わらなかったので、雰囲気を伝えるためにまず★この絵を描きました。

「記憶の話」を実写の様なスタイルでリアルにやると大変そうなので、基本的にはファンタジーで、童話の様な感じにしたい。と企画書にも書いていました。その頃はまだ、ストーリーは悲劇こそ王道と思い込んでいたので「泣ける話」悲劇にしたいと思っていました。

ヒトゲノムとか、人間の意思伝達機能の解明とかがあり、人間の脳と仕組みが思ったよりも簡単で、神聖なものでない様に見えてきた時期でした。記憶がデータとして蓄積されていて、その知識をもって最善に考えられた事が、脳から電気信号が送られて体が動く仕組みになっている。けっこう人間ってロボットぽいなぁと思って。なるほど、とは思うけど、逆に「そんなの嫌だ。もっと神聖であって欲しい」という欲求が僕の中にあったんです。

それで『カイバ』は記憶の物語ではあるんですけど、最終的に人間は記憶だけでただ動かされているんじゃなくて、その奥になんかあるんじゃないか?というか、あって欲しいという個人的な希望が作品のテーマとしてあったんですけど、最後のところで、それを説明するのが少し弱かったかなぁ。とか今になって色々思う事はあります。

記憶というか、中身が入れ替わるというお話は色々あります。参考に出来る材料もいっぱいあるはずです。でも入れ替わってみたと想像してみるだけで、描きたい事は沢山出てきました。更に実際の記憶でないものが入ってしまったり、同じ記憶が二つあった結果とか、違う場所で育ったバージョン違いの自分が現れたりとか、考えるといくらでもシチュエーションは出てきそうでした。そんな悲喜こもごものエピソードを、シンプルな絵で繋げてゆけば面白くなると思っていました。

キャラは可愛く

『ケモノヅメ』を観た人の反応を見ていて「絵が泥臭くて入りにくい」という意見がありました。じゃあ今度はもっと可愛らしい絵で攻めてみようと考えました。シンプルで描きやすいし、それなら資料もいらない。

昔懐かしい初期のディズニーとか、初期の手塚治虫の様なのもいいねと、キャラクターデザインの伊東くんに説明していたら、思っていた以上に手塚風になった(笑)。ただ、そういった絵は、僕の世代では昔懐かしい、あたたかいデザインであるけれど、若い人には初めてで誰もがとっつきやすい絵ではないと、後から知りました。

オルゴール
たて割れ
パカ

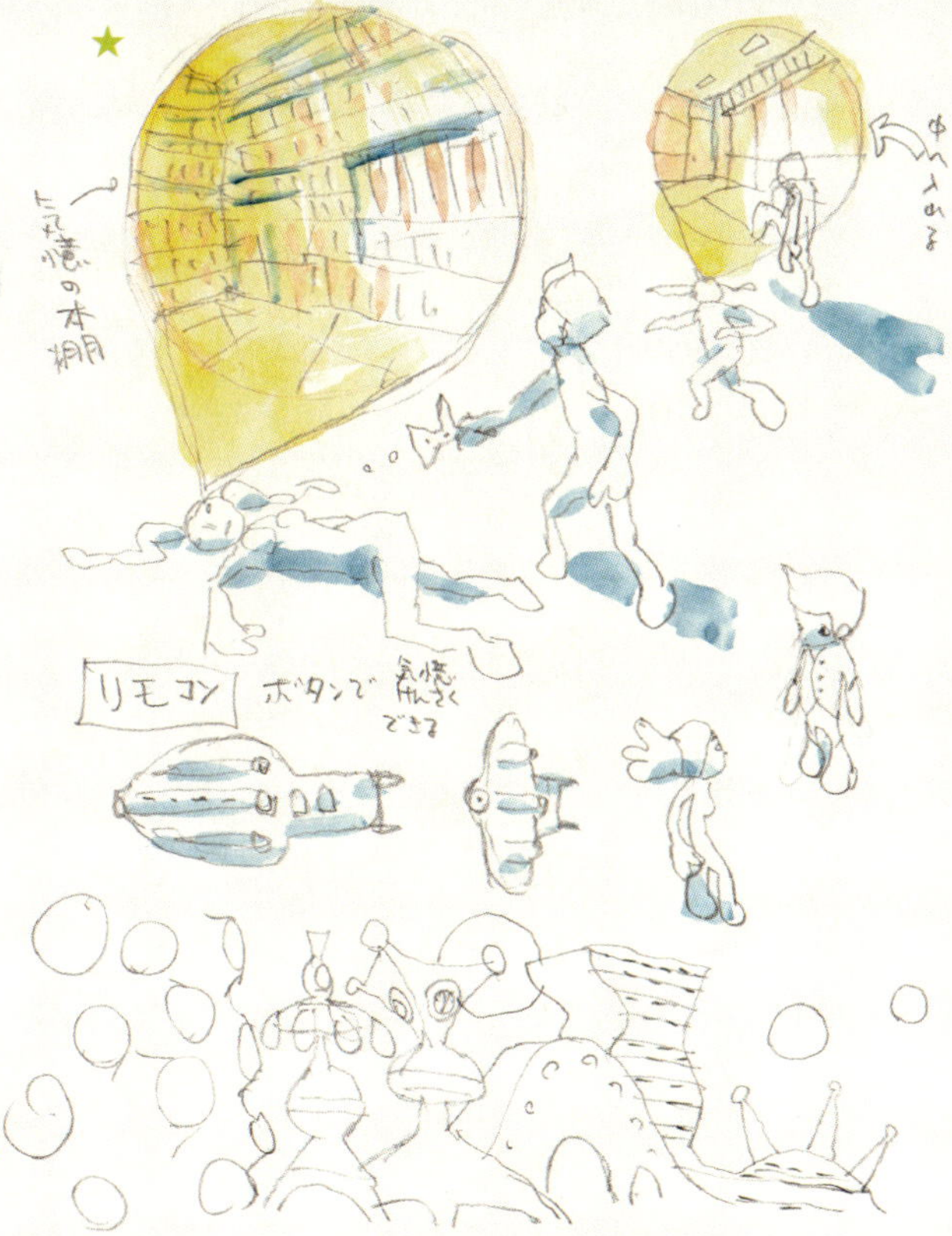
記憶の本棚
中へ入れる
リモコン
ボタンで 記憶 けんさく できる

KAIBA
DATA SAPIENCE

山羊鳥

ジャンカー キワチ

ダン

KAIBA.

とにかく可愛い絵でいこうと

ゼロからのスタート

放送の一年ぐらい前「つぎ、何か企画出して」と言われて、じゃあこういう話はどうでしょうと考えて出したのが最初で、本当にゼロからのスタートでした。何となくシリーズの割り振りを決めて、時間軸に頭から一本ずつ話を作っていきました。1話目ではここはどこか、自分は誰なのか、主人公も何も分からなくて2話でいきなり主人公の姿が全く変わり、3話目でまた変わって、しばらく主人公が主人公の姿で出てこないという特殊な構成でした。

声優さんも男になったり女になったり、主役なのにしばらくしゃべれないという話数も続いたりして（笑）、自分としては面白いなぁと思いながら作ってたんですけど、イメージするスタッフやキャスト、見ている方の中には面食らった人もいたと思います。

『ケモノヅメ』の時は相当に難産でしたけど、『カイバ』の時は「こうなれば面白い」っていうシチュエーションが自分の中に割とすんなりできて。そういうシチュエーションならこういうキャラクターが良いなとか、わりとすらすら進んでいきました。ロボットになったキチの身体がマシンガンの様にミサイルを吐き出したりとか、まだB級テイストは引きずってますが（笑）、とにかく可愛い絵でいこうと。『ケモノヅメ』の時の様にロケーション写真で苦労するのはごめんだと。資料いらずの頭と机の上だけで作業出来る仕事でした。しかし効率だけでなく、可愛いキャラクターでみんなから好かれたいという希望もありました（笑）。

広がるイメージ

カイバが訪れる色んな星の話を作るのは楽しかった。細かい設定などは各話の担当に任せる事も出来たし、「宇宙放浪編」だけで50話くらいやりたい感じでした（笑）。

シンプルな設定は『しんちゃん』で設定デザインをやっていたときと同じで、1話1話お話を作るのも慣れてきて、楽しい作業になったけれど、シリーズとしてそのお話をまとめるのはまだ難しい作業でした。

何層にもなっている星

住んでいる人たちに階級があって、地面が何層にもなっている、という設定を考えていました。でもストーリーにどう関係してゆくかは、この頃はまだはっきりしていませんでした。前作の反省を踏まえて、多少はオチを考えていましたが。

カンボジアで遺跡に植物のレリーフがあるのを見たんですけれど、めちゃくちゃカッコよかった。ちょっと気味悪い感じも良くて。

植物ってデザイン化すると面白いんですよね。

あとカンボジアだと、タ・プロームというガジュマルの大木が建物に食い込んで遺跡を壊してしまっているイメージとかも好きです。

旅をする老夫婦

6話で老夫婦が登場しましたが、旅する老夫婦は『ケモノヅメ』でも出しました。テレビで観たんですが、とてもいい内容の写真集があって、老後の時間を老夫婦が2人で車で旅する事に費やす内容なんです。自分の理想の晩年が視覚化されていました。感動して後から「映像化したい!」と思ったんですが、タイトルが今でも分からなくて、手に入らないんです。誰か知らないかなぁ。そういうのがあって、何度もそういう人達を出しちゃうんですよね。

その星でしか生きられない人々

4話に登場するお婆さんの孫が、密航した宇宙船でひっそり死んでいる…。「彼らの身体はあの重力の弱い星でしか生きられない様に出来ていた」という描写なんですが、こういうお話が『銀河鉄道999』でもあったな、と思って見直したら、やっぱりそんな感じのがありました(笑)。

マッドサイエンティストの物語

5話あたりからは余裕が出てきて、絵の運びについてもけっこう描きました。「世を恨んだマッドサイエンティストが人々に嫌がらせをしようとするんだけど、逆に喜ばせてしまう」というのは、以前別の企画用に考えた設定なのですが、その企画がなくなったので使ってみました。

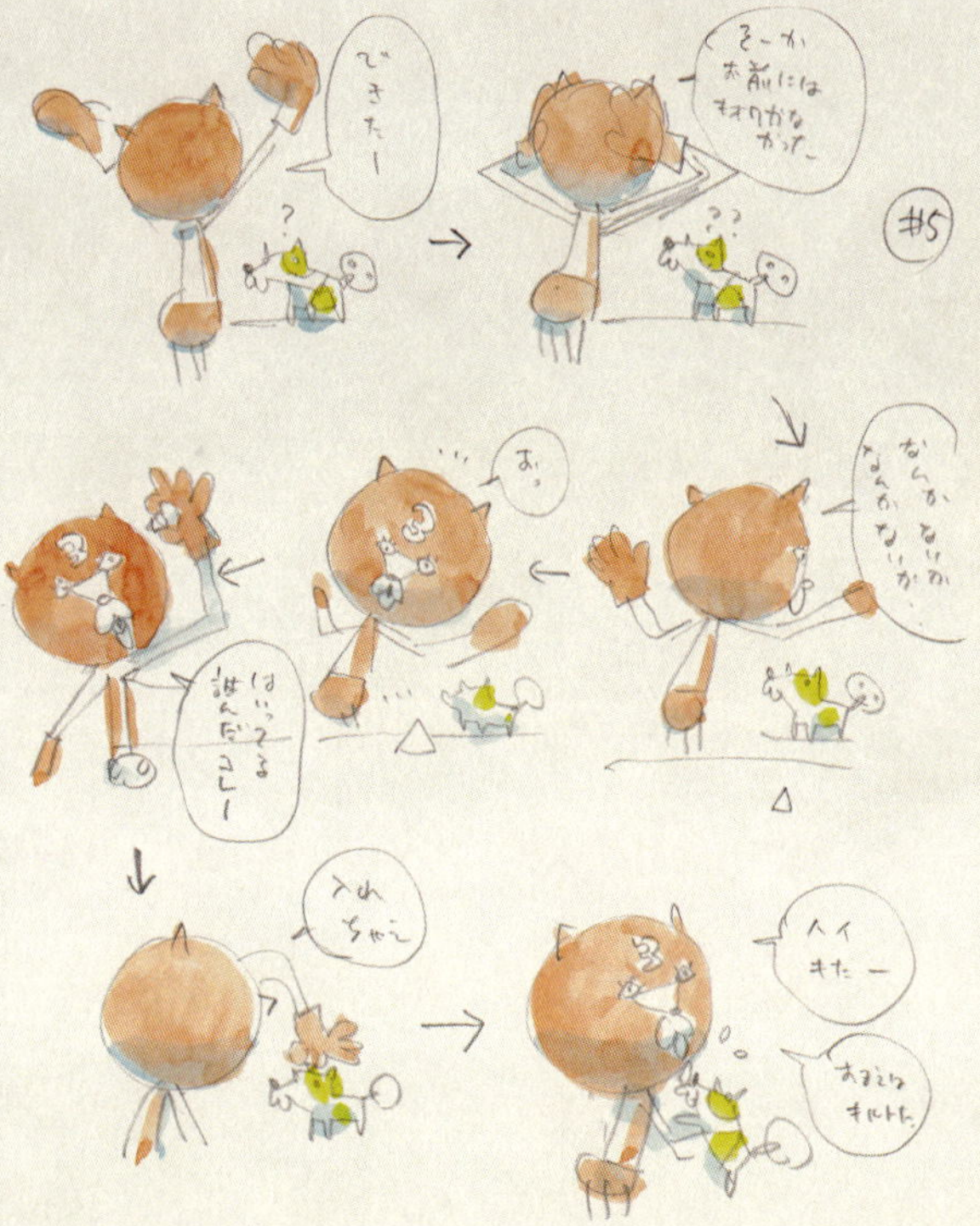

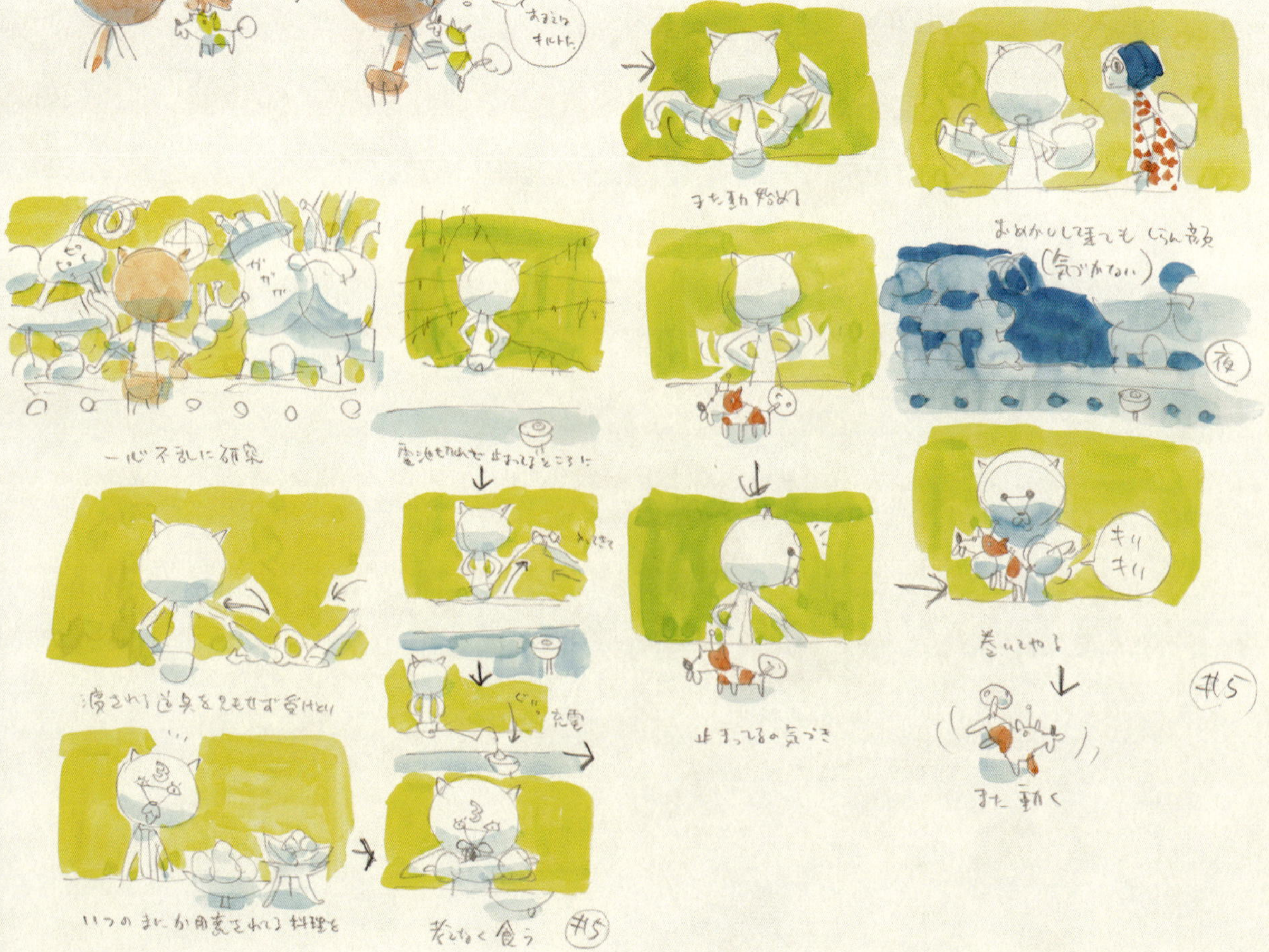

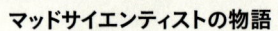

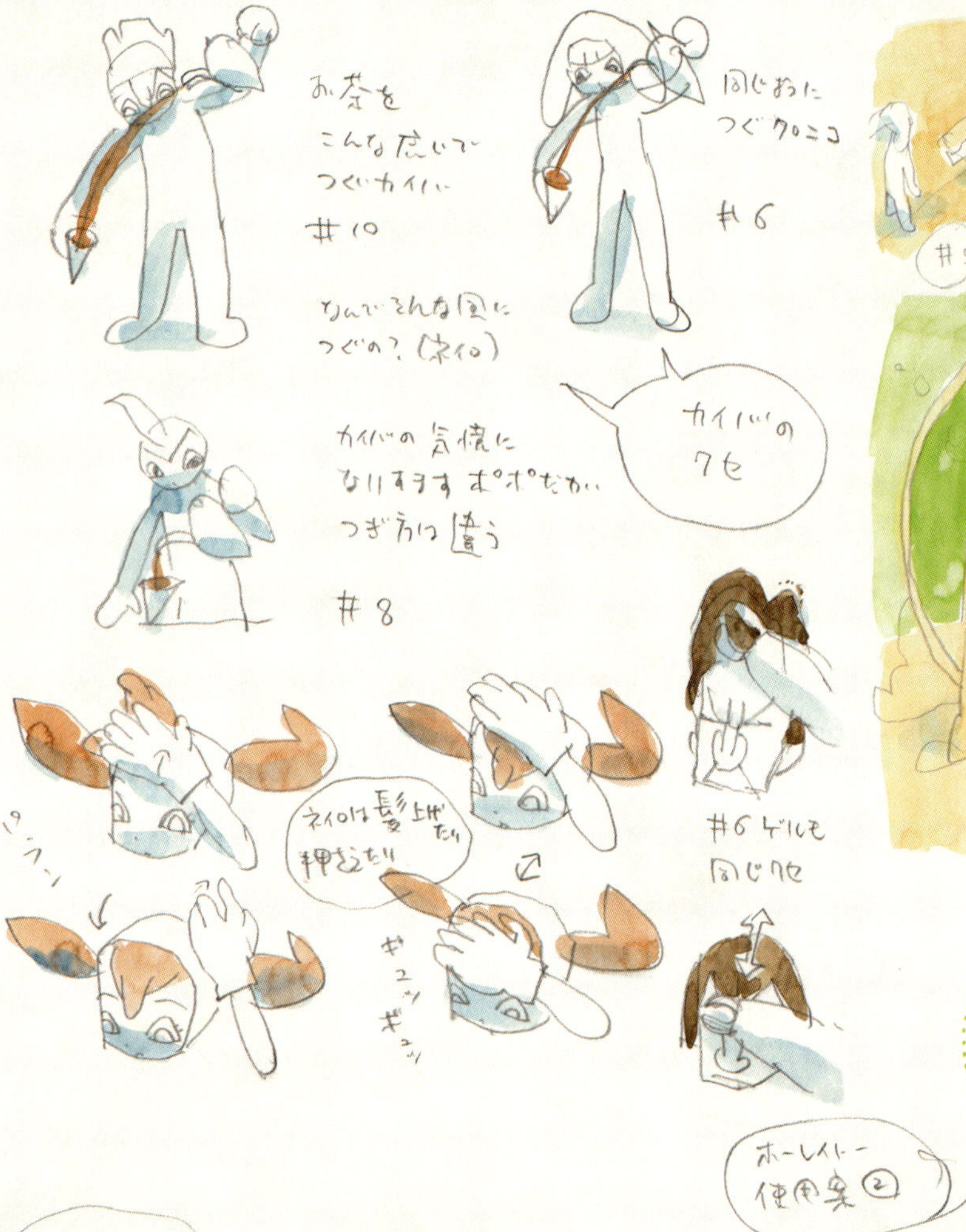

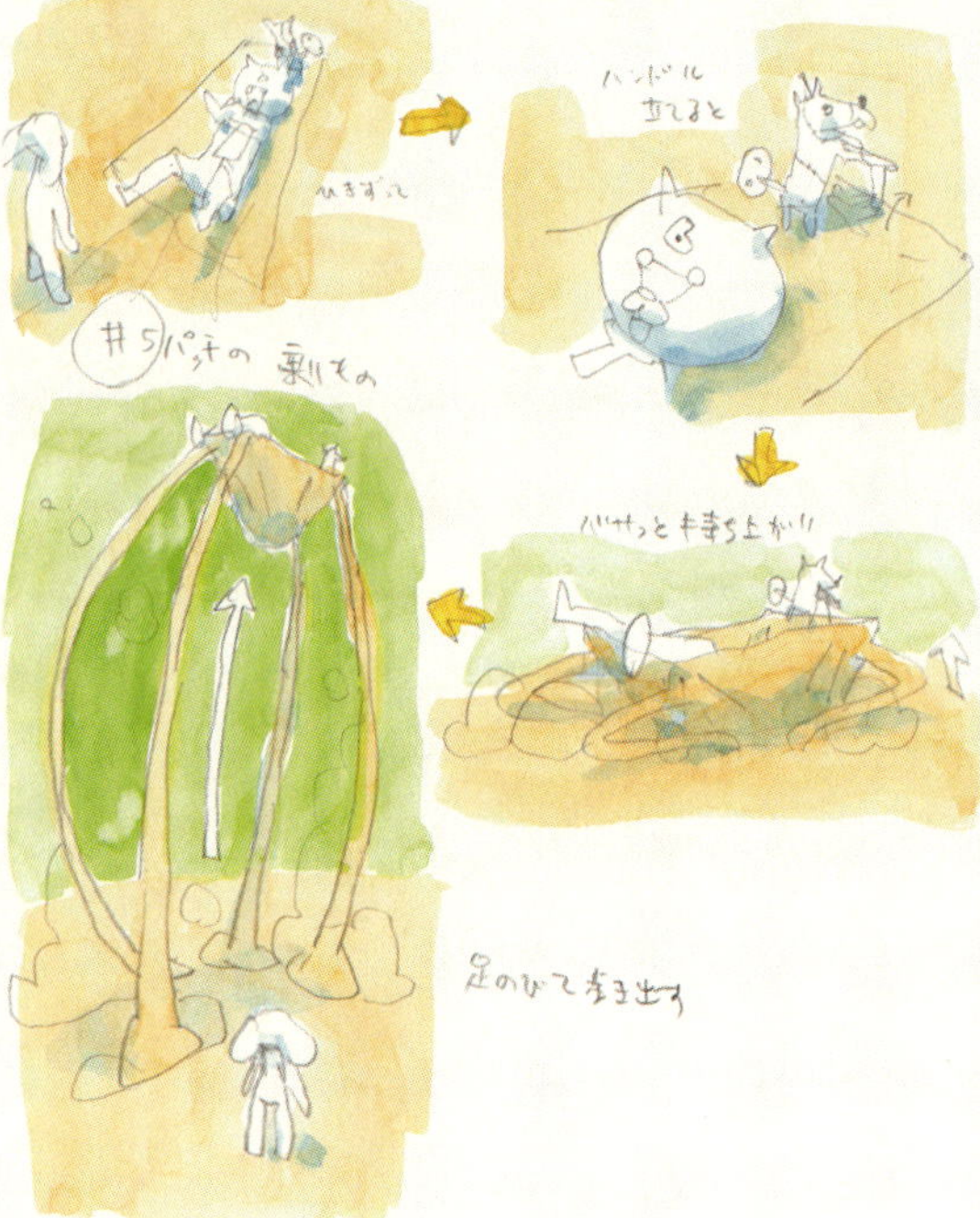

癖だけは継承する

癖は、ボディが変わっても受け継がれる、というのを表現したくてお茶のエピソードを作ったんです。お茶を淹れるときに、ポットをカップから極限まで離す…そういう淹れ方がステキ、と言っている人がいたのを思い出して。これを各話の演出の方々に徹底できなかったのが残念です。

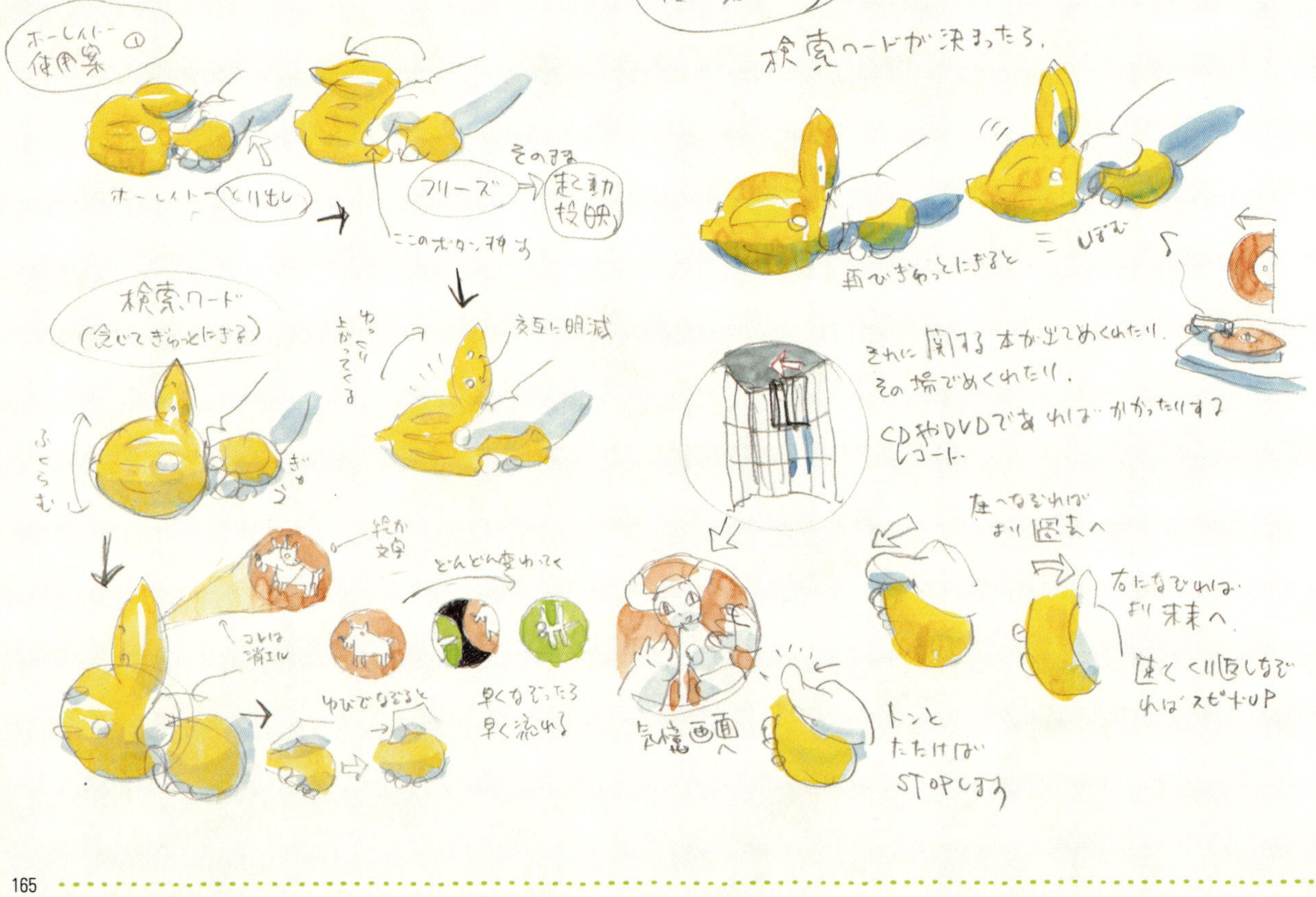

死の記憶

主人公の王様は最初、記憶を自分の中にいくらでも貯蔵出来る突然変異の人間として生まれたという設定にしました。王位継承問題で周りに信用できる人間もおらず、両親でさえ自分に殺意を持っていると信じています。生きる事に対して大きな不安を持っている主人公。それ故に先人の記憶を集め始め、ライブラリにそれを残しました。先人が何を目的に生き、死をどう受け入れ死んでいったのか。自分自身が20代後半に漠然と不安に思っていた事が元になっています。東京へ出て来て、そんなに親しい先輩もおらず、街の図書館に街の人たちがどうやって生き、死んでいったかを記した物があると良いなと思っていました。

何百年も、その星に生きる全ての人の記憶を蓄え引き継ぐ者が代々その星を司る王様となって、天文学的に莫大な記憶を蓄える様になった。でもクローンで培養されても、その能力は何百人かに一人だけしか受け継がれない設定です。実際、現存する生物でも確率がとても低い、突然変異の様な隔世遺伝もある様です。その能力を持たない多くのクローンは、せっかく生まれたのにそのまま廃棄される。

悪い記憶ばかりで病んだ王様になってしまったのは、記憶を飲み込む〝植物カイバ〟を倒すために記憶を武器として使い、そのために数少ない良い記憶を失ってしまったから。

膨大な物量の記憶が圧縮されて王様の頭の中に存在しているので、解凍して広げると巨大な爆弾の様な威力を発揮する。飲み込もうとした生物はその膨大な記憶を飲み込もうとしたために破裂した。しかし数少ない良い記憶を失った王様は悪い記憶に毒され病んだ。自殺を試みて自分の記憶へのアクセスが出来なくなった時にネイロに出会い、愛を知り、少し良い記憶が入ったのがカイバです（でも後に悪い記憶も沢山蘇る）。それ以外の記憶はオリジナルの王様や、最終回で出てくる新たな小さい王と同じなんです。ネイロの記憶が無い王とネイロの記憶がある王カイバでこんなに違いがあるという事を見せるのが重要でした。だからカイバは最後に対峙する必要があった。

でもそれを説明するのに時間を費やせていない（笑）。最初はわざと見せてないんですよね。後半見せるつもりだったけど、色んな事情もあって、少し説明が足りないと思っていました。しかしそれはテレビを観ている観客からすれば少しどころじゃなかった。こちらが一寸気になる問題は、観客からすると大概大きな問題なんですね。理解してもらっている方は、ほんとよく観て頂いていると思います。

絵で伝える

『ケモノヅメ』では写真で作る背景や実写加工、リアリティなどですごく苦労して現場が修羅場みたいになってしまったので、今回は写真や実写は使わず、資料がいらないファンタジックでシンプルな背景を作ろうと思いました。

自分の中にある絵だけで描く方が作業過程が省かれるので、ずいぶん楽になりましたが、逆にこういうスタイルがはっきりした世界観は、思った以上に言葉だけでは伝わりづらく、とにかく絵を沢山描いて伝えていく事が必要になりました。

それでも、資料を探して、吟味して、設定して、伝えて、やって頂くという行程を経るよりは遥かに楽でした。ストーリー的には、前回よりもラストをまとめる事を心がけましたが、設定が難解になってしまい、まだ分かりづらいと思われる結果に終わりました。全く未知の宇宙の星々を描くという事で、設定をできるだけ地球にある様な道具や建物に似せない事も心がけましたが、それがかえってストーリーに集中する事を妨げてしまった面もあると思います。

こちらが一寸気になる問題は、観客からすると大概大きな問題なんですね

初代の王

初代の王は身体も膨れ上がり、自分の身体でクローンの卵を沢山培養している。全ての裏切りを見て来た王は、ある出来事が原因で人の優しさの記憶を欠損し、人が信じられないんです。

カイバ

記憶がデータ化され、コピーや保存ができる様になった世界。記憶さえあれば新しい肉体に乗り換える事もでき、記憶の改ざんなども横行する社会で、記憶を失ったカイバは突如襲われる。宇宙へ逃げ出したカイバは、星々をめぐりながら記憶を取り戻していく。そして彼は、ペンダントの中の写真の女性・ネイロと出会う。カイバの正体とは一体…。異世界が舞台となるオリジナルSFファンタジー。第12回(平成20年度)文化庁メディア芸術祭アニメーション部門優秀賞を受賞した。

カイバ
放送期間：2008年4～7月(全12話)
発売元・販売元：バップ
価格：DVD 全3巻
第1巻：¥6,800(税抜)、2・3巻：各¥9,800(税抜)

STAFF
原作：湯浅政明・マッドハウス
監督・シリーズ構成：湯浅政明
キャラクターデザイン：伊東伸高
音楽：吉田潔
音響監督：百瀬慶一
アニメーション制作：マッドハウス　ほか

キャラクター

キャラクター原案の中村佑介さんと打ち合わせに入るまでに結構時間がありました。その間も脚本は進んでいるし、イメージも膨らんでしまう。僕の案を描いてほしいと言われたんですが、中村さんに頼む事は決まっていたので、特に演出的に顔や服装をイメージしてないキャラもいて、無理して描いたりもしています。

さらに「物語」へ!

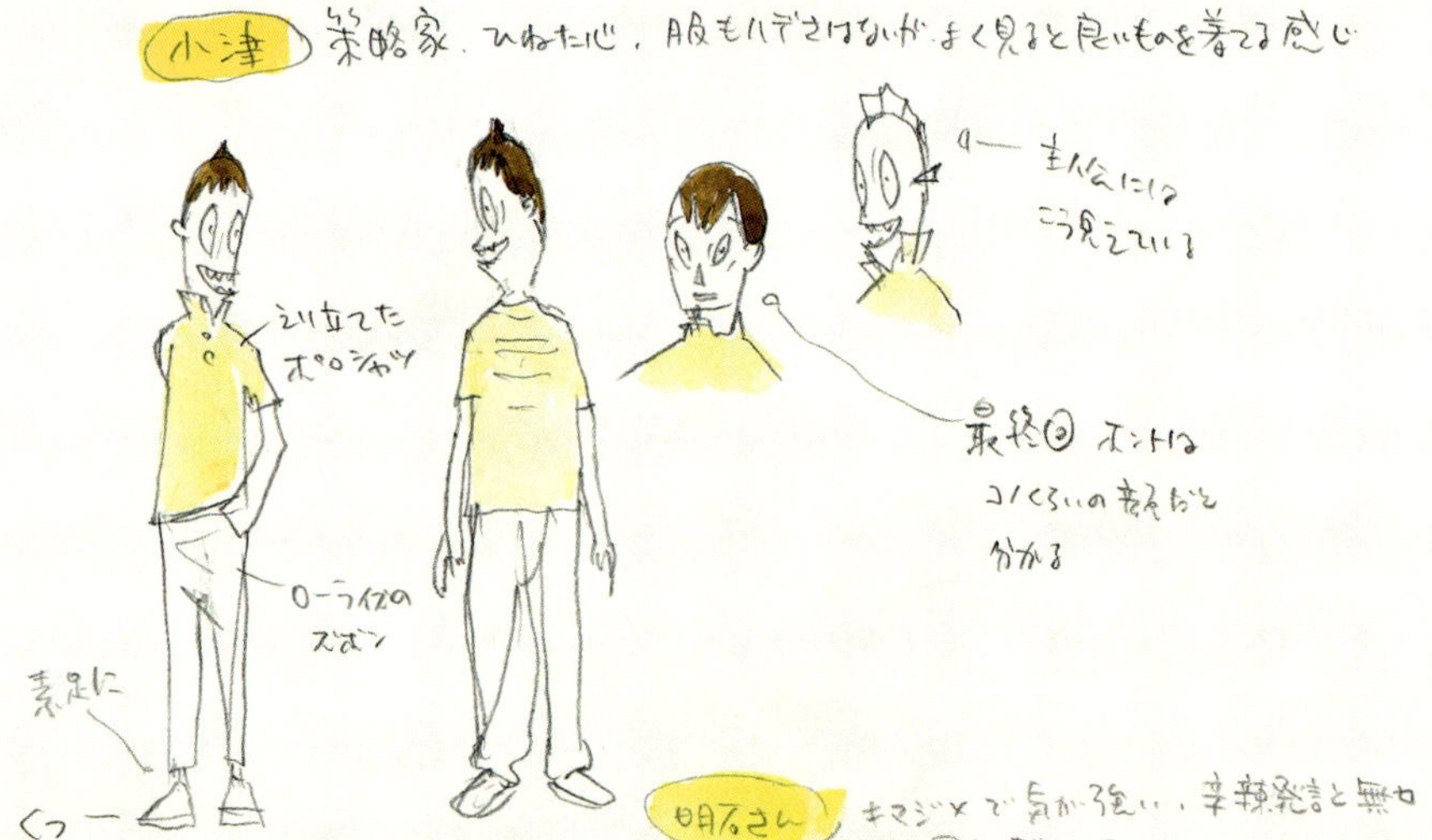

四畳半神話大系

"構造"を意識する事で、物語の焦点がくっきりする

飽きないよう一話から原作のエピソードをたっぷり入れ、一つのオチがある様に構成しました

ラストもしっかり

『ケモノヅメ』『カイバ』のオリジナル2作品は、現場のやりくりには苦労しましたが、面白くはできたと思いました。心残りはラストへの締め方で、感想も色々見聞きしましたが、ラストはやはり評判良くないものが多かった。それで今回『四畳半神話大系』は小説という原作もあるし、今度こそ気持ち良く終わらせなければ。と、考えていました。

しかし原作小説はモノローグが多く、その描写や感情表現、言葉の選び方が断然面白いんです。朗読して、後ろに挿絵だけ差し込んでいれば良いんじゃないかとか、最初の頃は冗談にもしていたんですが、キャラクターの行動だけで映像的に話を進めていっても、全然本を読んだときの様な面白味が出ない。だからと言って、大変な物量のモノローグを普通の台詞の様に読んでいては尺が全然足りないし、読んでいるときの様な勢いも出ない。それで1話からモノローグを高速でしゃべるというスタイルにしました。元々、ストーリーに大きく関わる様な台詞はないし、ほとんどどうしようもない主人公の言い訳なので、聞き逃した人がいても問題ない。それで早口の出来る演者さんをキャスティングしました。

作品構成

『カイバ』という作品の始まりは、廃墟で気を失っていた主人公が目を覚ますところから始まるのですが、彼は全く自分の記憶がない。観ていた人も急に異世界に放り出されて、記憶を失くした主人公と同じ様に、ふしぎな世界を一緒に体験して欲しいと、そういう構成にしました。しかし2話から見ている人が減ってしまったのです。謎が多いまま1話が終わったので「また最後までオチがない作品なんじゃないか？」と不安がって観客が離れたらしいのです。当時、伏線や謎を回収しないままで終わっていた作品も多かったらしく、沢山アニメも放送されていたので、1話で安心出来ないとお客さんは直ぐ観るのをあきらめてしまう様でした。

『四畳半神話大系』第1話はまずゆっくり人物紹介とプロローグでという意見もありましたが、飽きない様一話から原作のエピソードをたっぷり入れ、一つのオチがある様に構成しました。それでも謎は残し、次へ引き継ぐ。これは上手くいった様で、いつもは感想を言われない知人からもめずらしく「面白かった」と言われる事が多くありました。スタートはまずまずでほっとしたんです。

キャラへの思い入れ

「こうしたい」という思いが強くあったのは、小津と樋口師匠です。小津は原作で主人公に見えている様に悪魔の様な顔をしていて、主人公の見る目が変わる最後に、普通の顔になる様にしたかった。樋口師匠はなぜか『ど根性ガエル』の梅さんのイメージ（笑）。雰囲気自体は、僕の高校生の頃の同級生をモデルにしています。絵が上手くて、よくギターを弾いていた。二枚目じゃないけれど、なぜかモテた。どこか可愛らしくて、どこか哲学的な部分もあるし、落ち着いていてひょうひょうとしている。こういう人が女性にモテるんだなぁと、当時思っていたんです。それで樋口師匠の設定に生かしました。

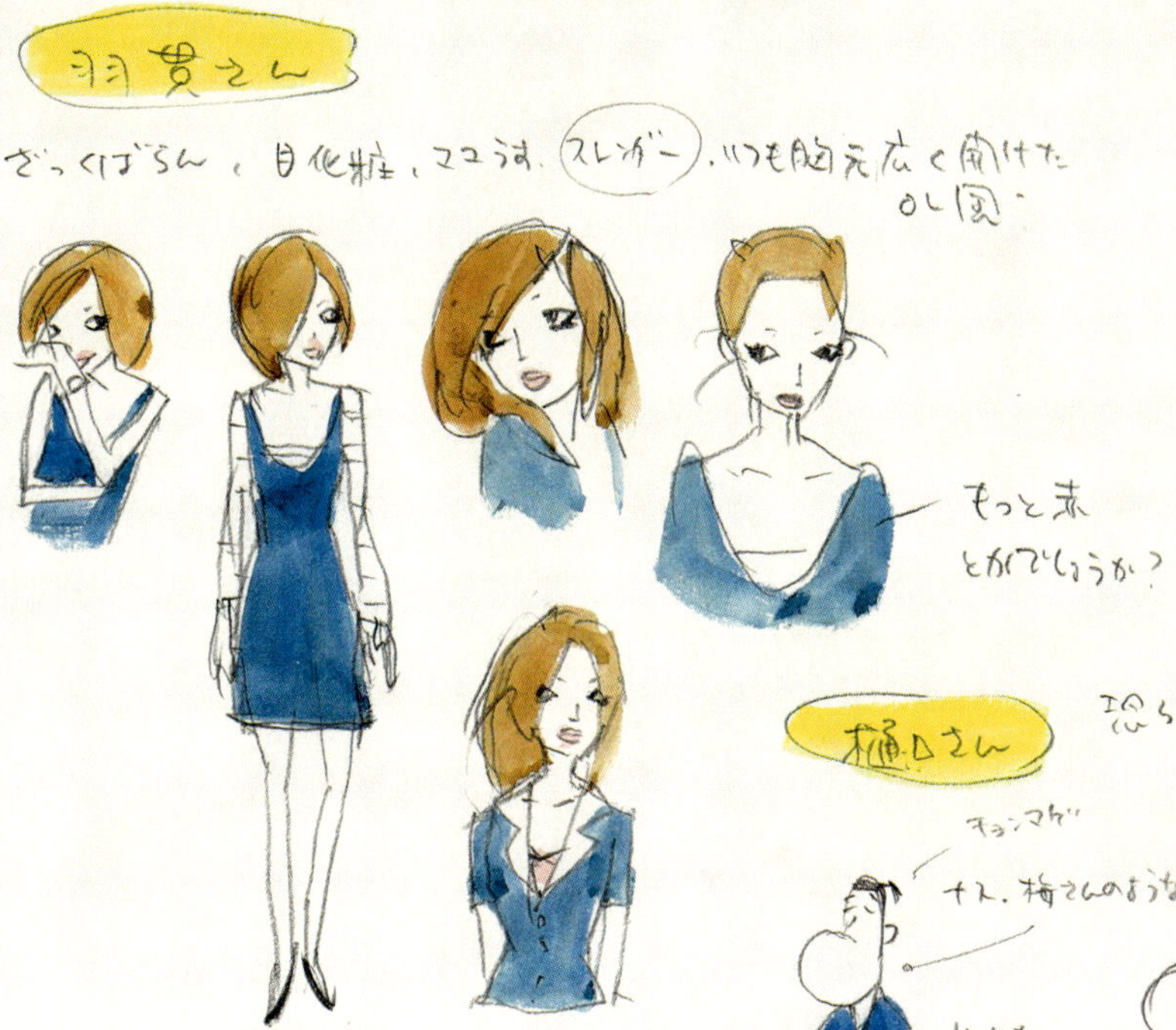

女心はわからない

中村さんから上がってきた羽貫さんの第一稿は、ネイティブアメリカンの様な羽をつけていたんです。スタッフの間では意見が分かれて、女性陣は「これが絶対に良い！」と言う。男性陣は僕も含めて「ちょっと変な人に見えるんじゃないか」という反応でした。でも、できるだけ女性の意見を取り入れたかったので理解しようと長い事考えたんですが、結局分かりませんでした。

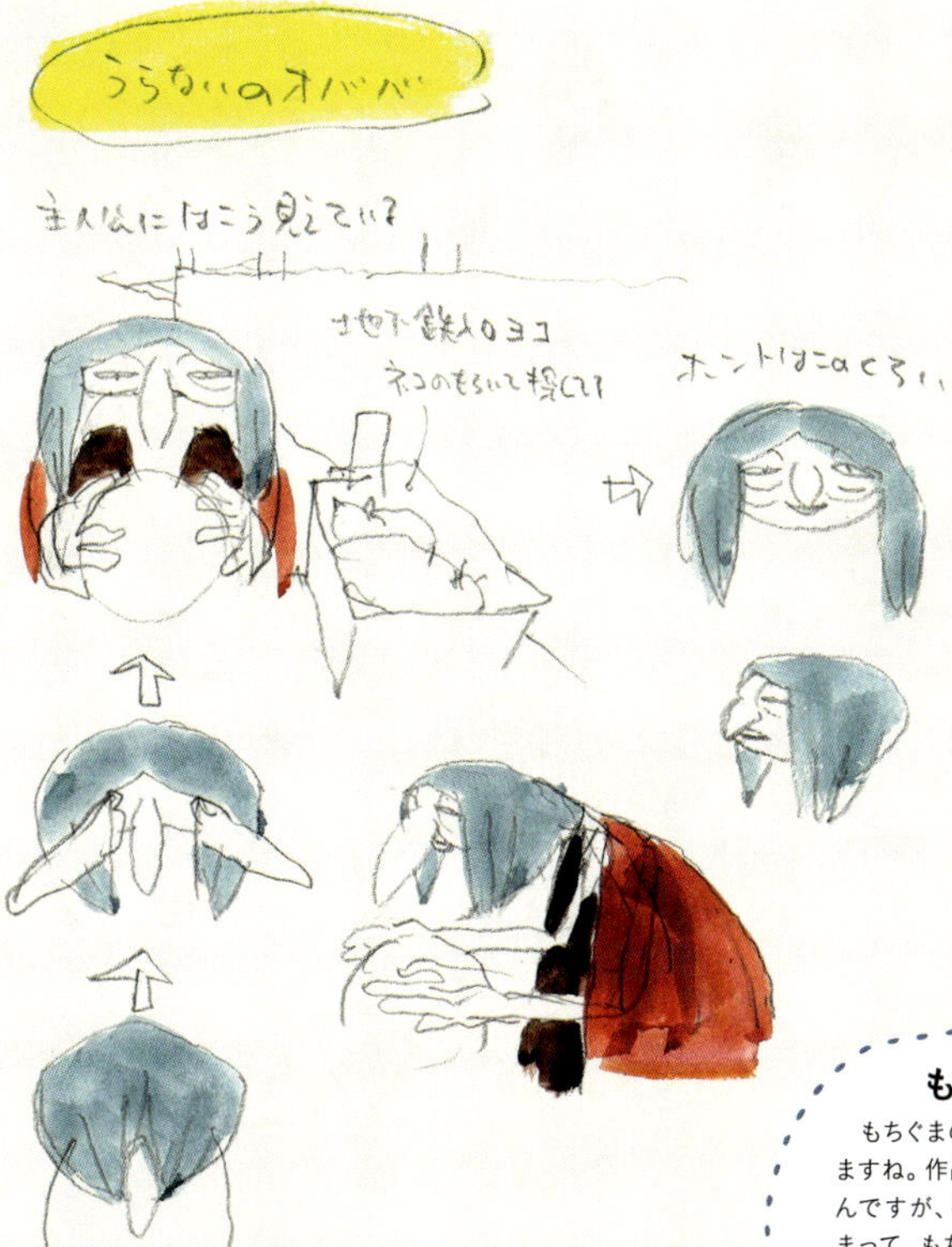

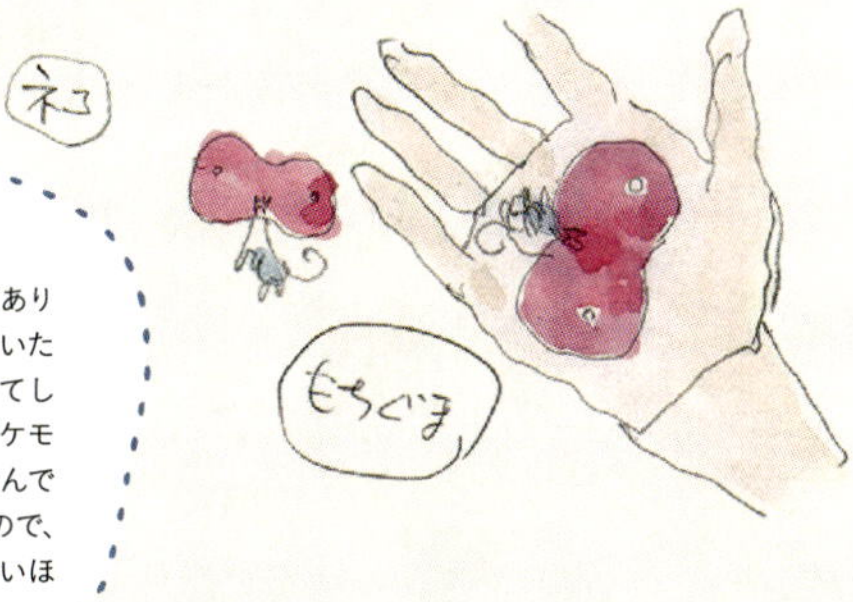

もちぐまはネコ？

もちぐまのところに「ネコ」と書いてありますね。作品に猫を絡めたいと思っていたんですが、それ以上浮かばなくなってしまって。もちぐまの元となるキャラは『ケモノヅメ』のときに出てくる予定だったんです。それが気に入ったスタッフがいたので、また出そうかなと。結局原型を留めないほど変わりましたね。

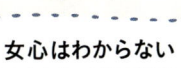

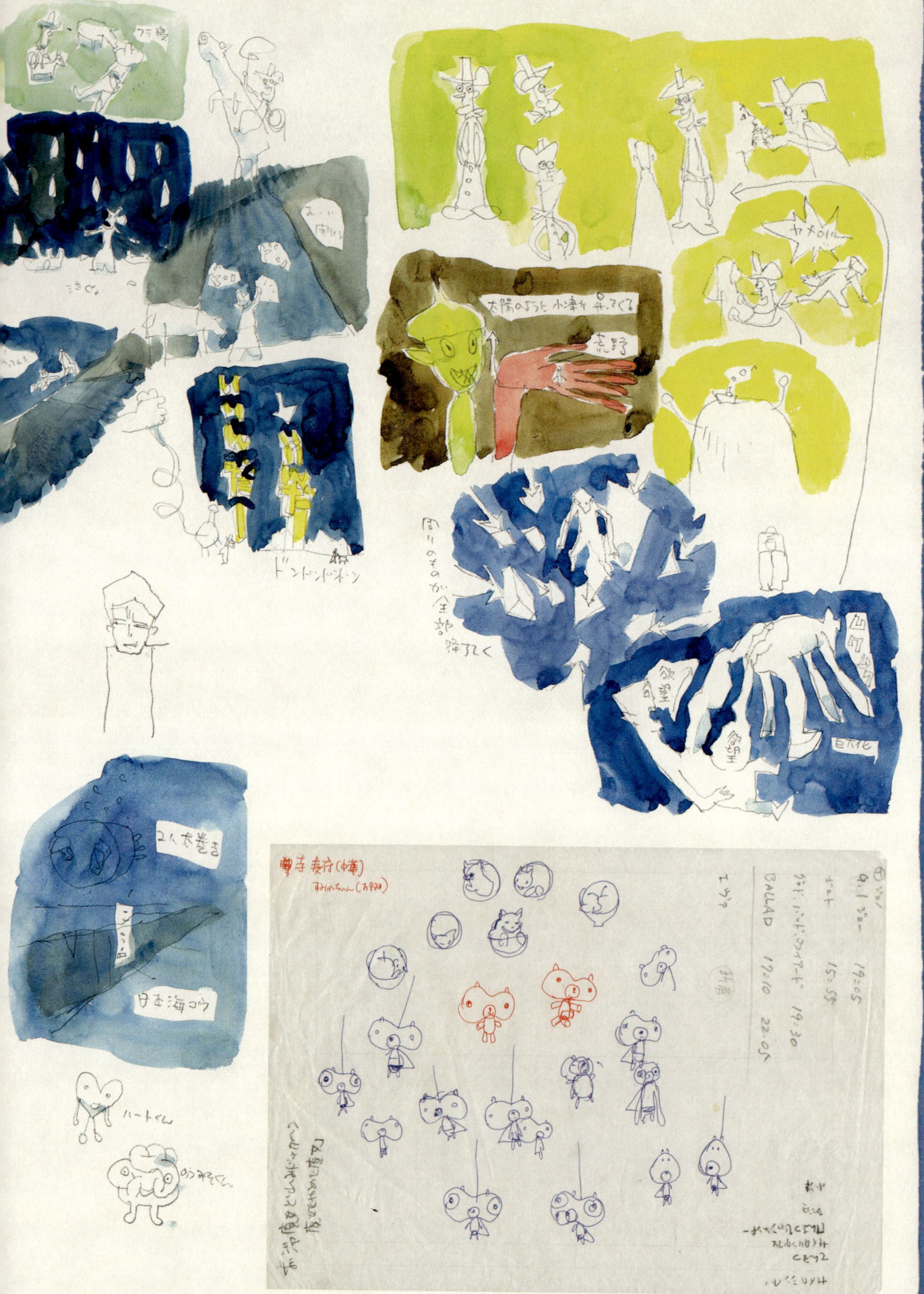
ヤメロ!!
荒野
周りのものが全部降ってくる
欲望
欲望
巨大化
日本海コウ
ハートくん
BALLAD 19:10 22:05

ジョニーは僕がやりたい!

原作を読んだとき、一番面白そうだと思ったのはジョニーでした。できればその話は自分で担当したかった。でも余裕がなくてできそうにもなかったので、カウボーイ姿を、スケッチしておいたんです。

僕は「意味わかんないけど、すごく京都っぽくておしゃれ!」と感動しました

モノトーンの肌

キャラの色も雑誌のマンガや中村さんのイラストの様にモノトーン調で肌を白にしてみたいと思いました。かねてからのモノトーンのマンガで読者が満足しているなら、アニメだからって色を付ける必要があるのかという疑問と、キャラ原案の中村さんのカラー絵も肌を白くしているので、チャレンジしたい気持ちもありました。基本的にマンガみたいにモノトーンで、それにちょっと色を刺していく様な感じで絵が作れないかとお願いしました。服も白黒を多用しましたが、カラー放送なのにさすがに白黒は寂しいかなぁと思って、色数をしぼりながらも少しだけ刺していきました。イメージシーンの場合は逆に大胆に強い色を使ったので、出来上がった作品を見ていただくと、カラフルなシーンが目立った「カラフルな作品」って印象を持ってもらえるみたいです。

河野さんの発明

千代紙の柄の様なものをワンポイントで使いたいと思い、コンセプトデザインの河野羚さんに相談したところ、思ってもみないところに柄を入れてきました。

僕は『おじゃまんが山田くん』や、師匠の芝山さんなどがやりそうな、布団隠しに柄が付いているとか、ふすまの穴塞ぎの紙に柄があるとかを想像していたんですが、河野さんがやったのは、柄を全面に入れて、林や木漏れ日の様に見立てたり、石畳や橋の柱になぜかうっすらと柄を浮きたたせるというものでした。

僕は「意味分かんないけど、すごく京都っぽくておしゃれ!」と感動しました。そこになぜ柄があるかは説明出来ないけれど、リアリティは損なっていない様に思えました。不思議な森見さんの世界を表現するのにこれは武器になると思ったんです。河野さんのこの発明は、僕にとっても作品にとってもすごく大きかったです。背景の刺し色も1、2色に絞りたいとオーダーしたのですが、一見一色しか使ってない様に見える絵に、実は微妙な色が沢山刺してあって、深く感じる様に上がってきました。それもなるほどな～と思いました。

物語の構造

何作か監督をしてきましたが、どうも長いものを作ると、物語に対する反応が良くありませんでした。色々考えて人気作を見ていると「視聴者はドラマよりも、根本的な構造を見ているのではないか?」と思う様になりました。

ドラマやお芝居自体がそんなに上手くいっていなくても、大きな構造がしっかりしていれば、観客は感動している様に見えていたからです。でも僕には「物語の構造」というのがまだ良く分からず、シリーズ構成の上田誠さんからは良くその言葉が出ていましたから、そこを学ぼうという気持ちでスタートしました。

初めから最後まで多くの人から良い感想をもらい、やっとこさ今度は最後まで出来たかもと感慨もありました。

ビジュアルについては、背景にはまた写真を使いました。実際にある場所ですし、僕は実在する場所を精密に背景で描く事に抵抗感があるんです。

それなら写真で良いじゃんと思っちゃう。労働力に効力が伴っていない気がするんですね。実際の場所より良く描く事も難しいし、多分描いてて面白くない。なら、写真使ってトリッキーに遊ぶ感じで背景を作れたらなと思っていました。『ケモノヅメ』で写真を使って大変だった事はちょっと忘れつつ（笑）「今度は上手くやれるだろう」と挑みました。

本編では、木に生えてる葉の変わりに柄を置いて、風でざわざわした感じを表現するために回転させました。最初はスライド指定でしたが、回転の方が良いのではないかと案をいただいたのは撮影の方からでした。柄が葉っぱに見えるし、木漏れ日にも見える。そこに柄を使うのはとても良いアイディアでした。

背景的には松本大洋さんの『竹光侍』という作品があって、日本家屋をシンプルに白黒で描いていてカッコいいと思い描き方を参考にしました。日本家屋はシンプルに描くのが難しいんです。

四畳半神話大系

京都の大学に通う三回生の「私」。薔薇色のキャンパスライフを夢見ながらも叶わず、悪友・小津に翻弄され、憧れの黒髪の乙女・明石さんともお近づきになれない不毛な日々を送っていた。こんなはずじゃなかった、もう一度やり直して青春を謳歌したい！そして「私」は平行世界に迷い込み、さまざまな“不毛な日々”を繰り返す事になるー。原作は森見登美彦による小説で、森見作品初の映像化でもある。脚本を人気劇団・ヨーロッパ企画の上田誠が務めた事でも注目された本作は、テレビアニメーションとしてははじめて文化庁メディア芸術祭アニメーション部門で大賞を受賞した。

四畳半神話大系
放送期間：2010年4～7月（全11話）
発売元：アスミック・エース／フジテレビ
販売元：東宝
価格：Blu-ray BOX／¥16,000（税抜）
好評発売中

STAFF
原作：森見登美彦
監督：湯浅政明
シリーズ構成：上田誠（ヨーロッパ企画）
キャラクター原案：中村佑介
キャラクターデザイン・作画監督：伊東伸高
美術監督：上原伸一
撮影監督：石塚恵子
アニメーション制作：マッドハウス　ほか

observer 7

横山彰利

◆横山彰利
アニメーション監督・演出家。湯浅監督作以外の主な作品に『電脳コイル』『サムライチャンプルー』(ともに絵コンテ・演出)などがある。初監督作品『フォトカノ』では湯浅に7話のコンテを依頼。その意図は「あの設定をスタイリッシュに映像化できるのは湯浅さんしかいないと思った」のと「登場ヒロインは『四畳半神話大系』の明石さんと似ている部分があるのでいけると思った」ため。また「ずっと嫌みなくらい『横山さんが監督になったら、何かやりますよ』と言ってくださっていたんで(笑)」という理由も。

名前を忘れられていた（笑）

はじめて関わった湯浅さんの作品は『ケモノヅメ』ですが、私はその前に伊東伸高さんと『電脳コイル』という作品で一緒でした。『ケモノヅメ』の現場に行く事が決まっていた伊東さんに、誘ってもらったんです。伊東さんの推薦のおかげか、いきなり演出を任せていただきました。

湯浅さんは、いつも淡々と、飄々とされていますね。そのぶん、フィルムに掛ける熱量がとてつもないのですが。そう言えば『ケモノヅメ』のあと『カイバ』に参加する事になったとき、打ち合わせの後に湯浅さんが食事に誘ってくれた事がありました。そのとき、私の名前を覚えてもらえていなかったんですよ（笑）。もちろん全く悪気はないと思いますが、湯浅さんには、ちょっとぼーっとしているところもあって、なんだか浮世離れした〝湯浅ワールド〟そのもののイメージですね。

湯浅さんがふたりいればいいのに

湯浅さんは良く、私の演出を「エモーショナル」などと言ってくださいます。多分褒めてくださっているんだと思いますが、ある意味、湯浅さんならきっとやらない「ベタなもの」という事なんでしょう。感動路線的なものは、湯浅さんにとっては照れくさくて、あんまり好みじゃないと思うんです。でも、それもやらせてくれる。器が大きいんですね。

湯浅さんの作品では、そんなふうに結構自由にやらせてもらっているんですけれど、それでも通して観ると全部しっかり〝湯浅ワールド〟なんですよね。そこをちゃんと押さえるというのはとても難しい事なんです。自分も監督をやってみて、痛感しました。

〝湯浅ワールド〟がきちんと保たれるのは、集まるスタッフが全員、湯浅フィルムが好きだからだという理由もあると思います。湯浅作品のスタッフには、会社が集めたというよりは、自ら集まってきた人が多い。みんな自分の我を出そうとするよりも「湯浅さんが作ろうとしているものだから」という意識でやっているのでしょうね。私は色んな会社で仕事をする機会があるのですが、若くて優秀な子が「湯浅作品に参加したいから紹介してくれ」と言ってくる。そういう吸引力もスゴいんです。

『四畳半神話大系』をやっていた頃に伊東さんと話していたのは「湯浅さんがふたりいて、順番交互に作品を作ってくれれば理想的なのに」という事です（笑）。期間が空くと、いったんチームをばらさなくてはいけないけれど、みんなあのチームを維持したいんですよね。僕自身は「絶対に監督をやりたい」というのはそんなになくて、下手に制約の多い状況下で監督をやるぐらいなら、湯浅さんの下で働いたほうが遥かに思い通りのフィルムが作れるだろうと思っています。なので、また機会があれば湯浅さんと一緒に作品を作りたいです。

※このインタビューは2013年夏に行われました。

observer 8

上田 誠

◆上田 誠
劇作家・演出家・構成作家。制作のベースを京都に置きながら全国に作品を発信している劇団ヨーロッパ企画の代表で、全公演の脚本・演出を手掛けると同時に外部の舞台・映画・ドラマの脚本演出なども手掛ける。主な作品は映画『サマータイムマシン・ブルース』『曲がれ！スプーン』(ともに原作・脚本)など。『四畳半神話大系』が文化庁メディア芸術祭でアニメーション部門大賞に輝いたときの授賞式に一緒に出席した際、登壇した湯浅が作品の宣伝を淡々としていた事に驚き、「堂々たる監督だな」との思いを新たにしたとの事。

四畳半がロボットと戦うアニメ?

『四畳半神話大系』では僕自身がアニメーションに関わるのがはじめてだったため、勝手が分からないところもありました。初回の打ち合わせで、僕は全体の構成――4話構成の原作を一度解体して11話にわけるといったちょっときわどい提案をさせていただいたんですが、湯浅監督からは特に注文がなくて「これでいいのかな?」と、不安になったのを覚えています。実はその前に監督からもいくつかアイデアが出されていて、それはかなり破天荒なものだったんです。四畳半のアパートから手足が生えてロボットと戦う、みたいな(笑)。最初は「アニメーションの脚本は、ここまでチャレンジしなくちゃいけないのかな」と戸惑いました。でも、やり取りを進めていくうちに、監督の中には作品から連想的に思い浮かんだ描きたい絵がはっきりとあるんだ、と分かってきました。

例えば3話は、「インクラインのてっぺんに「私」が乗った飛行機があって、明石さんが走り込んできた勢いで滑り下りる。それを平行して追いかける明石さん」という一連の絵の流れが監督の中に明確にあったんです。でもそこに至るまでの話はできていない。だから僕は、そのシーンに繋げる話を考えるんです。例え僕には分からない部分があったとしても、それは絵になると腑に落ちるんだろうな、と思ってましたし、そういう監督の生理に従って進めた方が作品の成功に繋がるという事を、過去の色々な体験で理解していましたから。

それでも、11話のラストには驚きました。シナリオ段階では1話からの繋がりで、主人公は落ちてくる小津を受け止める、という事に落ち着いていたんです。なのにフィルムでは主人公がひとり、裸でジャンプしていた。僕はそれをオンエアで知りました(笑)。でも実際に観てみると、その部分の映像はすっごく感動的なんですよね。だから、何も言えないんです(笑)。

監督が綻ばせて、僕が縫合する

監督は、絵の連なりでお話の流れを考えられるんだと思います。そして、考えてみると原作の森見登美彦さんも物語の展開というよりは、文章が文章を呼び込む様な連鎖反応で小説を書かれている。森見さんはそういう小説独特の書き方をされていて、湯浅さんはアニメ監督独特の発想をされるという点で似ているんですよね。それが分かってきてからは、僕は自分の趣味は抑えめにして、割とオーソドックスな物語の構成を提示する様になりました。それを湯浅監督がズラす。僕は、それを活かした形で次に繋げる。監督がロジックを綻ばせて(笑)、僕が縫合するという運動の繰り返しで面白くなっていったアニメだったのかな、と思っています。

『四畳半』はプロデューサー陣も原作、湯浅監督への理解度も高く、なにより熱心で、シナリオ打ちの雰囲気が良かったんです。またこういうプロジェクトをやりたいですね。湯浅監督、僕の事を覚えていたら、また声をかけてください!

※このインタビューは2013年夏に行われました。

初のクラウドファンディング！

Kick-Heart

メジャー路線に向かっていた自分としては、
再びマニアックな変態だらけの荒唐無稽プロレス世界

目の形

僕がキャラクターデザインの三原三千夫さんにお願いしたこだわりの部分は、Mマスクの目の形、それだけです。藤子不二雄作品のキャラの様な、弱くてにやけた感じが良い、と。

意外な職業

初期のマスクマンSの設定は、リング上ではサディスティックなマスクマンでありながら、普段の仮の姿は「上品な奥様」というもの。でも今回は尺的にバックストーリーを見せる余裕がなかったので、シンプルに分かる意外な身分という事でシスターにしました。

見開きの企画マンガから

『アニメスタイル』という雑誌の連載で描いた企画マンガが元になりました。企画も二転三転してレスラーのMとは実は夫婦だったとか、長いストーリーや設定も沢山考えたのですが、10分程度のフィルムにする事になって、二人の出会いとしてまとめたら分かりやすいだろうと判断しました。長編になった場合のストーリーで考えていたのは、海外で旅をしながらプロレスをしているというもの。スーツケース一つで、スーツ姿にマスクを着けて。まんま『タイガーマスク』のイメージですね（笑）。

最初主人公は、ただマゾヒストである事を隠していて、こっそり痛めつけられるのを楽しんでいる面白いやつっていうくらいの設定だったんですけど「彼がなぜ主人公たるか」と考えて『四畳半』以降、企画がつぶれたり、首になったりする事が続き、苦汁をなめていた自分の感情もあり、マゾヒストがヒーロー足り得るのは踏まれても踏まれても明るく耐えられるからではないかと、そういう設定にしました。痛みにへこたれない、逆に本人にはそれが喜びになっているという、変な形のヒーロー像です。

まさかの採用

プロダクション・アイジーの石川社長から「短編を作らないか」というお話をいただいて、いくつか企画を出したんです。でも自分では最も通らないと思っていたものが採用されて、また「マイナーな人」っていうレッテルを貼られてしまうという不安な気持ちもありました（笑）。

しかしやはり、オリジナルを作れるのは良い機会なので、断る事はありません。決まったとたんにスタッフが揃ってしまった感じで、一人で作るよりみんなで考えた方が良いだろうとチーム体制で、三原さんやウニョンさんにも、プロットやコンテに意見をもらって描き直したりしました。三原さんからはいくつかの重要なアイディアをもらっています。作業に入るまで時間がなかったので、本作ではスケッチはほとんど描いていませんね。

痛みにへこたれない、逆に本人にはそれが喜びになっている

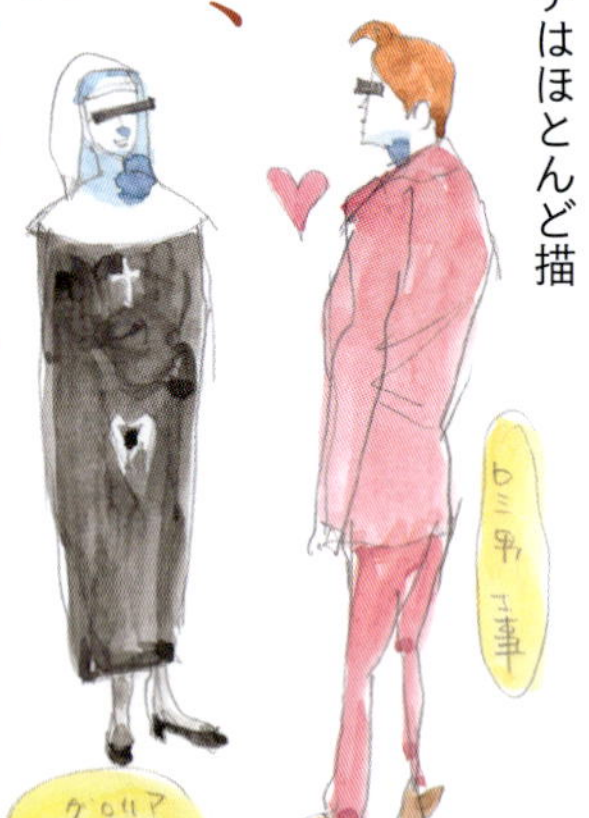

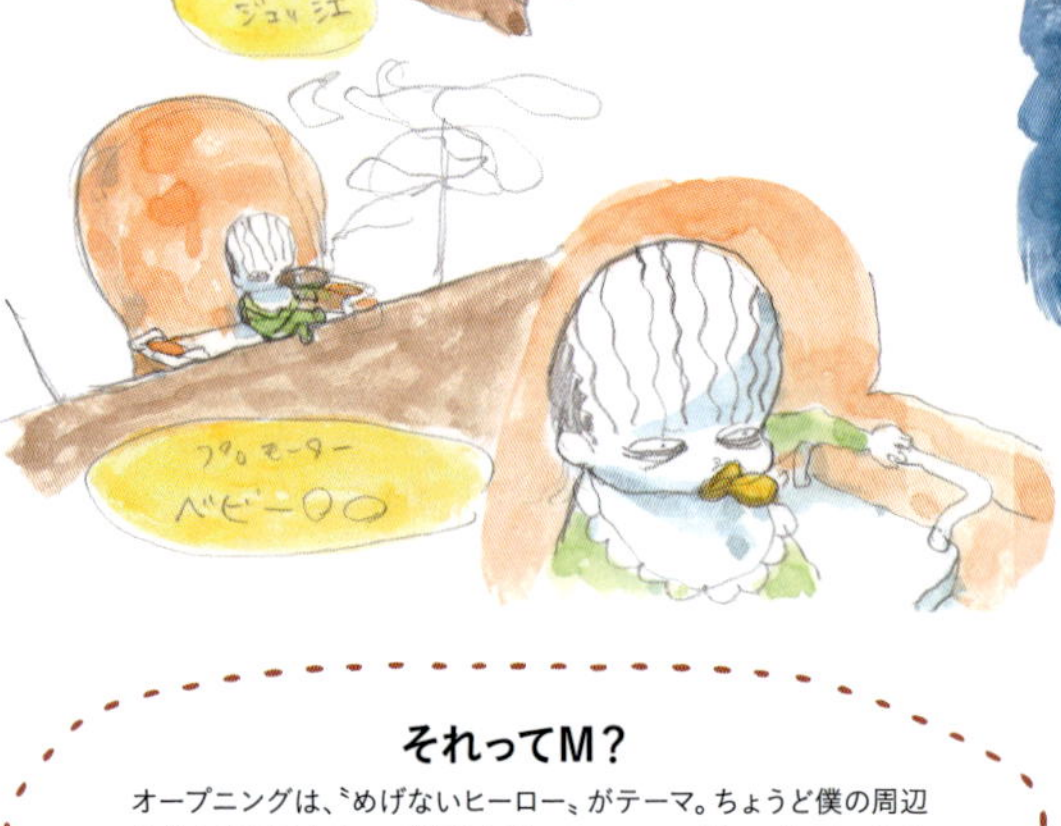

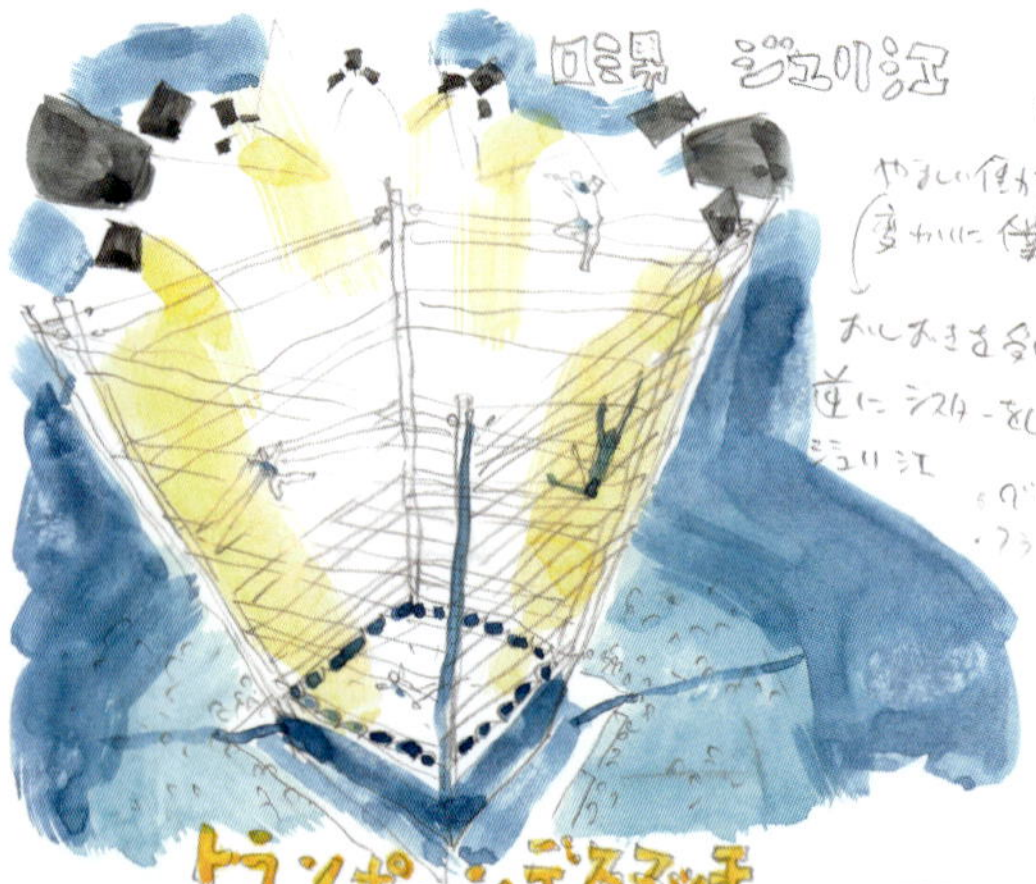

それってM?

オープニングは、〝めげないヒーロー〟がテーマ。ちょうど僕の周辺で大変な事が色々あって「打たれ強いヒーロー」がいいな、と。負けない、堪えない。へこたれないというか、むしろそれが快楽になる。打たれた力を利用して前に出て行く様な。

MASKMEN

僕が描いた絵コンテに背景監督のエメリックさんが色をつけてくれたんです。これをカラースクリプトと言うんですが、思ってもみない感じのヨーロッパっぽい色彩で上がってきたので面白かった。このイメージは、実際の映像にもかなり取り入れました。

思ってもみない感じに

Kick-Heart

売れない覆面レスラー・マスクマンMは、ドMという性癖の持ち主。そんなMは、あるとき人気覆面レスラー・レディSとタッグマッチで出会う。再び戦う事になったふたりは、それぞれドM、ドSの心に火をつけられていた。ふたりの戦いの行方は。そして、思いもよらないレディSの正体とは!? 湯浅が監督を、押井守が監修を務めたオリジナルショートフィルム。本作は、クラウドファンディングサービス「Kickstarter」を利用して制作費を募るという新しい形でのプロジェクトで作られた。結果、海外のファンを中心に目標金額を上回る20万ドルを集めて成功を収め、大いに注目された。

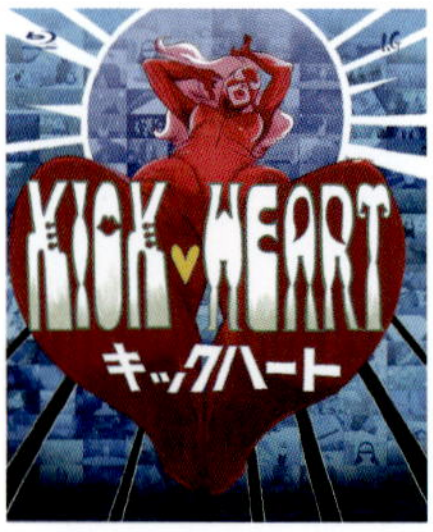

Kick-Heart
公開：2013年
時間：12分42秒
Blu-ray/DVD 発売・販売元：Production I.G
I.G ストア限定好評発売中 http://ig-store-onlineshop.jp/

STAFF
原作：湯浅政明・Production I.G
監督：湯浅政明
監修：押井守
キャラクターデザイン・作画監督：三原三千夫
副監督・カラーコーディネート：Eunyoung Choi
美術・カラースクリプト：Aymeric Kevin
音楽：オオルタイチ
アニメーション制作：Production I.G

そして『ピンポン』

ピンポン

湯浅政明と松本大洋、二人の天才の融合！
好きな作品をアニメ化する喜びと大変さ!!

ガッツリ松本タッチになっていました

スポ根アニメ

　良く言っているんですが松本大洋さんのマンガはすごく好きだけど、完成されているんで、アニメをやるには大変難しいと思っていました。かっこ良すぎます。でも、やりたくない原作をアニメ化するより、好きな作品のアニメ化をやれる事は、本当にありがたい事だなぁと考え方が変わってきました。不安はありましたが、松本さんに「これはただのスポ根ですから」と言って頂いたのが大変な救いになり、聞きかじった「風間に彼女がいる設定があった」という風間が花形満や力石徹に通じるイメージにもつながり「スポ根ならできるかも!」と思い立ちました。

　僕が「スポ根」と言っているのは子供の頃に観た、少し大味で荒唐無稽なスポーツアニメです。原作の絵も、少しアニメっぽくなっても良いなとは思っていたんですけど、そこはもう、伊東君がガッツリと(笑)。ラフの時点では「シンプルに可愛く」と言っていましたが、本番トレスしてくると、ペン溜まりや震えた線もあり、ガッツリ松本タッチになっていました。この線で揃えるのは大変だと思ったんだけど伊東くんくらい力があってコントロールできる人がやると言っているなら、それも良いと思い切っていく事になりました。

　線の統一は難しく、荒々しい線で描いていても綺麗な線でトレスされる事も割とあり、タッチの雰囲気を拾われない事も山ほどあります。一から直してゆく事が困難なのであきらめてばらばらになってしまう事が多いんですが、今回撮影の方で線をいじれる事も分かり、綺麗な線でやるより上手くいったかもしれません。綺麗な線で少しヘボい絵でも、線を調節すると味がでて、ヘボさが見えなくなったりしました。

　原作を一読したときは分かってないところもあって、後から深く読んでいると、「あぁここでこういうこと言っているんだ~」とか、「ここでこれやってるんだ~」とか、ちょこちょこと気づくところがあるんですよね。それが一読めから分かったらもっと面白がってくれる人がいるかなと思って、更に分かりやすく松本さんが描いてないところを掘っていこうと考えました。現場は色んな問題でスケジュールが過酷になっちゃいましたけど、みんなの頑張りもあって面白くできたと思います。

　牛尾さんの音楽も良かったし、音響さんも『四畳半神話大系』と同じチームで、選曲の方とも以前より上手く行くようになって、「そこにその曲持ってくるとは意外だったけどハマってるなぁ」とか、「この短い間にその曲入れ込めちゃうんだ!」とか勉強になる事も多かった。以前は気づかなかった台詞の細かい調整にも気づいて「そんなに調整してるんだ」とびっくりしました。本当に音響的に気持ちが良いなぁと思って、ダビングの時は音楽がなってないときもずっとリズムをとっていました。

過酷な現場と熱気

　卓球って描くのが難しくて大変だったんです。回転とか技術が細かいし、とにかく動きが速い。卓球作画を直す部隊を作って、不眠不休で頑張りました。美術も大変だったし、まぁどの部署も大変な現場にはなってしまったんですけど。でも反響も良く、松本さんの原作があったのでみんな頑張れたと思います。松本さんのマンガを変な作画で汚すわけにはいかないという気持ちもありましたし、今までこんな熱気のある現場はなかったですね。でも監督としてはこんな大変な環境にしちゃいけないんですけど。こんなに人が寝ずに頑張っているのを見るのは初めてで…。それくらいみんなが頑張っていましたね。

　最終的には『四畳半』よりもベタにやりましたけど反応は良かったですね。ちょっとこれ分かりやす過ぎないか、松本先生のクールでハードボイルドな世界とは違い過ぎないか、不安でビクビクものでしたが、そういう形にしか出来ないと割り切ってみると、意外に反響も良くほっとしましたね。そうか、これくらいで大丈夫なんだ。とか、ちょっと前より観客の傾向がさらにつかめた感じがしました。

原作の世界観

原作のハードボイルドな世界が好きだっていう人には、分かりやすくするのは大きなお世話かもしれませんけど。より広くの人が理解出来る形になったのではないかと思います。僕も原作大好きなんで、アニメーションは『ピンポン』のバージョン違いとして見てもらえるならうれしいです。

作品紹介

ピンポン

自由奔放で自信家のペコ(星野裕)。クールで笑わないスマイル(月本誠)。二人は片瀬高校卓球部。ペコに誘われて卓球を始めたスマイルだがペコの前では自分の才能を隠していた。二人の距離は徐々に離れていきスマイルは才能を開花、ペコは不振に苦しんでいく。274cmを飛び交う140km/hの白球。その行方が、頂点を目指す少年たちの青春を切り裂く。

ピンポン
放送期間:2014年4月-6月(全11話)
発売元・販売元:アニプレックス
価格:ピンポン COMPLETE BOX DVD/¥28,000円(税抜)
ピンポン COMPLETE BOX Blu-ray Disc/¥32,000円(税抜)

STAFF
原作:松本大洋(小学館 ビッグスピリッツコミックス刊)
監督:湯浅政明
キャラクターデザイン:伊東伸高
音楽:牛尾憲輔
色彩設計:辻田邦夫
美術監督:Aymeric Kevin
撮影監督:中村俊介
編集:木村佳史子
音響監督:木村絵理子
アニメーション制作:タツノコプロ

Cover ideas 3

より完成版に近いカバーイラストラフ。
王カイバがマントをたなびかせる姿にも
別パターンがあった。

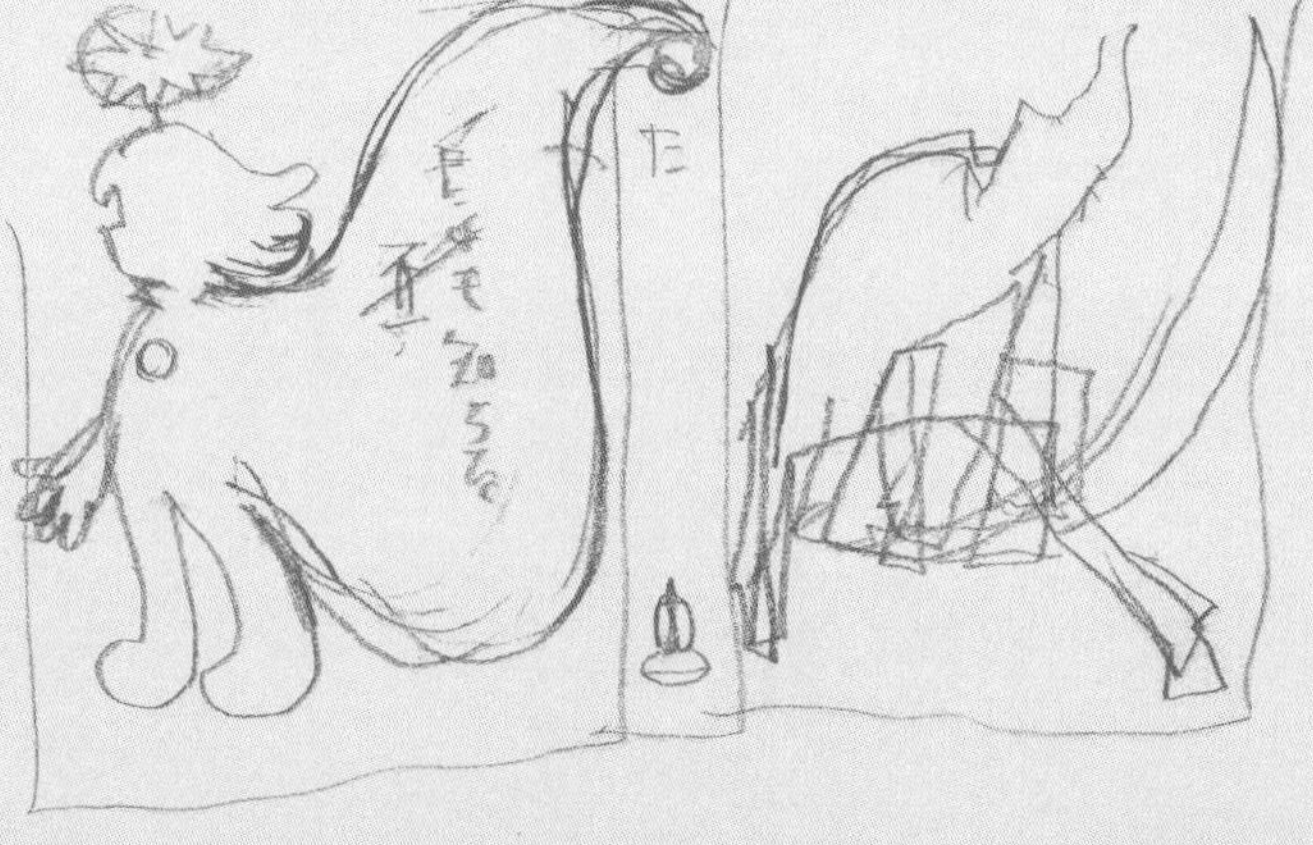

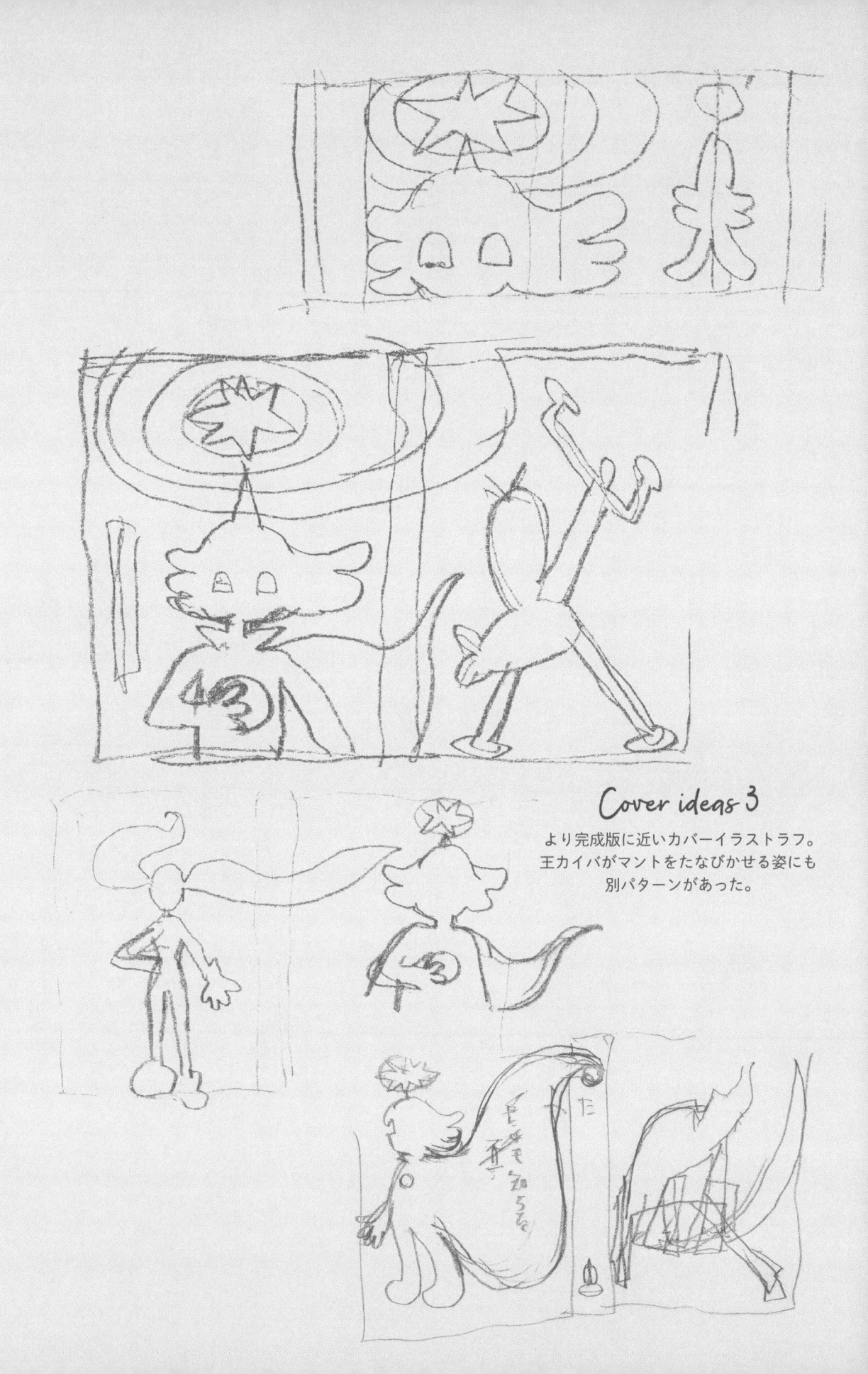

observer 9

寺川英和

◆寺川英和
プロデューサー。プロダクションIGに所属後、プロダクション・グッドブックに移籍。『人狼』『劇場版　テイルズ オブ ヴェスペリア ～The First Strike～』などを手掛ける。亜細亜堂時代には「新人歓迎会で、宴会会場の中央の席にいた湯浅さんが立ち上がって挨拶をした際、どの方向にも顔が見える様にとくるくると回りながら自己紹介していたのが忘れられません（笑）。花火師を目指したが叶わず、亜細亜堂にきたという内容でした」という出来事が。「『マインド・ゲーム』の花火を観てそれを思い出し、ジーンときてしまいました」。

本当にやりたい企画はこれから

今でこそプロデューサーというポジションにいますが、僕のアニメ業界でのキャリアは、実は湯浅さんと同じ亜細亜堂からはじまってるんです。僕は湯浅さんより数年早く入社したんですが、演出を目指してアニメーターになったため絵が描きたいというわけではなく、落ちこぼれていました（笑）。それで気付くと湯浅さんの原画の動画を割っていた。まあ、当時はほとんど話をしたりした事はありませんでしたが。

そして一時期業界を離れたのちに、僕はI.Gに入社しました。I.Gではじめて湯浅さんと一緒にガッツリやった作品が『スライム冒険記』です。その後も色々企画はあったのですが実現せず、ようやく『Kick-Heart』を世に出す事ができました。このときはいくつかの企画を石川（光久）社長に出したのですが、その中でもいちばん実現度が低いと思っていた『Kick-Heart』が選ばれたんですよ（笑）。他にももっと二人で色々詰めた企画もあったし、僕がお薦めのものもあったんですけれどね。結局湯浅さんとの作品で形になったのはこの2作だけです。まだ、本当にやりたいものはできていないんです。

好きな映画はベタなのに……

『マインド・ゲーム』を観せていただいたときは、本当に感動しました。正直、もう僕なんかとは仕事をしてくれないスゴい人になってしまった、と。でもそうならなかった（笑）。『マインド・ゲーム』がカルトムービーと評されたのは意外でした。普遍的なテーマを扱っているのに、見た目のインパクトばかりが取り上げられてしまったからでしょうか。そしてその後の『ケモノヅメ』を観たら「あれ?」って。「そっちに行っちゃうの?」と。湯浅さんはなぜか僕が想像していたメジャーな感じではなく、その逆に向かっていたんです（笑）。

実は僕が湯浅さんとやり取りをしている中でずっと不思議に思っている事があります。湯浅さんにお薦めの映画などを訊ねると、いつも素晴らしい映画を紹介してくださるんですが、これが号泣してしまう様なベタな〝良い映画〟が多いんですよ。そういった湯浅さんが好きな作品の感じを自作でも展開すればもっと〝メジャー〟的なものが作れると思うのに、なぜかそうならない（笑）。「人と同じ事をやっても仕方ない」というのもあるのかもしれませんが、やはり湯浅さんには不思議なフィルターがあって、それが作品の魅力とリンクしているのかもしれませんね。

湯浅さんはご自身にあれだけクリエイティブな才能がありながら、個性的で上手い人を集めて一緒にやれるところがすごいと思っています。ただ無責任極まりない事を言えば、湯浅さんが本気で「やりきった!」と思って振り返ると死屍累々、みたいな、焼け野原しか残らない様な、そんな作品も観てみたいんですよね。もちろん、僕は関わらないで（笑）。こんな事を言うと怒られるかもしれませんけれど。

※このインタビューは2013年夏に行われました。

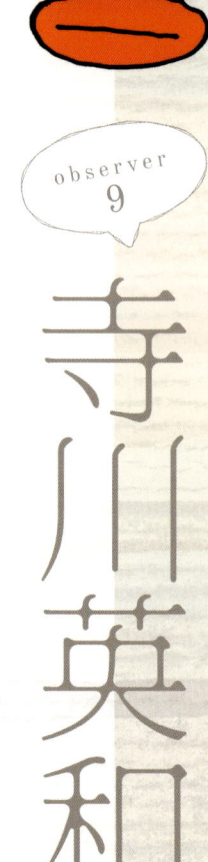

5 アニメーションはどこへ？

ふたりのクリエイターとの対談を通して、
アニメーションの「これから」を探す。

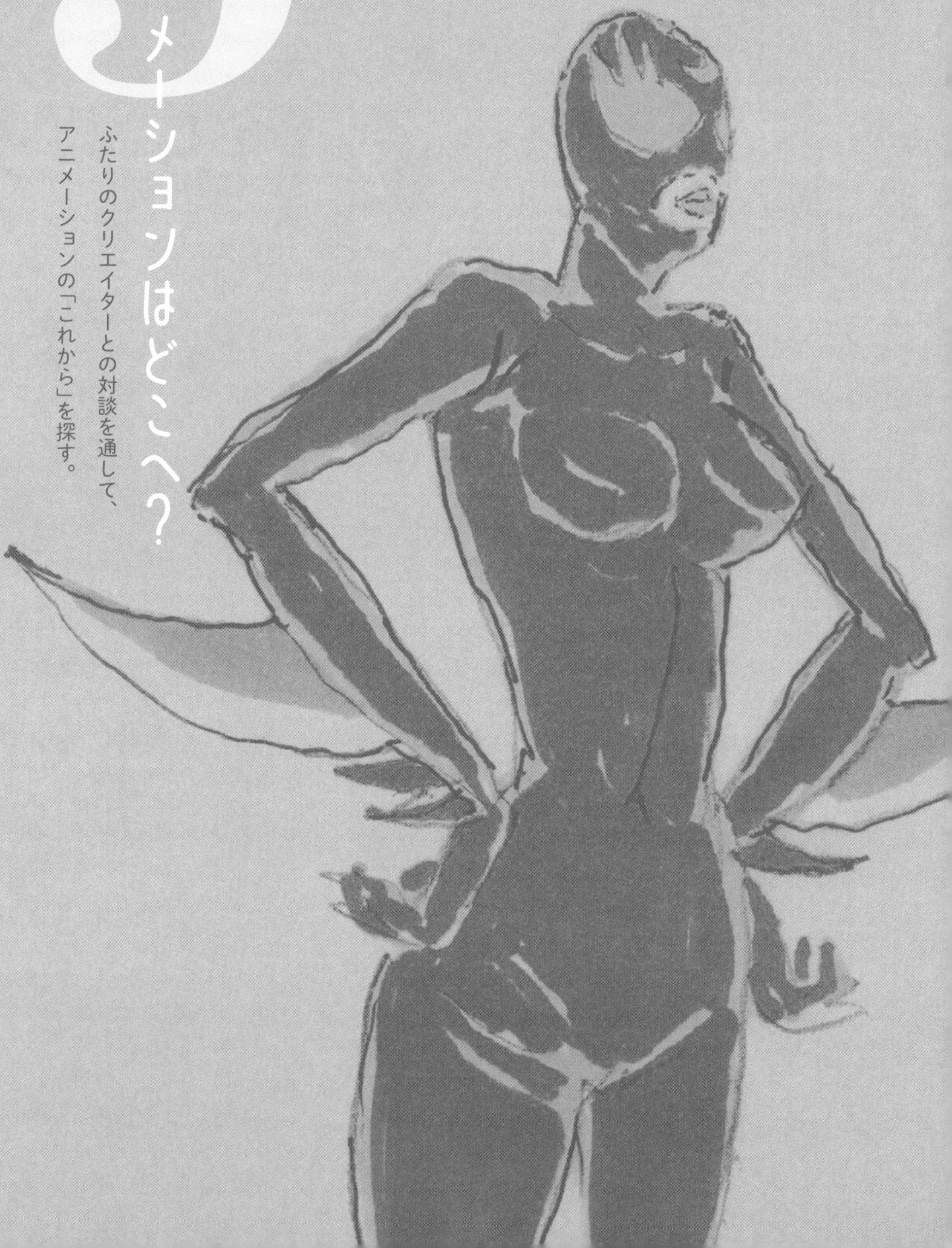

売れ線でも、本流でもないけど、やりたいことをやっている爽快感と、「動いてナンボ」のアニメーションの醍醐味が感じられる作品でしたよ。

『Kick-Heart』で監修を務めた押井守と、監督・湯浅政明の対談が実現。学生時代に押井作品を観ていたという湯浅と、『クレヨンしんちゃん』に注目していたという押井の、意外な共通点も垣間見える貴重な対談となった。

売れそうな匂いがしない？

――押井さん、完成した『Kick-Heart』をご覧になって、いかがでしたか。

押井　楽しく観させていただきました。

湯浅　ありがとうございました。

押井　あれ『タイガーマスク』だよね（笑）。突然リングが体育館みたいにデカくなったり、飛び上がるとちっちゃく見えたり。下品なところも良かったね（笑）。こういう企画がI.Gでガンガン通るようになったら良いな、と思うよ。I.Gはそういうのをちょっとずつはやるんだけどさ、基本的には売れ線って言われるものが多いから。『ヤマト（宇宙戦艦ヤマト2199）』とか『巨人（進撃の巨人）』とか『攻殻（攻殻機動隊 ARISE）』とかさ、よく並べたもんだってね（笑）。でも、売れ線と同時にテレビじゃやれないスタイルのものも作っていこうとしてる。多分、石川（光久社長）のバランス感覚なんだろうね。そういうときに声がかかるのが湯浅くんなんだ。本流じゃないんだよね。僕もそうなんだけどさ（笑）。湯浅くんの作るものって売れそうにないというか、そんな稼ぐっていう匂いがしないじゃない（笑）。だけど日本という条件に特化していないので、割と向こうでは評判が良いだろうな、と。海外で支持されるんじゃないかな。今、日本で当たっているものってアニメ・実写問わず、基本的に日本に特化しているものなので。だからまあ、彼にはシンパシーを感じています。余計なお世話なんだけど。

湯浅　稼ぐ匂いはしない……（笑）。

押井　作品の内容も「これはちょっと……」という感じ

だよね（笑）。

湯浅　（苦笑）。

押井　一般的に言えば、だよ。まず「どこで流せば良いんだろう」と。地上波は絶対に無理。でも「こういうアニメもあるんだ！」っていう自己主張だよね。そういう意味では、ネット上で金を集めたっていうのは良いと思う。時期的には被るのか分からないけど、『ヤマト』や『巨人』とか『攻殻』と『Kick-Heart』。そういうの全部がI.Gから出たっていうのは面白いと思う。こういう作品をやらなくなったら、いよいよI.Gも終わりだな、と。僕の認識としては、湯浅くんはそういう事がやれる人のひとり。

『クレヨンしんちゃん』で名前を覚えた

――もともと湯浅さんの作品はご存知だったんでしょうか。

押井　僕が湯浅くんの関わった作品で最初に観たのが、多分『クレヨンしんちゃん』。『しんちゃん』、好きなんだよ。全部観たわけじゃないけどさ。アニメというと、いわゆる日本のアニメーション、ディズニーアニメ、それから芸術的なアニメーションがあるけど、綿々とあるのにあまり語られてこなかったのが〝品の悪いアニメーション〟。それはワーナーブラザーズ系の『バッグス・バニー』とか、いわゆる「子供に見せちゃいけないもの」で、そういうタチの悪い、暴力的で下品なものが僕は大好きだったわけ。日本ではアニメの現場でもあんまり認知されていなくて、僕自身そういうのをやる機会がなかった。はじめて監督をやった『うる星やつら』（以下『うる星』）はバイオレンスという意味では自由にやれたけど、最後の最後で人情味が入ってきちゃうんだよね。『バッグス・バニー』的なものは、もっとドライで、もっとダークなものだと思う。『しんちゃん』を観たとき、「やっと出てきたんだ」って思った。俺がやりたかったことだ、って。実際に「やらせてくれ」って言ったら、「あんたはダメだ」って言われたけどね（笑）。それから『しんちゃん』って絵柄もデフォルメが効いていて、ああいうのも日本では歓迎されないんだよね。動かして味がでる絵柄だから。でも洗練されている。確か『しんちゃん』で、湯浅くんの名前を覚えたんだと思う。

〝アニメの巨匠〟

――湯浅さんにとっての押井さんは？

湯浅　押井さんは、僕にとっては宮崎駿さん、出﨑統さんと並ぶ、まさに〝アニメの巨匠〟ですよね。すごく先鋭的な作品を作られていると思います。『うる星』の頃はもう高校生ぐらいになっていて、あまりアニメを観ていなかったんですよ。でも学校で話題になっていて、みんなが面白いっていうから観たんです。そうしたらOPやEDに南家こうじさんを使ってたり、山下将仁さんを良い感じでスタッフに組み込んでいたり。それが楽しみで観ていました。今のお話で押井さんが『しんちゃん』みたいなのをお好きなんだと知って、『うる星』のマンガっぽいテイストがそうだったのかな、と。それ以降あまりやられていないので、そんなにお好きではないと思っていたんですけれど。

押井　やる機会がなかったんだよ。やっぱり『天たま（天使のたまご）』（以下『天たま』）をやったのが、致命的だったと思う（笑）。あとは、『パトレイバー（機動警察パトレイバー the Movie）』とか『攻殻（GHOST IN THE SHELL／攻殻機動隊）』が当たったから「リアルアニメーションをやる人」っていうのが定着して、そういう話がこなくなっちゃった。一方で、二頭身半ぐらいのキャラクターがデタラメをやるっていう企画も出してたんだけど、そういうのは通らないわけですよ（笑）。今でもやりたいとは思うんですけれど、さすがに60を過ぎるとね。気が短くなったというか、昔みたいな粘り腰の企画をやるっていうのがなかなかしんどくて。『The Last Driud:Garm Wars』も、相当粘り腰だったけどね。その間、どうやって食ってたんだろう、っていうさ（笑）。

湯浅　（笑）。

押井　ただもうさすがに面倒くさいというか。求められるものをやって、その中で何ができるかという方がリアルになった。自分が何に対応できるかに興味があるわけ。だから今は、原作がついているものの方がやりやすいと思ってる。昔はやっぱり、自分の企画で、と思ってガンガンやったりしていましたが。またやりたくなるときはあるかもしれないですけれどね（笑）。根が好きだから。で、企画している間は、キャッキャッと言って喜んでる。多分湯浅くんもそうだと思うんだけど。

湯浅　（笑）。

極端過ぎると、恐ろしい末路が

押井 でも、『しんちゃん』みたいな作品をやる人って、どこか赤塚不二夫みたいなものを持ち合わせているんじゃないかと思うんです。なんでもかんでも面白がっちゃうと、実は恐ろしい末路が待っているっていうさ。それ、考えたことない？

湯浅 歴代の『しんちゃん』の監督も、ギャグを突き詰めていくうちにちょっとおかしくなるみたいで……。ギャグものは、あまり長くやらない方が良いという話も（笑）。

押井 そうなんですよね。だからコメディアンとかって、幸せな老後を送る人が少ないわけで。

湯浅 漫画家の方もそうですよね。

押井 だいたい失踪しちゃうか、アル中になるか（笑）。あとは良くても説教を垂れるようになるか……。っていう感じで、人間性が少し歪んでくるというか。だから僕は『うる星』の反動で『天たま』を作ったけど、それはそれで今度は、全然仕事が来なくなっちゃった。何でもそうだけど、極端な事をやるとどうしてもダメだね。

『Kick-Heart』みたいな作品をやらなくなったら、いよいよI.Gも終わりだな、と思うよ。（押井）

湯浅 押井さんほどの評価を受けていても、仕事が来なくなったりするんですか。

押井 それは、そう。職業としてやっていく上では、やっぱりある程度の凡庸さが必要とされるっていうかさ。極端に、イケイケになっちゃうと、誰もついてこれなくなっちゃう。お客さんはもちろん、スタッフにも理解されにくくなるしね。それで強烈なしっぺ返しを食らうという怖さはある。まあアニメの場合は色んな仕事が来るから、次はロボットもの、次は学園もの、みたいにバランスを取るんですよ。先輩たちはみんなそうやっていた。中にはそうじゃない人もいるんだけど。

『Kick-Heart』のキャラクターは可愛い

湯浅 革新的な仕事をしてきた押井さんですが、それでもその中でご苦労がおありなんですね。さきほど「求められるものをやる中で何ができるか」というお話がありましたが、最近は来た仕事をどううまく自分のポテンシャルを活かして作るかっていう事に興味があって。

押井 その方が、効率は良いんだよね。「やりたい、やりたい！」って言ってるとね、「こいつはもうちょっと待たせていても良いだろう」ってなっちゃうんだよね（笑）。我慢するだろう、きっと、と。

湯浅 なるほど。

押井 それは男女関係と一緒で、そうするとお預けをくらっちゃうんだよね。どうしても相手にイニシアティブを取られちゃう。やっぱり「やってほしいんだけど。ただ、これなんだけど」って言わせないと。最初は相手に主導権を握られても、やっていく過程で最終的に自分が取れればいいのであって、スタートはどっちでも良い。自分の引き出しが増えれば、向こうの要望を聞きながら自分のやりたい事をやる事ができるしね。

——『Kick-Heart』はどちらのパターンだったんでしょうか。

湯浅 『Kick-Heart』はやりたかった企画というのもありますけれど、僕も仕事がなかったし「来ればなんでもやりますよ」っていうスタンスだったんです（笑）。それを面白くできれば良いな、と思っていた。でも急に「自分の企画をやって良いよ」っていう話になって。しかも「こういうのが受けが良いのかな」とか色々考えて出したんですけれど、いちばんキワモノっぽい企画が採用された。石川さんは「どうせ作るなら、これぐらいやろうよ」みたいな感じだったんです。でもやっぱり自分の中では「もうちょっと受けるものを作らなきゃ」という思いもあって、キワモノ企画にしては普通のエンターテイメントっぽく作ったつもりなんですけれど。でも、「売れる匂いがしない」って……（笑）。もうちょっと絵柄を可愛らしくすれば良かったかな、と思っていますけれど。

押井　あの女の子は可愛いと思うけどね。あのおじさんにしても、可愛らしいよね。そういう意味での可愛らしさって、なかなか理解されないんだけれど。やっぱり1枚の絵柄がどうこうじゃなくて、絵が動いてできあがってナンボのもんだから。可愛い子が可愛く見えてもしょうがないじゃん、っていうさ。グッチャグチャの女の子がときどき、すごく良い表情をするから良いのであって。どこか隙があって、でも色がついて声も入って動くと「良いな、この子」っていうさ。それがアニメーションだし、演出なんだよね。

ストーリーとは何か

湯浅　さきほど「原作もののほうがやりやすい」とおっしゃっていましたが、僕もオリジナルっていうのはあまりこだわりはないんです。でもオリジナルの方が自分で考えたことを簡単にやれるという部分もあって。

押井　でもオリジナルっていうのは、自分の中に根拠を求めようとすると、だいたい貧弱になったりする。大勢でワイワイやっているから自分自身もエスカレートする。基本的にさ、面白いものって、大勢でワーワーやるから面白いんですよ。

湯浅　ひとりでやるんだったら、作家になればいいですよね。僕は以前「ストーリーがわかってない」と良く言われたんで、自分で作ると仕組みやコツが分かるのかな、と思ったんです。でも相変わらずストーリーとか、あまり込み入った事は良く分からないんですよね（笑）。押井さんは良く「映画を分かっている」などと評されていらっしゃいますが、ぜひ「映画とはなんぞや」というのをお聞きしたいです。

押井　いや、分かっているというのは「何の根拠もない」っていう事だけで（笑）。映画って人間を描くものだっていう事が、すでに誤解で、映画の文法なんてものもありはしない。あるのは映画的な教養だけ。それがどれだけ自分の中にあるか。最近ますます思うんだけど、上手いか下手かはどうでも良くて、何を映画として実現したいか、だけだって。ストーリーなんてみんな一緒だよ。そりゃそうでしょ。映画に先行して「物語」は何百年もやってるんだから、今さら新しい物語があるわけがない。どこかで聞いたような話とか、そういうパターン以外が淘汰されたからこそ、未だに残っているんであって。ただ、理解される必要があるのかどうかっていう事を考えると、とたんに話は変わってくる。１００人いたら、5人が理解してくれれば良い方ですよ。でもプロデューサーは、１００人いたら95人が理解しないといけないと言う。95%が理解できるっていう事は、その程度の事しか言ってないっていう事だからね。

売れそうな感じがしないですか。やっぱりもっと絵柄を可愛くすれば良かったかもしれないです。（湯浅）

一貫した世界を創造できる絵柄

——ストーリーといったときに、長編と短編ではまた考え方も違うかと思いますが。

押井　僕は典型的な「尺がないと何もできない人間」で、『Kick-Heart』みたいに10分とか20分だと何もできないですよ。最低でも50分くらいないと、何も実現できないんだよね。短編をやる人というのは、脳味噌が違うと思う。短編アニメって絵柄で成立するものだけど、世界観も含めて統一された絵柄でものを考えられる人間って、希少価値ですよ。とにかく今は、キャラクターにものすごく偏ってるよね。建物も描かないし、雲も描かない。アニメーションの「絵柄」ってキャラクターの事ではないからさ。「こういうキャラクターだったら老若男女が同じ世界の住人として描き分けられます」っていうものだから。建物や車も含めて、抽象のレベルまで一貫した世界として創造できるか。それをやれる人って本当に憧れるんだけど、なかなかいない。『Kick-Heart』は、そういう世界で成立してる。全部同じ線だからね。リングだろうが、工事現場だろうが、自動販売機だろうが。そういうのっていうのは、特殊な才能だし、僕とは全然縁のない世界。分かっている様で、みんな分かってないよね。

湯浅　僕はアニメーターなんで、ずっと短編向きだと思ってたんです。でもしばらく離れていて、久しぶりに『しんちゃん』をちょっとやったら難しいんですよ。やりたい事が7分間に入らない。『Kick-Heart』もそうだったんですが、全然入り切らないんです。当初はもっと壮大な企画を考えていたんですけれど、企画の魅力をそこまで伝えきれなかったという思いもあります。

押井　それで良いんじゃないかな。短編って何か伝えようとするとたんに破綻するから。「めちゃくちゃ面白かった。でもなんだっけ？」ぐらいでちょうど良い（笑）。

湯浅　「キャラと背景が同じ線の絵柄」というお話については、はじめて「ああ！」と思いました。僕はいつも、背景とのマッチングというのは考えるんですけれど。でもやり過ぎるとキャラが立たなくなる。難しいですね。

やれるときは、やるべし

——今後の湯浅さんに期待される事はありますか。

押井　僕の立場から偉そうに言える事じゃないけど、多少長くやっている者から敢えて言うとしたら「やれるときはやっちゃう」という事。どうせ先の事なんて分かりゃしないんだから。次があると思って作っていたら、目の前の作品はできないですよ。僕らの仕事は世の中の都合に左右されるわけだから。

湯浅　分かりました。機会を与えられたら、リミッターなしでやります（笑）。

押井　そういう意味では、描いちゃいけないものなんてないからね。「これをやると、次がないんじゃないか」っていうのは、割と余計な事というか。大ヒット3作撮っても4作目でコケたらそれから撮れなくなった、なんて話はいくらでもあるんだから。後悔だけはしないでください。そんな事ぐらいかな。

協力：三原三千夫、ユメリック・ケビン

分かりました!

やれるときはやっちゃえ!

◆押井 守
アニメーション、実写映画監督。主なアニメ監督作品に『うる星やつら2 ビューティフル・ドリーマー』『機動警察パトレイバー the Movie』『GHOST IN THE SHELL / 攻殻機動隊』『イノセンス』『スカイ・クロラ The Sky Crawlers』などがある。

※この対談は2013年夏に行われました。

湯浅くんは実写に向いている。『マインド・ゲーム』なんかを見ると、本当にそう思う。映像に対して面白い感覚を持っている人が、実写を撮れば良いんじゃないかと思うな。

マンガからアニメへと創作の場を広げた大友克洋の作品を、ずっと追い続けていた湯浅。4℃でのニアミスがあったものの、一緒に仕事をしたことはないというふたりが、初めてじっくり語り合う。「湯浅くんは実写を撮るべき」という大友の言葉の意図は？

タクシー代を貸し借りした仲

——おふたりは、かなり前から面識はおありだったんですか？

湯浅　ちょこっと。

大友　ちょこっとね。最初は4℃で。でも一緒に仕事をした事はないね。

湯浅　大友さんは『スチームボーイ』の準備をされていて、僕は『(音響生命体)ノイズマン』をやっていました。

大友　そうだよね。

湯浅　大友さんが「ちょっと飯を食いにいこう」と言うとついて行ったり。道を歩いていたらタクシーから降りてきた大友さんに「ちょっと1000円貸して」って言われたり。

大友　え？　そんな事あったっけ(笑)。

湯浅　で、次の日机に行ったら、1000円札が置いてあって、箸袋に「ありがとうございました　大友」って書いてあった。それ、今も取ってあります(笑)。

大友　本当に？　全然覚えてないなあ。

——大友さんは、湯浅さんの作品をご覧になった事はありますか？

大友　昔ね、誰かが湯浅くんの作品だけを集めたものを持っていて、それを観た。それで、すごくびっくりした事はありましたね。監督作も観ていますよ。やっぱり、4℃でやった、『マインド・ゲーム』はすごい。

——湯浅さん、大友さんの作品は？

湯浅　マンガはもちろんずっと読んでいて、それからアニメに入られていくのを……。

大友　その頃俺、何やってた？

湯浅　『幻魔大戦』です。もともと『Fire-ball』とか『武器よさらば』とか、ずっと大友さんのマンガを読んでいて。『童夢』で「あ、こんな形でやるんだ」と。アニメも『幻魔大戦』だけでなく、短編のオムバスを作られていて。『ロボット・カーニバル』とか、『工事中止命令』とかで、「ああ、本当にアニメをやるんだ」と思いましたね。マンガがすごいのに、アニメまでやっちゃうのか、と。

大友　でもあの頃は、まだ『AKIRA』を描いていたからね。1週間『AKIRA』を描いて、次の1週間マッドハウスに行ってたから。

湯浅　そして、マンガの『AKIRA』がとうとう映画化されて。

大友　そうだね。でも昔の話で面白くないなあ（笑）。

アニメの作り方は、誰も教えてくれない

大友　湯浅くんの作品は、レンズがすごくワイドな感じがするんだけど。広角が多いよね。

湯浅　なんかカッコいい気がして。

大友　なんだ、それ（笑）。

湯浅　なんでしょう、気持ちが乗るほど、パースがキツくなる……。

大友　歪んでくる、と。普通は盛り上がると寄るんだけどね（笑）。まあ、ワイドになって寄ってもいいんだけどね。

湯浅　まあ最近は色々やってます。

大友　そういう映画的手法っていうのは、どこで習ってるの？ 映像を勉強した師匠とか、心の師匠でも良いんだけどさ。実際誰かに教えてもらった事はある？

湯浅　それはないですね。

大友　ないよね、普通。

湯浅　コンテの描き方も全然……。

大友　誰も教えてくれないよね。最初に俺が『工事中止命令』をやったときは、宮崎（駿）さんの『さらば愛しきルパンよ』（『ルパン三世』テレビ第2シリーズの最終話）を観たの。あれがちょうど同じくらいの尺で。いやあ、良くできてるなあ、よく20分に入ってるな、って。あれで勉強しました。

湯浅　どうやって勉強するんですか。

大友　繰り返し観るしかないんじゃないの。20分でどこまでいけるか、っていうのがテーマだったから。冒頭の入り方からはじまって、ラストに至るまでの構成の上手さに「ああ、なるほどな」と。

湯浅　それはマンガとは違うんですか。

大友　マンガとは違うけど、でも近いかな。以前は20とか24ページの短編ばかり描いていたから。そういうのは、最初に全部ページ数を書いていって、1ページ目は表紙、2ページ目と3ページ目は見開き、この話はここまで、ここでページが変わるからシーンが変わる、とか構成を自分でやるのよ。それでオーバーしたら、このページのここは飛ばさなきゃ、とか。思いついたようなラフな絵を描いたり、セリフを書いたり。そういうものをぼんやりと見ながら、「これでできるかな」みたいな。

湯浅　「これでできそうだ」と。

大友　まあ、ページ数が決まっているから「やらなきゃいけない」だけどね。ちゃんとやらないと、出来上がりがめちゃくちゃになるから。俺は意外と小心者なんで、「きちんと作らなきゃ」っていうのはあるんだよね。

湯浅　絵コンテも同じようにやるんですか？

大友　そうだね。

――おふたりとも、アニメの師匠がいない状態から始まったんですね。

大友　まあ、そういう事って、誰も教えてくれないよね。

湯浅　そうですよね。

大友　よくみんな学校に行っているけど、学校で教えてくれるぐらいなら、そんな簡単なものはないよね。

湯浅　学校で教えられる事って、そんなにないですよね。

人前で話をするのは苦手

大友　湯浅くん、講師とかやってるの？

湯浅　宣伝の一貫として、特別講座みたいな事をやった事はあります。

大友　人前で、話せるの？

湯浅　いや、あの……。ひとりで全部話すっていうのは無理ですね。

大友　だよね（笑）。俺、人前がダメでさ。みんなの前で話すのは、あがっちゃって。

湯浅　え、あがっちゃうんですか（笑）。

大友　あがってるんだよ！　講演会、やらないもん。俺。

湯浅　講演会とかできれば良いと思うんですけれど、話術がないんですよね。

大友　話術、ないね。

湯浅　いや、大友さんはあるでしょ。人前が嫌いっていうだけで。

大友　いやいやいや。人の顔が見られないから(笑)。劇場の舞台挨拶とか、あんなのとてもじゃないけど無理だもの。酷かったのが、『SHORT PEACE』の舞台挨拶で、映画が終わったあとだったんだよ。あれは厳しいよね(笑)。映画始まる前だったらまだ何とでも言えるけど、映画観終わった相手に何を言うんだよ、っていうさ(笑)。「どうでしたか」なんて言いたくないじゃない。

湯浅　嫌な返事が返ってきたら嫌だし。

大友　(笑)。でも、監督をやるとみんなに作打ちとかで説明しなきゃいけない。絵コンテの説明をして、「こんな演技です」とか「こんな間です」って。面倒くさいんだよね、あれ。

湯浅　そうですね。僕は作画のとき全然喋らなかったんですよ。会社に来て、ひたすら描いたら、あとはそのまま帰る、みたいな。

アニメーターの先に、演出家、監督、最後に〝作家〟というのがある。湯浅くんは〝映像作家〟だと思うけどね。(大友)

大友　引きこもり(笑)。

湯浅　でも演出になると喋らなくちゃいけない。芝山努さんとかは、打ち合わせが面白かったんです。笑わせながらやるんですよね。

大友　みんなを乗せながら。

湯浅　そうなんです。だから、賑やかしながらやれば良いのかな、と(笑)。一緒に亜細亜堂にいた『クレヨンしんちゃん』の監督の本郷みつるさんもそんな感じだったので。

大友　そういう、スタジオのカラーっていうのはあるよね。

湯浅　大友さんの打ち合わせっていうのは、どんな感じで……?

大友　(笑)。自分で分かるわけないじゃん! いや、普通に絵コンテをみんなが見て、「これはこういうことで」という感じ。あんまり細かくは言わないね。踊ったりしないもの(笑)。踊る人いるじゃない。身振り手振りで「こんなふうにして」って。

湯浅　僕、最初は監督が全部決めないといけないと思っていたんです。でも高畑勲さんの打ち合わせに参加したとき、高畑さんは結構悩みながらやっていたので……。

大友　何の作品?

湯浅　『(ホーホケキョ となりの)山田くん』です。

大友　ああ。

湯浅　「自転車に、こう乗る……。あ、いや、こうかな?」とか。

大友　(笑)。

湯浅　あ、演出家も迷って良いんだ、と。

大友　(笑)。そうだね。演出家は全部分かってなきゃいけないんじゃないかと思うじゃない? 全ての質問にバチっと答えなきゃいけないって。でも本当は「分かんねえよ」って言っても良いんだよね。

湯浅　そうすればスタッフから「じゃあ、こうしましょうか」と意見が出てくることもある。

大友　最初に絵コンテで描いているのは、「自分だったらこうするだろうな」というものだから。別にそれじゃなくても構わないんだけど、誰も「こう変えて良いですか」っていう人がいない(笑)。絵コンテを描いているときは自分の世界観を作っているわけだから、すごく細かく描いちゃうんだよね。別にそれに限定しているわけじゃないんだけど。アニメの制作においては、たまに演出が作画に頼ってしまう事がある。そしてそれはそれで構わないんだけど、取り敢えず1回は「自分はこんなふうにしたいんだよ」というのを出しておかないと、と思って描くわけ。そうすると、みんな、その通りにやっちゃうんだよね(笑)。

湯浅　もっとアイデアが出てきてほしい、と。

大友　そう、そういうこと。こちらとしては、やっぱり作打ちのときは、みんなに何かを出さなきゃいけないというのはあるわけよ。何にもないと思われたら、カッコ悪いじゃん（笑）。「あ、この人なにもねーや」って言われるのが嫌だから、一生懸命描くんだけれども（笑）。それが一番大きな仕事だからさ。そうだよね？　それを描くのが仕事。それをみんなに提供して、作品の方向性や世界観っていうのを示さなきゃいけないんだよ。しょうがない、それが仕事だから。

――大友さんの作品に湯浅さんが参加されるとなったら、いかがですか。

大友　作品によるんじゃないかな。でも、湯浅くんを使うという気にはならないけどね（笑）。自分でやれば良いんじゃない？って感じがするんで。アニメーターという感じがあんまりしてない。もう、演出家っていうか、ある種の監督なんで。

湯浅　大友さんがこう言ってますよ！

大友　（笑）。

湯浅　いや、僕は演出家として、なかなか評価されないんで（笑）。

大友　そうかなあ。そんな事ないんじゃない？　アニメーター、演出家、監督、その先には作家っていうのがあるんだけどさ。最後には〝作家〟が出てくるからね。湯浅くんは、〝映像作家〟だと思うけどね。

出来上がるまで分かってもらえない

湯浅　『火要鎮』では、3Dもやられていましたが。

大友　『MEMORIES』のときから、ずっとCGをやっていたからね。だからそれは別に苦じゃないんだけれど。

湯浅　完全に3Dっぽく作るっていうのも、考えているんですか？

大友　いや、あんまり考えてない。全てをCGでやるっていうんだったら、それはそれで考えるけれど。まだ作品全部をCGで作る程スタッフがいない。『火要鎮』のときも、作中で火消しを走らせたんだけど、なかなか上手くいかなくて、かなり何度もやったんだよね。……不思議なもので、自分が思い描くイメージは、制作中はなかなか理解してもらえない。出来上がったものを観て、やっとみんなが理解してくれる、みたいな（笑）。

湯浅　ああ、こういう事だったのか、と。

大友　そのときにはもう終わってる（笑）。あれがちょっと辛いね。俺はいつも同じ事をやらないから、スタッフも「何やってるのかな」と思いながら作るんだけれど、それが分かったときには終わってるんだよね。（笑）。

湯浅　最初にそのイメージが伝わると良いんですけどね。まあ、人によっては「こんなのやった事ない」って反発する人もいるし。

大友　「やった事ない」なんて、そりゃそうだよ。初めて作るんだから（笑）。

――湯浅さんが同じスタッフで作られるのは、そういうこともあって？

大友　組があるの？

湯浅　いや、たまたま同じスタッフで3回くらい作っていて。でもスタッフもやっぱり「本当は俺がやりたいんだ」って思っている人が多いから、彼らにとっては通過点ですよね。「俺の方が良い感じじゃないの？」って思ったら、離れていくだろうし（笑）。

大友　うーん、難しいよね。

湯浅　まあ、なかには本当にスタッフに徹する人もいるけど、そうじゃない人も一緒にやるとすごく面白いので。

大友　まあ、自分で何かを作りたいぐらいの人間じゃないと、面白いものは出てこないけれどね。

映画会社の人は、実写が向いているとは思ってくれないようです。大友さんがこう言ってますよ！（笑）（湯浅）

湯浅くんの実写のプロデュースをします

大友　俺はね、湯浅くんは実写に向いてるんじゃないかと思ってるんだよね。ぜひやるべきだ、という話をしているんだけど。
湯浅　僕もやりたいです。
大友　本当に?
湯浅　ええ。
——実写とアニメーションでは、監督の素養の違いはあるんですか。
大友　今はもう、ないのかな。映像に対するアイディアや面白さ、必要なのはそういうところなんじゃないかな。実写も昔みたいな徒弟制度はなくなってきていて、「若い頃からの下積みがあってはじめて撮れる」なんて誰も思ってはいない。映像に対して面白い感覚を持っている人間が撮れば良いんじゃないかな、と思うんだよね。『マインド・ゲーム』とかを観ると、本当にそう思うけどね。
湯浅　映画会社の人は、全くそう思っていない(笑)。
大友　実写、やろうよ。
湯浅　企画はいくつかあるんですけれど。アニメの企画なんですけど、実写でもできるな、と思っているものが。どうなるか分からないんですけれど、話もらっているんです。で、テレビの方が良いんじゃないかって。
大友　いや、テレビはダメ!
湯浅　そんなに違いますか。テレビと映画って。
大友　まず、時間が全然違う。テレビは撮影時間が取れない。尺によるけど、だいたい1週間ないからね。最初に自分がやった『(ワールド・)アパートメント・ホラー』は、映画だから一応、ひと月ぐらいあった。それでも、寝られなかったけどね。テレビはさらにキツい。時間がないから、色んなものを捨てていかなきゃならない。
湯浅　分かりました。では、映画で。
大友　(笑)。
——大友さんは、今後どのような作品を作りたいとお考えですか。
大友　これから、湯浅くんのプロデューサーをするから。湯浅くんの、実写のプロデュースを(笑)。
湯浅　大友さんは、アニメとか実写とか、そんなにこだわりはないんですか?
大友　別にないよ。テクニック的には違うけれど、モノを作るという点では、あんまり変わらないんじゃない? 実写になると、役者やスタッフなどの不確定要素が入るから、そのぶん難しくなるけどね。絵だったら自分でハンドリングできるんだけど、それを封じられると確かにちょっと面倒くさい。でも、また別のものが作品に入ってくるからね。自分では考えつかなかったようなものが。

湯浅　それが良い作用を及ぼすことも？
大友　うん。楽しいよ。でも、若いときにやらないといけない。実写はね、若いときに1回失敗しておかないと（笑）。
湯浅　失敗ですか。まあ、成功すると思いますけど（笑）。
大友　（爆笑）。

実写は若いときに1回失敗しておかないと

失敗ですか。成功すると思いますけど（笑）

◆大友克洋
漫画家。映画監督。主な作品に『気分はもう戦争』『童夢』『AKIRA』、監督作としては『AKIRA』『MEMORIES』『スチームボーイ』（アニメーション）、『蟲師』（実写）などがある。オムニバス映画『SHORT PEACE』内の『火要鎮』では第16回文化庁メディア芸術祭アニメーション部門大賞を受賞した。

※この対談は2013年夏に行われました。

お目汚し失礼しました
もう少しアニメを作るつもりで
おりますので
何とぞ
よろしくお願い申し上げます

湯浅政明

STYLE.YUASA©
MASAKI YUASA

だれもしらないフシギな世界

湯浅政明スケッチワークス

2018年8月10日初版発行

著　者　湯浅政明

発行者　横内正昭

発行所　株式会社ワニブックス
〒150-8482 東京都渋谷区恵比寿4-4-9 えびす大黒ビル
電話 03-5449-2711（代表）

印　刷　大日本印刷株式会社

協　力　サイエンスSARU　フジテレビ　東宝　アニプレックス
双葉社　シンエイ動画　NHK　集英社　STUDIO4℃
アスミック・エース　キングレコード　マッドハウス
Prodaction I.G　アニメスタイル（順不同）

編　集　佐藤広大　藤本大輝

編集協力　くじら書房

デザイン　On Graphics

DTP　山本秀一・山本深雪（G-clef）

ISBN978-4-8470-3887-7